北京大學圖書館特藏文獻叢刊

北京大學圖書館藏

老北大燕大畢業年刊

（二）北大卷

陳建龍·主編
張麗靜·執行主編

北京大學出版社
PEKING UNIVERSITY PRESS

第二册 目録

民國十二年國立北京大學畢業同學録（一九二三）……… 1

國立北京大學同學録（一九二四）……… 101

國立北京大學十三年畢業同學録（一九二四）……… 297

國立北京大學畢業同學紀念册（一九二五）……… 471

民國十二年國立北京大學畢業同學錄（一九二三）

本同學錄全名「民國十二年國立北京大學畢業同學錄」，是目前所知的北京大學第二本畢業同學錄。據書後的「編例」，主要編輯者爲陳履森，主要內容「除校長、教務長、總務長、各系主任暨諸同學照相外，尚冠以校旗，並一二三院影片，而以未繳照相諸同學題名殿焉」。與1920年的畢業同學錄相比，增加了校旗和一二三院建築照片。

本書扉頁有贈書題記：「敬贈數學系主任馮漢叔先生。」可知爲馮祖荀舊藏。校旗頁鈐有「江澤涵圖書印」，江澤涵曾任北京大學數學系教授、系主任，此書可能後來由馮祖荀轉贈江澤涵。1990年代，此書又由江澤涵先生子女捐贈北大圖書館。

從本年畢業同學錄看，教務長改爲顧孟餘，顧氏還兼任經濟學系主任。蔣夢麟仍任總務長，不再兼任哲學系主任。與1920年畢業同學錄相較，系主任方面的變化如下：物理系主任改爲顏任光，化學系主任改爲王星拱，哲學系主任改爲陳大齊，法文系主任改爲何基鴻，新增德文系主任楊震文，法律系主任李景忠，以及1920年遺漏的國文系主任馬裕藻。（從中可以瞭解當時北京大學各系及系主任的變化情況。）

本年畢業同學錄收錄294名畢業生的照片和字號、年齡、籍貫、所屬系、地址等基本信息。最後列有未交照片的畢業同學155人名單。未交照片人數竟如此之多，可見本年畢業同學錄編輯之倉促與困難。兩者

相加，本年北京大學本科畢業生共計449人，較1920年收錄的224人，增加了225人，大致可以看出北京大學招生規模擴大的趨勢。

英文系的奚湞，江蘇南通人，原就讀於協和女子大學英文系，爲1920年2月北京大學英文系、本年畢業生之一，當時在《北京大學學生週刊》和《晨報》上還登載了三人的合影。後正式入北京大學英文系，本年畢業。物理系的龍際雲（1893—1955），江西萬載人。1923年畢業於北京大學。先後在北京大學、中法大學、北京輔仁大學、西北工學院、西北大學任助教、講師、副教授、教授。從事物理實驗的教學與科研。著作有《普通物理實驗》《光學實驗》《近代物理實驗》等。

國文系的戴君仁（1901—1978）1929年後先後任教於浙江大學、北京大學、輔仁大學。1947年去臺灣，先後任教於臺灣師範大學、臺灣大學。著有《中國文字構造論》等。

德文系的王有德（1897—1932），在校期間積極參加五四運動，1921年11月17日，與鄧中夏、黃日葵等19人在《北京大學日刊》发布《發起馬克斯學說研究會啓事》。1922年加入中國共產黨，曾在北京豐臺開展工人運動，並任《工人週刊》編輯。1927年畢業於黃埔軍校高級班。1932年參加上海"一·二八"抗戰，戰爭結束後不久病逝。

未交照片名單中的張佩瑚，物理系畢業，長期任匯文中學物理教員，曾兼任北京大學物理學系副教授、中國物理學會最早會員之一。楊鍾健（1897—1979），地質學家、古生物學家、中國科學院學部委員。地質系畢業，在校期間積極參加五四運動及北京大學平民教育演講團，加入少年中國學會，曾任執行部主任，《共進》半月刊主編。1923年出國留學，1927年獲慕尼黑大學博士學位。1928年回國，任職於地質調查所，兼北京大學、北京師範大學講師。後任地質調查所北平分所所長，中國地質學會會長。

敬贈
數學系主任
馮漢叔先生

母校第一院攝影

母校第二院攝影

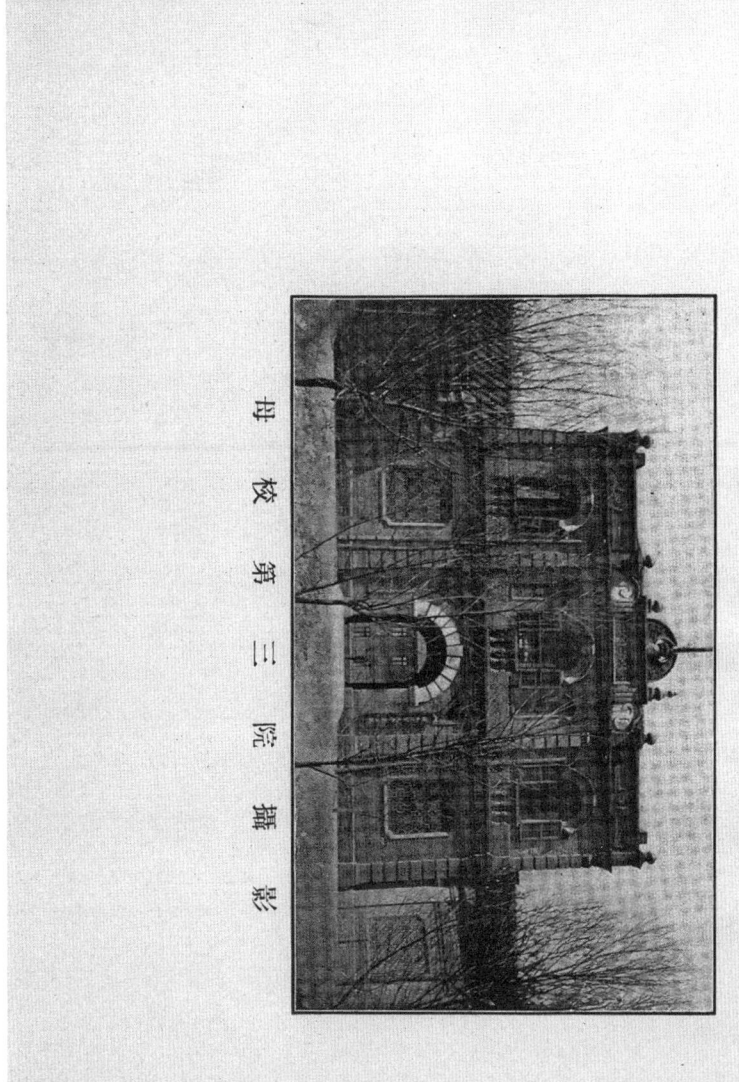

母校第三院攝影

民國十二年北京大學畢業同學錄　校長

校長蔡子民先生

民國十二年北京大學畢業同學錄　教務長　總務長

教務長兼經濟系主任　　　總務長
顧孟餘先生　　　　　　　蔣夢麟先生

民國十二年北京大學畢業同學錄　數學系主任　物理系主任

數學系主任
漢叔馮祖荀先生

物理系主任
顏任光先生

三

民國十二年北京大學畢業同學錄　化學系主任　地質系主任

化　學　系　主　任
撫五王星拱先生

地質系兼採冶系主任
孟綽何杰先生

四

民國十二年北京大學畢業同學錄　　國文系主任　英文系主任

國文系主任
幼漁馬裕藻先生

英文系主任
適之胡適先生

民國十二年北京大學畢業同學錄　法文系主任　德文系主任

法文系主任
法生李景忠先生

德文系主任
丙辰楊震文先生

民國十二年北京大學畢業同學錄　哲學系主任　史學系主任

哲學系主任
百年陳大齊先生

史學系主任
逷先朱希祖先生

民國十二年北京大學畢業同學錄　法律系主任　政治系主任

法律系主任
海秋何基鴻先生

政治系主任
惺儂陳敢修先生

民國十二年北京大學畢業同學錄　數學系

龍成章
斐然　三十　江西萬載
數學系
萬載株潭裕豐和號

張國光
國光　二八　河南葉縣
數學系
葉縣東站街天和興號

闞毓詵
庶安　二五　安徽合肥
數學系
蕪湖轉柘皋闞宅

黃篪
竹咸　二五　江蘇江陰
數學系
常州大北門外蔡德盛號

民國十二年北京大學畢業同學錄　物理系

李棲鸛
宿仙　二四　山西五台
數學系
五台東冶鎮萬盛恒號

龍際雲
搏霄　三十　江西萬載
物理系
萬載株潭大盛堂

白子玉
子玉　二七　陝西華縣
物理系
華縣赤水鎮厚德福號

李壎
伯樂　二七　湖北安陸
物理系
德安西門外河街源大槽坊

民國十二年北京大學畢業同學錄　物理系

田培業
豐圃　二七　山西臨汾
物理系
臨汾東元鎮郵局博

王恩久
潤華　二六　奉天鐵嶺
物理系
鐵嶺阿吉堡子裕盛和號

田永謙
牧宣　二六　湖北黃陂
物理系
黃陂東城街田履豐

聞詩
仲偉　二六　浙江溫嶺
物理系
溫嶺新河轉長嶼

十一

民國十二年北京大學畢業同學錄　化學系

李嗣璁
蔭翹　二五　直隸慶雲
物理系　北京宣外北五老
胡同覺民學院　太原三橋街

童蒙吉
果行　三三　浙江龍游
化學系
龍浙湖鎮

楊步瀛
子洲　三一　陝西長安
化學系　北京打磨廠南
官園七號　西安競爽醫院

韓覺民
新知　二九　湖北黃安
化學系
黃陂河口信泰永號轉

民國十二年北京大學畢業同學錄　化學系

彭萬泉
紫石　二八　奉天瀋陽
化學系
奉天省城金城照像館

熊　翔
摶九　二七　湖北蒲圻
化學系
蒲圻新店熊德記轉

蘇明德
培初　二六　河南商水
化學系
商水鄧城鎮郵局交白蛇崗

李經道
子五　二六　山西夏縣
化學系
夏縣官莊鎮永順生轉

十三

民國十二年北京大學畢業同學錄　化學系

葛毓桂
筱山　二六　山東泰安
化學系
泰安安駕莊轉東江莊

宋世忱
壽銘　二五　奉天瀋陽
化學系
奉天省城西南官立堡轉來勝堡

裴元隆
亮中　二五　四川成都
化學系
成都西御街四十九號

馬玉銘
爾遐　二四　奉天復縣
化學系
復縣北街小老爺廟胡同

民國十二年北京大學畢業同學錄　化學系

樊振琦
子珏　二四　山西榮河
化學系
榮河王黑鎮瞻海風

呂炳水
炳水　二四　福建廈門
化學系
廈門東城外石路大埕內七五號

秦樾士
蔭人　二二　四川酆都
化學系
酆都高鎮

胡顯仁
顯仁　二三　湖北沔陽
化學系
北京西華門酒醋局九號

十五

民國十二年北京大學畢業同學錄　地質系

楊　澤
蒲仙　二二　浙江建德
化學系
嚴州南門楊宅

湯炳榮
執中　三二　安徽青陽
地質系
青陽木鎮坤太祥店交

鄭　震
景僑　三十　安徽宿松
地質系
宿松二郎河

胡魁彌
微塵　二六　黑龍江
地質系
黑龍江省城酒簍胡同長發永

民國十二年北京大學畢業同學錄　地質系

陳　太　恒
約菴　二六　安徽合肥
地質系
蕪湖忠廟轉租龍陳村

陳　兆　楹
君擎　二五　廣東新會
地質系
新會外海鄉南華里

吳　應　福
履盦　二五　江蘇寶應
地質系
寶應東嶽街

陳　沛　京
君眷　二五　廣東番禺
地質系
番禺石樓鄉大井頭積厚堂

十七

民國十二年北京大學畢業同學錄　地質系

何　亮
學亮　二五　福建閩侯
地質系
福州朱紫坊十九號

田　奇　鑴
季玉　二四　湖南大庸
地質系
大庸文昌閣張義豐號轉

十八

佘　瀾
文波　二四　江蘇揚州
地質系
揚州大橋鎮

華　贊　廷
荷襄　二四　山東齊河
地質系
齊河華家集

民國十二年北京大學畢業同學錄　採冶系

王秉義
敢元　二九　直隸蠡縣
採冶系
蠡縣萬安鎮轉劉銘莊

李中安
昆球　二七　江西浮梁
採冶系
浮梁城內

錢　江
之江　二七　浙江諸暨
採冶系
諸暨泄浦鎮吳日昌轉

臧家祐
翳庭　二七　直隸清苑
採冶系
保定城東喇喇地

十九

民國十二年北京大學畢業同學錄　採冶系

蕭　家　馴
懷雅　二六　江西興國
採冶系
興國西城大夫第

李　濬　三
絜塵　二六　江西寧都
採冶系
寧都南門介石祠

二十

周　鵬　遠
彥飛　二五　廣東惠陽
採冶系　北京東城油房
二十號　惠陽水東街沐範湖

姚　鴻　達
行三　二五　江蘇無錫
採冶系
無錫陳墅

民國十二年北京大學畢業同學錄　採冶系

江增璵
少逸　二五　廣東廉江
採冶系　北京翠花胡同六號
香港廣榮航業公司

張子韶
簫成　二五　直隸安新
採冶系
安新同口村轉

吳君愨
君確　二五　江蘇江陰
採冶系
江陰三甲里

朱漢章
文雄　二五　浙江上虞
採冶系
上虞崧厦安泰莊

民國十二年北京大學畢業同學錄　採冶系

蔡春元
筱雨　二五　浙江東陽
採冶系
東陽蔡宅

宋作梅
雪友　二四　浙江金華
採冶系
金華井龍廟

王橄
調甫　二三　浙江慈谿
採冶系
慈谿城內王同知房

蘇仙槎
紫洲　三一　山東樂陵
國文系
樂陵黃夾鎮

民國十二年北京大學畢業同學錄　國文系

王　煥　猷
儒卿　三十　陝西商縣
國文系
商縣福順永號轉

楊　偉　業
少勤　三十　廣東茂名
國文系
高州南門外頤豐號

王　東　一
文清　三十　奉天蓋平
國文系
蓋平熊岳城內太和堂

張　崇　善
性初　三十　陝西渭南
國文系
渭南西關全允合號轉

民國十二年北京大學畢業同學錄　　國文系

李　瀛
海峰　三十　陝西渭南
國文系
渭南信義鎮郵局轉

劉慰曾
幼屛　二九　直隸徐水
國文系
徐水蘆草灣村

郭塏塏
樂康　二八　直隸延慶
國文系
延慶城內

宋錫珠
還吾　二八　山東武城
國文系
武城縣高等小校轉

民國十二年北京大學畢業同學錄　國文系

劉嘉鎔
鐵菴　二七　雲南蒙自
國文系
蒙自城外實菴寺街

黃　琴
訪仙　二七　廣東文昌
國文系
瓊州海口實文樓

戴君仁
靜山　二三　浙江鄞縣
國文系
寧波城內呼童巷

黃顯榮
梅菴　二四　奉天遼陽
國文系
遼陽仁裕泰

二五

民國十二年北京大學畢業同學錄　英文系

施之澄
鏡清　二九　江蘇江寧
英文系
南京造幣廠對面周兆蓉君轉

胡光廷
達舫　二八　江西南昌
英文系
南昌羊行巷五號

張之綱
勉齋　二八　陝西韓城
英文系
韓城城內恒心成號

黃　堅
振玉　二八　江西清江
英文系　北京北河沿一號
江西樟樹鎮二井巷黃敬信堂

民國十二年北京大學畢業同學錄　英文系

吳　葴
葴卿　二七　浙江平陽
英文系
平陽宜山吳橋

張　瑩書
仲瑜　二七　吉林雙城
英文系
雙城文廟東院

周　冕
服之　二七　甘肅天水
英文系
北京西四羊肉胡同五六號

衛肇源
引滄　二六　江蘇青浦
英文系
青浦紀青橋堍

民國十二年北京大學畢業同學錄　英文系

梁耀奇
耀奇　二六　廣東南海
英文系
香港永樂街廣珍祥

李　鯤
　　　二六　貴州貴筑
英文系
北京宣內糖房胡同五號

二八

李毓鏊
辛嵐　二六　福建閩清
英文系
閩清六都

周茂開
敬民　二五　廣東大埔
英文系
汕頭三河壩選記號轉

民國十二年北京大學畢業同學錄　英文系

李蘭昌
朗言　二五　奉天昌圖
英文系
昌圖巨增興轉

吳　傑
且雄　二五　四川遂寧
英文系
遂寧勸學所轉

洪維晟
麗昇　二五　浙江建德
英文系
嚴州城內邢衙黨

徐士毅
剛木　二五　江西清江
英文系　北京前外長巷上二條
三號　江西樟樹鎮坪上街牲記號

民國十二年北京大學畢業同學錄　英文系

張　政　一
元城　二五　朝鮮平北龍川
英文系
北大學員李祖憲君轉

郭　智　石
智石　二四　浙江臨海
英文系
台州城內大晏宮

奚　湞
沅君　二四　江蘇南滙
英文系　北京後門內二眼井十
八號　上海浦東同浦名樓鎮

熊　訓　啓
東明　二二　四川江安
英文系　北京黃化門礦兒
胡同一號　江安勸學所轉

民國十二年北京大學畢業同學錄　法文系

蔡芳蓀
畏三　二八　安徽太湖
法文系
太湖祥奉復號

龐遺安
怡盦　二五　直隸清苑
法文系
北京宣內剛家大院六號

徐永源
溥時　二五　浙江蘭谿
法文系
蘭谿源發號轉

沈燾
律葭　三十　浙江杭縣　德文系
上海南市護軍營親賢里五七號
杭州舊府前花牌樓井衖四號

三一

民國十二年北京大學畢業同學錄　德文系

呂夢彪
叔符　二八　河南羅山
德文系
羅山城內北街

劉　鈞
海蓬　二五　河南濟源
德文系　北京三眼井二七號
濟源劉中書第

光秉鍾
毓丞　二五　安徽桐城
德文系　北京西四武王侯胡
同甲三十號　桐城西門內

王有德
茹苓　二五　雲南阿迷
德文系
阿迷東鄉第四區王宅

〔二〕

民國十二年北京大學畢業同學錄　德文系

唐性天
性天　二三　浙江鎮海
德文系　漢口愛國公司轉
鎮海小港唐人和

張傳普
威廉　二二　浙江吳興
德文系
蘇州學士街九六號

李慰祖
恪庭　二二　河南澠池
德文系
澠池千秋鎮

薄芝畬
滋宇　二一　河南鞏縣
德文系
鞏縣南河渡村中和堂

三三

民國十二年北京大學畢業同學錄　哲學系

尹邦翰
華甫　三十　山西靜樂
哲學系
靜樂婁煩鎮

劉大智
子愚　二九　陝西神木
哲學系
神木高家堡

何文灝
信甫　二八　廣東順德
哲學系
廣州市西關太平街恩隆號轉

李名園
東橋　二八　直隸高陽
哲學系
高陽惠伯口轉田村

民國十二年北京大學畢業同學錄　哲學系

蘇　清　卓
建秋　二八　湖南石門
哲學系
石門縣王文次君轉

魏　延　齡
松如　二七　河南遂平
哲學系
遂平東街

毛　升　達
仲成　二七　四川華陽
哲學系
成都字庫街九四號

李　青　林
楳堂　二六　山西臨汾
哲學系
臨汾吳村鎮郵局轉東郭村

三五

民國十二年北京大學畢業同學錄　　哲學系

李　榮　第
小峰　　二六　　江蘇江陰
哲學系
江陰青暘

宗　錫　鈞
甄甫　　二六　　直隸沙河
哲學系
沙河北掌

洪　克　任
毅民　　二六　　河南商城
哲學系
濟南西小王府三十號

麥　應　昌
際可　　二六　　廣東東莞
哲學系
東莞城內彭屋大街

民國十二年北京大學畢業同學錄　史學系

舒敞元
特生　二五　四川長壽
哲學系
長壽渡舟塲郵局轉山蒿枝

吳其潤
與春　二五　四川安縣
哲學系
安縣花街塲

三七

楊北有
屯臬　二五　四川灌縣
哲學系
灌縣石羊塲第二高等小校

夏承柱
君達　二四　江蘇江寧
哲學系
北京南新華街安平里

民國十二年北京大學畢業同學錄　史學系

黃啓華
啓華　二三　廣東新會
哲學系
廣東省城杉木欄有昌號

陳友揆
則魯　三一　江西永新
史學系
永新縣濟生藥號轉

高建鉁
伯珩　三十　直隸新河
史學系
新河德合公轉堯頭村

姚揖讓
子升　三十　山西臨晉
史學系
臨晉牝子鎮郵局轉陶唐村

民國十二年北京大學畢業同學錄　史學系

張國威
旋平　二九　湖北蘄水
史學系
蘄水手巾街張俊卿轉

韓樹模
仲範　二九　陝西渭南
史學系
西安東關福德行內義興泰記

褚垠昌
夢蓀　二八　江西高安
史學系
高安勸學所轉

楊汝璋
幼青　二八　河南葦縣
史學系
葦縣東站街德順隆

民國十二年北京大學畢業同學錄　史學系

郭懷璋
羲村　二七　陝西神木
史學系
神木馬院巷

汪榮蔭
裕昆　二六　奉天遼陽
史學系
遼陽西寶和堂

四十

袁慶清
秋澄　二六　奉天遼陽
史學系
哈爾濱秦家崗滿洲街二四號

張紹詠
舒英　二六　河南南召
史學系　北京後門內火藥局
二條三號　南召城內仁德堂

民國十二年北京大學畢業同學錄　法律系

張俊傑
德舟　二六　四川南充
史學系
南充勸學所轉

林紹文
以達　三三　廣東番禺
法律系　番禺市橋林
地大巷第四間林福堂

邊振聲
聞藩　三二　河南遂平
法律系
遂平大劉莊郵局轉

田景振
味屯　三一　直隸束鹿
法律系　北京前外取燈胡
同三盛興　束鹿一間房村

四一

民國十二年北京大學畢業同學錄　　法律系

王　文　田
子硯　　三一　　熱河阜新
法律系　　北京打磨廠天福店
奉天新立屯玉發店

趙　德　峻
克明　　三一　　河南上蔡
法律系
上蔡朱里店天元堂轉

周　　鼎
星甫　　三一　　浙江麗水
法律系
麗水城內

徐　秉　義
民則　　三一　　安徽青陽
法律系
青陽縣慕闕里

四二

民國十二年北京大學畢業同學錄　法律系

熙　　清
則民　三一　奉天瀋陽
法律系
奉天省城小東關關景胡同

蕭　奮　成
葆光　三一　廣東容縣
法律系
容縣自良墟中昌號轉

四三

于　道　平
履坦　三一　直隸長垣
法律系
長垣縣勸學所轉

龍　　文
丕承　三一　四川宜賓
法律系　宜賓南街近大什
字處陳萬順號轉

民國十二年北京大學畢業同學錄　法律系

蔡景雲
錦秋　三十　奉天岫巖
法律系
岫巖東興餘

郭鎮唐
念汾　三十　奉天北鎮
法律系
北鎮城內榮陞號

四四

盧祥桂
香五　三十　奉天蓋平
法律系
蓋平東街聚源興

姜守權
石經　三十　奉天鐵嶺
法律系
奉天財政廳對面存仁大藥房

民國十二年北京大學畢業同學錄　法律系

許　文　華
德齋　三十　山西大同
法律系
大同青雲堂

廖　肇　維
愼持　三十　河南商城
法律系
商城湯家滙

余　在　泗
魯濱　三十　河南商城
法律系
商城余家集轉

李　樹　範
士型　三十　奉天岫巖
法律系
岫巖東升和

四五

民國十二年北京大學畢業同學錄　法律系

周怡然　　　　　李嘉第
勃夫　三十　浙江平陽　　少連　二九　京兆大興
法律系　　　　　　　　　法律系　北京地安門外小
平陽江南張家堰　　　　　大佛寺胡同十五號

汪康民　　　　　劉德周
康民　二九　湖北應城　　普生　二九　奉天安東
法律系　北京西安門内惜薪　法律系
司二一號　應城城内務本堂轉　安東前聚寶街協成興

民國十二年北京大學畢業同學錄　法律系

陳柏森　　　　　　許　瀚
季樑　二九　廣東茂名　　紹翹　二九　河南固始
法律系　　　　　　　　法律系
茂名白村墟怡昌號轉　　　固始郭陸灘郵局轉

林福山　　　　　　李增澤
毓鍾　二九　奉天西安　　我春　二九　直隸威縣
法律系　　　　　　　　法律系
西安城內福合慶　　　　南宮城內德聚昌轉

四七

民國十二年北京大學畢業同學錄　法律系

毛皋坤
贊乾　二九　浙江江山
法律系
江山長臺鄉

劉樹藩
松雛　二九　直隸深縣
法律系　北京前外北孝順胡
同福興號　深縣磨鎮同春堂

袁澤
鈞德　二九　廣西平南
法律系
平南思旺墟惠政里團局轉

汪羲崇
協禎　二九　湖南益陽
法律系
益陽馬跡塘轉敬群堂

民國十二年北京大學畢業同學錄　法律系

佟玉墀　　　　　　　　陳俊卿
驥聲　二九　奉天撫順　　伯英　二九　河南淮陽
法律系　　　　　　　　　法律系
奉天千金寨恒興茂轉　　　淮陽城內復盛永轉

四九

左鳳周　　　　　　　　　崔學曾
民新　二九　奉天開原　　魯齋　二九　湖北竹山
法律系　　　　　　　　　法律系　北京後內東吉祥胡同十
開原西雙樓台轉高家窩棚　七號 竹山城內下大街崔永興全記

民國十二年北京大學畢業同學錄　法律系

向　　景
盤篴　二八　四川涪陵
法律系　北京北池子二條
五號　涪陵西門內三宮樓

蕭　洸　恩
爵初　二八　江西雩都
法律系
雩都中北鄉三貫墟蕭餘盛

佟　寶　鈞
伯任　二八　奉天瀋陽
法律系
奉天省城南紅菱堡

王　凌　震
春霆　二八　河南西華
法律系
西華北大街

五十

民國十二年北京大學畢業同學錄　法律系

劉熾昌
少興　二八　河南陝縣
法律系
陝縣大營鎮

陳秉瀚
嘯鳳　二八　浙江富陽
法律系　　北京司法部
浙江場口龍門

吉　增
一瘵　二八　河南孟津
法律系
孟津叩馬鎮

吳嘉猷
勖甫　二八　浙江龍泉
法律系
龍泉八都

民國十二年北京大學畢業同學錄　法律系

趙鎭坤
靜宇　二八　山東曹縣
法律系
曹縣青堌集義聚昌號轉

徐希稑
劍平　二八　安徽廬江
法律系
廬江復昌祥米坊

喬長洋
海峯　二八　山西太谷
法律系
太谷小白村德盛公轉東里村

李復昌
元一　二八　山東臨朐
法律系
臨朐柳山寨

民國十二年北京大學畢業同學錄　法律系

鄭　　智
愚如　二八　浙江瑞安
法律系
瑞安大圔

龐　毓　申
崧生　二八　直隸清苑
法律系
北京宣內剛家大院六號

五三

姜　景　華
楸堂　二八　直隸冀縣
法律系
冀縣柏芽莊鎮翟鳴達君轉

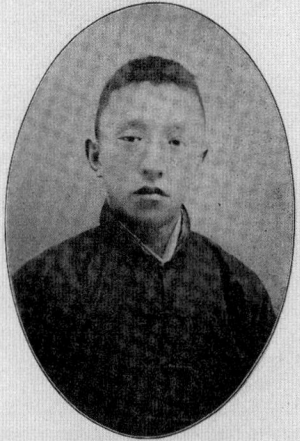

陳　迪　光
介石　二八　湖南瀏陽
法律系
長沙太平街馬家巷振商字號

民國十二年北京大學畢業同學錄　法律系

黃雲章
漢槎　二八　湖南桃源
法律系
桃源陬市人和盛店轉

馬恒武
際雲　二八　直隸冀縣
法律系
冀縣宋李莊國民學校轉

李秀秋
菊朋　二七　廣西桂平
法律系
桂平大灣塘郵局轉天堂村

孫世昌
同九　二七　奉天莊河
法律系
莊河青鎮乾元大

鍾　瑛
渾太　二七　湖南藍山
法律系
藍山南街怡昌染坊轉

范　復　先
貞良　二七　四川合江
法律系
合江北街禮嘉巷闕公館轉

民國十二年北京大學畢業同學錄　法律系

王　式　典
冠五　二七　河南偃師
法律系
偃師城內隆慶祥轉

車　乃　光
熙仲　二七　京兆房山
法律系
房山西街

五五

民國十二年北京大學畢業同學錄　法律系

景 文 郭
惠川　二七　河南信陽
法律系
信陽青石礚

然 偉 胡
尹希　二七　廣西平南
法律系
平南官市路三里團局轉

書 佩 閻
堯臣　二七　山西太原
法律系
太原城內同心順轉

澤　　宋
潤之　二七　四川岳池
法律系
岳池苟角塢

民國十二年北京大學畢業同學錄　法律系

何恩樞
北衡　二七　四川羅江
法律系
羅江北街

陳履森
步騫　二七　浙江義烏
法律系
義烏佛堂張廷盛號轉

繆清釗
伯韜　二六　江蘇江陰
法律系　北京米市胡同六四
號　無錫轉楊舍

徐望之
望之　二六　浙江吳興
法律系　北京景山東街十一
號　吳興雙林南柵徐仁壽堂

五七

民國十二年北京大學畢業同學錄　法律系

閆振傑
漢三　二六　直隸深縣
法律系　北京彰儀門內義成
祥轉深縣護駕遲鎮天增永轉

張　灝
滌凡　二六　廣東化縣
法律系
廣州上西關吉祥坊二一號

李紹康
壽齋　二六　直隸寧河
法律系
寧河東街

趙毓藻
仲蓀　二六　京兆宛平
法律系
北京宣外潘家河沿六七號

五八

民國十二年北京大學畢業同學錄 法律系

趙柿霖
雨時　二六　奉天興城
法律系
綏中縣郵局送方安堡

洪承德
孟鄒　二六　雲南昆明
法律系
雲南省城文廟街一四九號

五九

傅世璋
季崗　二六　湖北江陵
法律系
北京北箭亭二號

張祜
叔和　二六　河南開封
法律系
北京宣外西茶食胡同三七號

民國十二年北京大學畢業同學錄　法律系

王　開　化
景明　二六　江蘇常熟
法律系　北京交通部電政司
常熟梅里

陳　　偉
全孫　二五　福建閩侯
法律系
北京西皇城根二二號

范　復　誠
崇實　二五　四川合江
法律系
合江北街禮嘉巷闕公館傅

趙　　瑜
瑾懷　二五　京兆武清
法律系　北京前外廊房頭條
內聯陞　武清西街

民國十二年北京大學畢業同學錄　法律系

李受恒
諫卿　二五　廣西桂林
法律系　北京北柳巷四號
濟南歷山街二三號

傅承濬
哲泉　二五　浙江紹興
法律系
紹興耀英街

范　恕
心如　二五　甘肅靖遠
法律系　北京鍾山里五號
靖遠會館街澄清堂

陳慶粹
志純　二四　浙江象山
法律系
象山縣通生號轉陳學圃堂

六一

民國十二年北京大學畢業同學錄　　法律系

彭　鈞
鑪一　二四　湖南藍山
法律系
北京西城南沈篦子胡同三號

王　德本
子壯　二四　山東歷城
原籍浙江紹興　法律系
濟南東新街十六號

章　劍
化農　二四　安徽滁縣
法律系
滁縣遂園

閻　在田
耕南　二四　直隸昌黎
法律系　北京西四北東觀音
寺七號　濟南按察寺街百六十號

六二

民國十二年北京大學畢業同學錄　法律系

葛爲棻
蘭生　二四　山東日照
法律系　北京東四三條二
五號　日照濤洛鎮葛務本堂

王嘉銘
珮珩　二四　直隸望都
法律系
望都柳陀村

光秉鏐
屺思　二三　安徽桐城
法律系　北京西四武王侯
胡同甲三十號　桐城西門內

廖德珍
恕庵　二二　湖南常德
法律系
北京西單手帕胡同十一號

六三

民國十二年北京大學畢業同學錄　政治系

姚仰璜
德樞　三一　廣東平遠
政治系
汕頭大柘文明書院

榮　珩
楚珍　三十　直隸棗強
政治系　北京前外蘇家坡廣
成皮局棗強大營鎮人和成棧轉

劉培智
敏齋　二九　山西代縣
政治系
代縣陽明堡慶元德轉

張理元
原名金聲　二九　山東定陶
政治系
定陶西北十五里張庄

民國十二年北京大學畢業同學錄　政治系

畢　星　垣
徽辰　二九　山東荷澤
政治系
荷澤孝子廟西街

陶　　漢
鐵成　二八　江西進賢
政治系
南昌幽蘭市趙家埠保元堂

蘇　錫　齡
壽余　二八　山西臨汾
政治系
臨汾城內森盛恒

鄒　德　高
明初　二八　四川長壽
政治系　北京西交半壁街
十一號　長壽城內全福祥轉

六五

民國十二年北京大學畢業同學錄　政治系

賈　桂　林
月森　二八　山西太谷
政治系
太谷祥記公司轉

王　和　暢
惠卿　二八　山西交城
政治系
交城洪盛昌轉

鄧　鴻　業
建侯　二八　山西襄陵
政治系　北京崇外北五老覺
民學院　襄陵趙曲鎮景興永

陳　顧　遠
晴皋　二八　陝西三原
政治系　北京潘家河沿九號
三原書院門街范卓夫君轉

民國十二年北京大學畢業同學錄　政治系

申　保　三
景星　二八　河南碭山
政治系
河南駐馬店芝青胡同

陳　應　寶
青選　二七　廣東番禺
政治系　廣州市都府街十
三號　番禺石樓鄉行恕堂

六七

許　文　國
化周　二七　奉天鐵嶺
政治系
鐵嶺雞冠山

呂　永　坤
佑乾　二七　直隸棗強
政治系　北京安外外館通
和堂　棗強大王常村

民國十二年北京大學畢業同學錄　政治系

張立彬
宜之　二七　直隸南宮
政治系
南宮孝昌村

余文銑
鈍生　二七　廣東台山
政治系
台山荻海中和街仁安

六八

魏灼華
蕚生　二七　廣東五華
政治系
汕頭畬坑夏阜郵局轉

要繼志
士先　二七　山西榆次
政治系
榆次城內義成永轉

民國十二年北京大學畢業同學錄　政治系

郭懋治
穡明　二七　山西定襄
政治系　北京王府井大街
二四號　忻縣聚和湛轉

陳國樑
掌波　二六　浙江餘姚
政治系
上海北京路七十號

六九

趙慶凱
勛卿　二六　直隸蒙縣
政治系　北京王府井大街德
順木廠　衡水巨鹿鎮德泰糧局轉

王鍾夑
堯欽　二六　直隸吳橋
政治系　北京地安門外集
賢樓　吳橋城內東馬路

民國十二年北京大學畢業同學錄　政治系

詹天覺
樂余　二六　安徽休寗
政治系
北京西城石碑胡同五八號轉

武建康
壽堂　二六　山西文水
政治系
文水南莊鎮

李邦箕
邦箕　二五　直隸天津
政治系　北京德內花枝胡
同　天津西頭驢市口

劉振漢
子興　二五　山西應縣
政治系
應縣城內德恒豐轉

民國十二年北京大學畢業同學錄　政治系

董平輿
平輿　二四　吉林長春
政治系
長春西四道街

熊保豐
穀似　二二　湖北天門
政治系
北京西河沿麗華樓金店轉

陶熙孫
緝民　三十　浙江紹興
經濟系
北京地外鴉兒胡同廣化寺

田元魁
星垣　三十　湖北漢陽
經濟系
漢陽西門內天鳳銀樓轉

七三

民國十二年北京大學畢業同學錄　經濟系

唐鳳歧
興周　三十　奉天西豐
經濟系　奉天四平街車站
復利恒轉

吳殿樞
拱辰　二九　奉天興城
經濟系　京北宣內智義伯十
八號　興城北街財神廟胡同

齊樹芸
梅閣　二九　直隸高陽
經濟系　北京西城臥佛寺
街三二號　高陽天德恒

韓硯田
豐齋　二九　直隸博野
經濟系
博野北楊村轉

民國十二年北京大學畢業同學錄　經濟系

趙鴻勳
化民　二九　奉天海城
經濟系
海城西關

佘宗鈺
叔平　二九　四川新都
經濟系　天津黃緯路賓字
四一號　成都良醫巷九八號

陳修業
子勤　二九　奉天鐵嶺
經濟系　鐵嶺東關萬順永
轉邑東大寶山日陞堂

傅如鐵
伯鹽　二九　直隸鹽山
經濟系
鹽山百尺杆莊

七三

民國十二年北京大學畢業同學錄 經濟系

歐　銘
松年　二九　浙江象山
經濟系　北京東華門外小甜水
井甯波館　象山翁鼎泰轉小東洋

郭懷璞
純如　二八　廣東潮陽
經濟系
上海民國路玉成什糧行

史鏗年
彭甫　二八　江蘇武進
經濟系
北京西城十八半截八號

王炳璽
廷紱　二八　直隸博野
經濟系
博野北楊村轉東章

民國十二年北京大學畢業同學錄　經濟系

陳　綬　章
博文　二八　江蘇無錫
經濟系
浙江溫州慶年坊

顧　世　雄
新甫　二八　湖北沔陽
經濟系
沔陽峰口崔恒生轉

陳　元　復
伯初　二八　安徽舒城
經濟系
舒城南門內

趙　學　漢
紀南　二八　四川永川
經濟系
永川小南門外杜家老花園

民國十二年北京大學畢業同學錄　經濟系

郭定榮
修仁　二八　江蘇句容
經濟系
天津日界福島街

高占春
梅生　二七　奉天開原
經濟系
開原東街榮市廣泉豐轉

陳應榘
師準　二七　廣東番禺
經濟系
番禺石樓鄉行恕堂

翟瑞元
瑞元　二七　廣東東莞
經濟系
東莞周溪

民國十二年北京大學畢業同學錄　經濟系

孫明鑑
冰如　二七　直隸天津
經濟系　南京細柳巷十八號
天津太平街六二號

鄺翹
原名鴻逵　企平　二七
廣東香山　經濟系
上海西德華路中虹橋廣利豐號

倪汝明
桐青　二六　湖北天門
經濟系
天門北關外倪大盛榮記

左祖珂
馭敏　二六　湖北大冶
經濟系
大冶城內和昌號轉

民國十二年北京大學畢業同學錄 經濟系

史　明
淦生　二六　江蘇溧陽
經濟系　北京石駙馬大街羅
圈胡同溧陽史廬　溧陽堽頭村

王宗侯
晉笙　二六　奉天遼陽
經濟系
遼陽三道街

陳時琳
仲璋　二六　浙江永嘉
經濟系　上海新閘路福康路厚
福里六五三號　溫州三官殿巷

杜邦紀
漢南　二六　湖北武昌
經濟系
武昌武勝門外孝子坊巷十號

七八

民國十二年北京大學畢業同學錄　經濟系

劉紹炎　叔沛　二五　奉天遼陽
經濟系
遼陽劉二堡玉陞金燒鍋

張　超　定遠　二五　湖北鄂城
經濟系
北京南池子大蘇州胡同三號

張孝先　培原　二五　山西介休
經濟系
介休城內草市巷

李崙華　藻生　二五　江西臨川
經濟系
臨川李家渡義成夏布行轉

七九

民國十二年北京大學畢業同學錄　經濟系

薛　隱
原名允康　樂只　二五
浙江瑞安　經濟系
瑞安城西

徐　兆　蓀
瑞人　二五　浙江東陽
經濟系
東陽吳良轉象螺

八十

董　鹿　年
晉五　二四　浙江紹興
經濟系　北京金城銀行

趙　銘　西
景渠　二四　直隸定縣
經濟系　北京西城臥佛寺街
三二號　定縣明月店積德裕

民國十二年北京大學畢業同學錄　法律系

王宗德
慧生　二四　直隸豐潤
經濟系
唐山南宣莊義德號轉

閔之寅
叔敬　二三　江蘇南通
經濟系
南通唐家閘

曾靖聖
錚如　三十　廣東揭陽
法律系
北京承相胡同潮州館　汕頭揭陽棉湖進士第

郭鴻逵
紹儀　二六　安徽鳳陽
法律系
鳳陽城內十八礄

八一

民國十二年北京大學畢業同學錄　哲學系

黃　克　綸
貫道　二三　江西清江
法律系
北京北池子馬圈胡同十四號

王　汝　璵
汝璵　二二　江蘇無錫
哲學系　北京中老胡同十八號　無錫城內太定橋敬修堂

八二

未繳照相同學題名

趙　淞	龍澍霖	楊東昇	王士偶	饒泰讓	王建業
劉維漢	謝馥南	張佩瑚	呼霹靂	楊典升	蕭濟時
韓光斗	黃懷信	易敬泉	王恭睦	楊鍾健	魏中谷
張席禔	韓慶文	張文成	蔡　堡	王春閣	趙亞曾
李廣縝	胡殿士	張延譽	徐鎮冀	閻　楷	侯德封
吳方樓	趙簡耀	何之兼	巫啓瑞	馮景星	汪恩培
王維新	陳樹綮	張式夫	王德隆	張續祖	桂毓申
王震東	石　皓	陳正謨	王佐才	張鵬翹	華以愼
張鳳閣	汪　毅	丁樹屏	傅貴雲	孟廣誥	王保合
梁棟材	李登瀛	田烱錦	宋孔顯	王蔭榮	王則禹
陳強華	趙潤浦	潘恩垣	吳　溶	施鍾祿	張象乾
高鳴謙	王清晨	任文祥	李之果	袁紹祖	高崇煥
馮　炂	周寶鈞	馬炳亮	李英敏	張葆誠	王之棟
馬應桐	郝萬鎰	李德普	吳君俠	李鏡濤	倪汝發
邢世義	王孚鋆	趙宗奎	劉君厚	袁雲翔	翁玉麟
趙翰春	徐家鈺	吳大同	張輔銓	袁印藩	薛祚鴻
李良驥	常焜燮	吳道晨	吳迪昇	王文煌	徐其湘
尙鴻運	溫良儒	李春芳	戴　巖	趙永銘	楊　健
許瑞鎣	謝祥椿	孫人和	王鼎成	梅祖芬	竇福地
郭弼藩	呂傅周	陳聲樹	孫九錄	王金鑑	孟自成
羅宗孟	曹春齡	麥　華	張　强	萬壽堃	張世茂
王朝輔	陳永夔	邢世芳	慕　庸	齊儒堂	彭宗庭
劉賓遠	陳儒康	屈慈仁	沈藻墀	劉善授	唐　綏
梁民武	陳國澧	裴乃徵	胡國鼎	魏　綸	季徵良
陳　儆	林飛熊	廉蔭璞	曹宗周	石景賢	趙春霖
許懋椿	鄒延芳	顧廷琮	張希潔	李樹勛	

編　　例

　　本同學錄之內容除校長教務長總務長各系主任暨諸同學照相外尚冠以校旗並一二三三院影片而以未繳照相諸同學題名殿焉

　　各系主任位置之先後卽以母校學校系統表系列之先後爲準據

　　各系同學位置之先後亦如上而加採冶系於地質系之後國文系之前至各系中則以年齡爲次序

　　曾錚如郭紹儀黃貫道王汝璵四君於編稿後始將照相交到故卽依年齡長幼列於經濟系之末未重改編甚抱歉

　　　　　　　　同學弟陳履森識　　六月五日

國立北京大學同學錄（一九二四）

本同學錄全名「國立北京大學同學錄」，民國十三年編。

根據本同學錄「例言」，「本同學錄以本學年到校者爲限」，因此爲在校同學錄。本年畢業同學錄可參看《國立北京大學十三年畢業同學錄》。至於收錄在校生範圍，則「分正科生、華僑旁聽生、普通旁聽生三類」。在編排體例上，每類按姓氏筆畫排列，前面附有筆畫目錄，以便檢索。其中正科生和華僑旁聽生所列信息包括姓名、籍貫、年歲、科級、臨時通訊處、永久通訊處等信息，普通旁聽生則省去永久通訊處。

本同學錄封底印有「實價大洋壹毛六分」字樣，可能當時出於收回成本考慮，本同學錄非免費贈送品。

本同學錄收錄「正科生」1830人，包括預科兩年、本科四年的學生，大致平均每年300餘人。另收錄華僑旁聽生111人，普通旁聽生93人。

關於「華僑旁聽生」，《北京大學日刊》1923年5月16日第2版刊登有《國立北京大學華僑生入學特別辦法》，據此《特別辦法》，「華僑子弟已在國外中學得有畢業文憑，經本校審查及面試合格，預科爲旁聽生，俟補考入校試驗及格後，即改爲正科生」。「華僑子弟已在國外大學修業者，經本校審查及面試合格後，得入本科爲旁聽生，俟補考本科入學試驗及格後，即改爲正科生。」「華僑旁聽生人數，以本校各班餘額爲限。」由此可知，華僑旁聽生實際是入北京大學預科或本科的過渡，經補考入學考試合格，即可成爲北京大學正式的預科或本科生。而旁聽生招收人數，則視各班餘額而定。

與《國立北京大學十三年畢業同學錄》名單對比可知，本年同學錄包括1924年的北京大學畢業生，標示爲四年級。故此同學錄應編於1924年暑期之前。

即使不算本年畢業生，翻閱此同學錄，仍能發現幾位參加五四運動、發起北京大學馬克思學說研究會並成爲北京共產主義小組早期成員或北京早期中共黨員的幾位學生。

經濟系三年級的朱務善（1896—1971）1919年參加五四運動，是北京大學馬克思學說研究會的發起人之一，北京共產主義小組最早成員之一。1925年北京大學畢業後赴莫斯科大學學習和工作，1927年到列寧格勒軍政大學學習。1930年在蘇聯科學院研究中國歷史。1956年後任中國科學院編譯出版社副主任、科學出版社副社長等職。

德文系二年級李梅羹（1901—1934）1916年入北京醫專，1919年參加五四運動，後轉學北京大學。1920年參與發起成立馬克思學說研究會，並翻譯德文版馬克思主義著作。1921年10月成爲北京共產主義小組最早成員之一。不久到長辛店舉辦工人補習夜校，後參加開灤煤礦和京漢鐵路工人大罷工的領導。1925年去蘇聯東方共產主義者勞動大學學習。1929年回國，任中共中央宣傳部翻譯主任。1934年在南寧去世。

英文系三年級范鴻劼（1897—1927）1919年參加五四運動，1921年11月17日，與鄧中夏、黃日葵等19人在《北京大學日刊》發布《發起馬克思學說研究會啓事》，1921年加入中國共產黨，後任中共北方區委宣傳部長。1927年4月被張作霖逮捕，與李大釗一起就義。

此外，較早參加中國共產黨的還有預科乙部二年級的屈武（1898—1992），1923年加入社會主義青年團，1925年轉爲中國共產黨員，1926年赴莫斯科中山大學學習，後到伏龍芝軍事學院學習軍事。1941年參

與創辦中國民主革命同盟。後任新疆省政府委員兼迪化市市長。1949年參加新疆和平起義。新中國成立後，曾任西北軍政委員會委員、新疆烏魯木齊市市長、全國政協副主席等職。

其他方面的人物，也介紹幾位。

預科乙部一年級的朱偰（1907—1968），北大史學系主任朱希祖之子，財經學家，文物保護專家。1929年畢業於北京大學，後留德，獲博士學位。1932年回國後任國立中央大學經濟系教授兼系主任，兼國立編譯館編審。抗戰期間歷任財政部簡任秘書、專賣事業司司長、關務署副署長、署長。1955年任江蘇省文化局副局長，為保護六朝古蹟做出了巨大努力。

國文系一年級的朱謙之（1899—1972），思想家，哲學史家。五四運動時曾參加北大學生組織的活動。1929年赴日留學。後任暨南大學教授、中山大學教授及哲學系主任、文學院院長等。1952年任北京大學教授。1964年任中科院世界宗教研究所研究員。

地質系二年級何作霖（1900—1967），岩石學家，礦物學家，中國科學院學部委員。1926年畢業，先後在河北大學、北京大學任教。1938年赴德國學習礦物學，回國後任教於北平大學、山東大學。新中國成立後，任山東大學礦物學系主任，教務長，中國科學院地質研究所研究員。

預科乙部二年級尚鉞（1902—1982），歷史學家。後畢業於北京大學英文系。1927年南下投身革命。抗戰爆發後開始研究歷史。後任雲南大學講師、副教授，1947年任山東大學教授，1948年任華北大學二部史地系主任、教授，1950年任中國人民大學中國歷史教研室主任。

國文系二年級陸侃如（1903—1978），文學史家。1926年畢業後入清華學校研究院，1927年畢業。先後任教於中國公學、暨南大學、復旦大學、安徽大學。1932年留法，1935年獲巴黎大學博士學位。回國後

先後任教於燕京大學、東北大學、山東大學等高校。1951年任山東大學副校長，《文史哲》編委會主任。

預科乙部二年級陸宗達（1905—1988），語言學家。1928年國文系本科畢業，留校任預科國文講師。後主要任教於輔仁大學、中國大學等校。1948年起任北京師範大學教授。

哲學系二年級容肇祖（1897—1994），哲學史家。1926年畢業，任廈門大學國文系講師。後歷任嶺南大學國文系副教授，歷史系副教授，輔仁大學副教授，西南聯大哲學系副教授，嶺南大學國文系教授，中山大學歷史系教授，北京大學哲學系教授。1952年起，任北京市文教委員會文物組研究員，中國科學院哲學研究所研究員。後任教於北京大學、北平大學女子文理學院、故宮博物院、東北大學、瀋陽長白師範學院。新中國成立後任中國歷史博物館研究員。

預科乙部二年級梁遇春（1906—1932），現代散文家。1928年畢業於北京大學英文系，任教於暨南大學，後任職於北京大學圖書館。1932年因染病猝然去世。有散文集《春醪集》《淚與笑》。

預科甲部二年級傅振倫（1906—1999），博物館學家，方志學家。1929年畢業於北京大學史學系，先後任教於北京大學、北平大學女子文理學院、故宮博物院、東北大學、瀋陽長白師範學院。新中國成立後任中國歷史博物館研究員。

國文系二年級游國恩（1899—1978），文學史家。1926年畢業，先後任教於江西省立第四中學、江西省臨川中學等校。1929年任武漢大學講師，1931年任山東大學講師，後升任教授。抗戰爆發後，任教於西南聯合大學，抗戰勝利後任北京大學國文系教授。

地質系二年級斯行健（1901—1964），地質學家，中國科學院學部委員。1926年畢業。1931年獲德國柏林大學博士學位。1933年回國，先後任教於清華大學、北京大學。1937年任中央研究院地質研究所研究員。1951年任地質古生物研究所所長。

地質系一年級裴文中（1904—1982），考古學家、古人類學家，中國科學院學部委員。1927年畢業，後參加周口店遺址發掘。1934年留學法國，1937年獲巴黎大學博士學位。回國後先後任職於中國地質研究所新生代研究室、北京大學、燕京大學、中法大學。新中國成立後，先後任文化部博物館工作處處長、中國科學院古脊椎動物與古人類研究所研究員兼自然博物館館長。

政治系三年級樊弘（1900—1988），經濟學家。1925年畢業。1927年任北平社會調查所編輯兼秘書，後任中央研究院社會科學研究所助理研究員。1934年至1937年任湖南省立法商學院教授，1937年至1939年在英國劍橋大學進修。1939年至1945年間，先後任湖南大學經濟學系教授、中央大學經濟系教授、上海復旦大學經濟學系教授。1946起任北京大學經濟系教授。

國文系三年級魏建功（1901—1980），著名語言文字學家，中國科學院哲學社會科學部委員。1925年畢業。先後任教於北京大學、中法大學、朝鮮京城帝國大學、西南聯合大學、四川白沙女子師範學院等校。抗日戰爭勝利後，任臺灣省國語推行委員會主任委員兼臺灣大學中文系特約教授。1948年回北京大學任教，次年任系主任。後調任新華辭書社社長。其後歷任北京大學中文系古典文獻教研室主任、副校長等職。

國立北京大學同學錄

中華民國十三年編

例言

一本同學錄以本學年到校者為限
一本同學錄分正科生華僑旁聽生普通旁聽生三類每類第一頁加一目錄以便查閱

正　科　生

丁	一頁
刀	一頁
卜	一頁
于	一頁
文	一頁
孔	一頁
尹	一頁
方	一至二頁
卜	三頁
毛	三頁
牛	三頁
王	三至一四頁 又三百五一三頁

田	一四頁
白	一五頁
可	一五頁
石	一五至一六頁
申	一六頁
冉	一六至一七頁
左	一七頁
史	一七頁
平	一七頁
皮	一七頁
司	一七頁
甘	一七頁

包	一七頁
朱	一七至一九頁
任	一九頁
江	二〇頁
邢	二〇頁
阮	二〇頁
安	二〇至二一頁
成	二一頁
仵	二一頁
伍	二一頁
曲	二一至二二頁
向	二二頁

目錄

一

正科生目錄

池 一二頁	辛 一四頁	見 四四頁
芟 一二頁	郜 一四頁	杜 四四頁
牟 一二頁	但 一四頁	周 四五至四八頁
延 一二頁	狄 二四頁	林 四八至四九頁
谷 一二頁	李 二四至三五頁	金 四九至五〇頁
邱 一二頁	吳 三五至三八頁	孟 五〇至五一頁
邵 一二頁	何 三八至四〇頁	易 五一頁
車 一三頁	汪 四〇至四一頁	季 五一至五二頁
佟 一三頁	宋 四一頁	武 五二頁
邸 一三頁	沈 四二頁	岳 五二頁
巫 一四頁	呂 四二至四三頁	宗 五二頁
祁 一四頁	余 四三至四四頁	郁 五二頁

二

正科生

居 五二頁	封 五七頁	柳 五九頁
宓 五二頁	施 五七頁	禹 五九頁
明 五三頁	原 五七頁	柯 五九頁
尙 五三頁	俞 五八頁	宣 五九頁
芮 五三頁	姜 五八頁	首 六〇頁
門 五三頁	段 五八頁	郎 六〇頁
來 五三頁	郝 五八頁	陳 六〇至六六頁
胡 五三至五六頁	韋 五九頁	徐 六六至六八頁
姚 五五至五六頁	紀 五九頁	孫 六八至七〇頁
洪 五六頁	南 五九頁	高 七〇至七二頁
范 五六至五七頁	苑 五九頁	馬 七二至七三頁
	信 五九頁	

目錄

正科生

郭 七三至七五頁	桂 七八頁	荊 八一頁
袁 七五頁	凌 七九頁	宮 八一頁
夏 七六頁	陸 七九至八〇頁	容 八一頁
秦 七六至七七頁	班 八〇頁	時 八一頁
唐 七七頁	晏 八〇頁	敖 八一頁
宦 七八頁	黨 八〇頁	茹 八一頁
陶 七八頁	連 八〇頁	侯 八二頁
倪 七八頁	祝 八一頁	貢 八二頁
柴 七八頁	席 八一頁	原 八二頁
桑 七八頁	索 八一頁	奚 八二頁
晁 七八頁	烏 八一頁	留 八二頁
耿 七八頁	栗 八一頁	張 八二至五九三頁又百九三頁

四

正科生

許 九四至九五頁	梅 九九頁	馮 百〇四至百〇五頁
梁 九五至九六頁	麥 九九頁	傅 百〇五至百〇六頁
章 九七頁	閔 九九至一百頁	程 百〇七至百〇八頁又百五十三頁
崔 九七頁	畢 一百頁	曾 百〇八頁
康 九八頁	魚 一百頁	單 百〇八頁
婁 九八頁	隋 一百頁	喬 百〇八至百〇九頁
常 九八頁	曹 一百至百零一頁	溫 百〇九頁
符 九八至九九頁	殷 百〇一頁	賀 百〇九至百一十頁
睦 九九頁	陰 百〇一頁	湯 百一十頁
商 九九頁	盛 百〇一頁	彭 百一十至百十一頁
莫 九九頁	戚 百〇一頁	鄒 百十一頁
莊 九九頁	黃 百〇一至百〇四頁	童 百十一頁

目錄 五

正科生

目錄

游 百十一頁	裴 百十三頁	齊 百二十五頁
焦 百十一頁	楊 百十三至百十七頁	廖 百二十五頁
斯 百十一頁	翟 百二十六頁	
粟 百十一頁	董 百十七頁	裴 百二十六頁
幹 百十二頁	葉 百十七至百十八頁	榮 百二十六頁
喻 百十二頁	賈 百十八至百十九頁	綦 百二十六頁
甯 百十二頁	黎 百十九頁	厲 百二十六頁
舒 百十二至百十三頁	葛 百十九至百二十頁	談 百二十六頁
鄂 百十三頁	萬 百二十頁	赫 百二十七頁
虞 百十三頁	雷 百二十頁	熊 百二十七頁
解 百十三頁	靳 百二十至百二十一頁	鄭 百二十七至百二十八頁
褚 百十三頁	趙 百二十一至百二十四頁	壽 百二十八頁
	鄧 百二十四至百二十五頁	

六

正科生

劉 百廿八至百三十五頁	盧 百三十九至百四十頁	龍 百四十四頁
蔣 百三五至百三十六頁	賴 百四十頁	關 百四十四頁
閻 百三十六頁	鮑 百四十頁	薛 百四十五頁
樊 百三十六頁至百三十七頁	衛 百四十頁	繆 百四十五頁至百四十六頁
臧 百三十七頁	錢 百四十至百四十二頁	戴 百四十六頁
樂 百三十七頁	謝 百四十二頁	應 百四十六頁
賓 百三十七至百三十八頁	霍 百四十二頁	甕 百四十六頁
蔡 百三十八頁	蕭 百四十二至百四十三頁	韓 百四十六至百四十七頁
廣 百三十八至百三十九頁	興 百四十三頁	魏 百四十七至百四十八頁
潘 百三十九頁	冀 百四十三頁	聶 百四十八頁
歐 百三十九頁	燕 百四十三頁	顏 百四十八頁
遲 百三十九頁	鍾 百四十三至百四十四頁	羅 百四十八至百五十頁

目錄 七

正科生

譚	百五十一至百五十一頁
龐	百五十一頁
薄	百五十一頁
藍	百五十一至百五十二頁
蘇	百五十二頁
嚴	百五十二頁
饒	百五十二頁
顧	百五十二至百五十三頁
龔	百五十三頁
續	百五十三頁
欒	百五十三頁

姓名	籍貫	年歲	科級	臨時通訊處	永久通訊處
丁同	浙江紹興	二十四	地質學系三年級	西城大覺胡同七號	熱河政務廳丁家鼎轉
丁文安	湖南益陽	二十三	俄國文學系二年級	本校第二宿舍	湖南益陽資源長紙行
丁家光	河南鄧縣	二十七	英國文學系二年級	本校第一宿舍	開封縣前街二十七號
丁效禹	山西交城	二十六	法律學系四年級	王府大街廣豐西廠	山西交城天順永
丁重三	直隸宣化	二十八	英國文學系三年級	北河沿德隆公寓門牌四十二號	宣化縣城第十六中學丁信侯轉
丁國瑞	湖北應山	二十二	預科乙部一年級	東城交道口大三條十四號	東城交道口大三條十四號
丁道恆	貴州織金	二十五	地質學系三年級	景山東街西老胡同	貴州織金縣
丁鴻順	奉天蓋平	二十七	經濟學系三年級	新開路新一春飯館	奉天蓋平東關集昇海
丁興周	安徽合肥	二十三	預科乙部一年級	本校第一宿舍	合肥縣南門官鹽巷
刁家仁	山東黃縣	二十六	法律學系二年級	銀閘六號	黃縣黃山館
卜錫珺	直隸定縣	十九	預科乙部一年級	第四寄宿舍	直隸定縣城內德恒煙店

姓名	籍貫	年齡	學系	住址
于岡桐	直隸甯津	二十九	經濟學系三年級	直隸甯津縣大柳鎮于家小章莊
于德宣	江蘇南通	二十五	經濟學系三年級	銀閘井兒胡同
于慶均	山東萊陽	二十五	政治學系三年級	南通師範學校于敬之轉
于慶蘭	山東濰縣	二十	預科乙部二年級	西城察院胡同
文家賢	四川安岳	三十三	英國文學系二年級	北河沿十三號 西城察院胡同三十一號
孔令琪	山東曲阜	二十六	經濟學系一年級	北池子騎河樓十一號 濟南城內鵲華橋東十六號
孔慶宗	四川長壽	二十七	經濟學系三年級	東城根三十五號 山東曲阜考棚街南府
尹致中	湖南武岡	二十七	化學系四年級	外交部電報科 四川長壽縣雙龍場復元堂轉
尹効忠	湖南武岡	二十	預科甲部二年級	中老胡同九號
尹懷珍	直隸南皮	三十七	法律學系二年級	第一宿舍地字九號 武岡縣高沙三才堂轉
方謙	山東歷城	二十一	地質學系三年級	東安門眞武廟 南皮縣齊家屯莊
方克誠	江蘇灌云	三十	哲學系四年級	後門內三眼井八號 濟南順河街九十一號 北長街慶豐司三號 江蘇大伊山

(二)

姓名	籍貫	年齡	科系	住址
方廷楨	陝西咸陽	二十五	預科甲部一年級	後門三眼井吉庵所左巷六號
方銘竹	江西上饒	二十五	經濟學系二年級	陝西省城內南橋梓口十號
方善徵	江蘇江甯	二十三	法律學系二年級	江西南昌匡廬中學方鐵南轉
方聲乃	江蘇如皋	二十四	經濟學系三年級	東城多福巷十三號
卡廷泉	湖北江陵	二十五	經濟學系三年級	湖北荊州大十字街十號
毛坤	四川宜賓	二十四	預科乙部二年級	江蘇靖江西來鎮
毛紹儒	湖北雲夢	二十六	法律學系三年級	漢花園新開路同安公寓
毛嘉麟	直隸南宮	二十三	經濟學系二年級	本校第一宿舍
牛佩珊	山西定襄	二十一	預科乙部二年級	本校第三宿舍
牛煥辰	山西晉城	三十	法律學系四年級	景山東街中老胡同
王宜	奉天鐵嶺	二十八	經濟學系三年級	王府大街廣豐木廠轉
王炎	四川內江	二十三	預科甲部一年級	北池子井兒十二號

三

王庚	湖北黃岡	二十二	預科乙部一年級 西城東太平街三十四號
王琯	廣東東莞	二十六	政治學系四年級 西城東太平街三十四號
王飛	直隸景縣	二十三	英國文學系二年級 上斜街東莞新館 廣東東莞厚街鰲溪學校王介圻轉
王昉	山西猗氏	二十六	經濟學系三年級 東四利溥營十八號 景縣龍華鎭元盛號
王桂	直隸新城	二十一	預科乙部一年級 第二宿舍 參議院王用彬轉
王綍	浙江遂昌	二十七	經濟學系三年級 第四宿舍 直隸新城縣方官鎭祥隆轉
王震	湖南湘鄉	二十四	地質學系三年級 第二宿舍 湖南湘鄉縣正街同昌齋轉王三槐堂
王普	山東沂水	二十二	預科甲部二年級 二院號房轉交 山東聊城縣孜院
王煒	河南瀋縣	二十五	史學系一年級 第一宿舍 河南瀋縣城內同茂永王洲轉
王翔	安徽舒城	二十一	預科乙部一年級 騎河樓馬圈胡同十二號
王騰	直隸武清	二十八	法律學系三年級 東城中老胡同三十一號 黑龍江特別區昻昻溪第一署王澄華轉
王爕	奉天撫順	二十四	經濟學系二年級 中老胡同九號 馬圈胡同華忠公寓 奉天撫順小林庄

四

姓名	籍貫	年齡	系級	住址
王九思	京兆薊縣	二十四	哲學系二年級	沙灘新開路八號 京兆薊縣城內聚盛號轉
王士鐸	安徽合肥	二十二	經濟學系三年級	第二宿舍 合肥縣衙衙大街松鶴堂
王之綸	河南桐柏	二十七	史學系二年級	本校第一宿舍 河南桐柏縣平氏鎮當舖後院
王之澍	陝西三原	二十六	化學系四年級	第二宿舍黃字三號 陝西三原縣北關中盛成轉
王少文	山東霑化	二十五	哲學系二年級	中老胡同二十五號 山東霑化黃昇鎮
王文彬	湖南瀏陽	三十	哲學系四年級	本校一院號房轉 湖南瀏陽東鄉上洪
王文俊	湖北黃岡	三十	德國文學系三年級	銀閘集賢公寓 湖北省長公署王翊中轉
王文傑	直隸濮陽	二十二	預科乙部一年級	第一宿舍 直隸濮陽縣城內日盛永號
王文德	江西吉水	二十六	國文學系四年級	沙灘大福公廨 江西吉水阜田市王信昌轉
王壬東	江蘇淮安	二十九	政治學系四年級	第三宿舍 淮安南門更樓西
王本乾	雲南大姚	二十四	政治學系二年級	大姚縣鍾秀街
王世模	直隸定縣	二十三	預科甲部二年級	第一宿舍 直隸定縣慶泰湧轉

五

姓名	籍貫	年齡	系級	住址	通訊處
王世榮	奉天撫順	二十七	經級學系二年級	馬圈胡同華忠公寓	奉天撫順營盤
王世鍾	山東濰縣	二十五	經濟系四年級	西城察院胡同二十一號	西城察院胡同二十一號
王正琳	直隸涿鹿	二十七	數學系二年級	後門內寬街小蘇州胡同六號	涿鹿城內老君巷
王必壽	四川古藺	二十四	預科乙部二年級	本校第一宿舍	四川古藺縣黃家巷
王以義	湖南新化	二十四	預科乙部一年級	第一宿舍	湖南新化永固鎮
王丕拯	直隸深澤	二十三	預科甲部一年級	第一宿舍	直隸深澤縣食福堂
王永新	浙江嵊縣	二十四	經濟學系三年級	沙灘儒林公寓	浙江嵊縣甘霖鎮滋生堂轉
王永建	直隸懷來	二十二	經濟學系一年級	馬圈胡同北口內井兒胡同福春公寓	直隸懷來縣城西關
王名泗	山東濮縣	二十五	政治學系一年級	弓弦胡同南華學舍	山東濮縣城內南街
王守素	直隸懷來	二十五	經濟學系二年級	廊房頭條三十七號	湖南劉陽永安市謙盛祥轉王貞一堂
王有德	雲南阿迷	二十六	國文學系一年級	第一宿舍	雲南阿迷縣富來祥轉
王兆民	黑龍江龍江	二十八	中國文學系二年級	第三宿舍	龍江縣勸學所王群春轉

六

姓名	籍貫	年齡	系級	住址
王成三	直隸昌黎	二十五	經濟學系一年級	南池子十五號 昌黎慶徐隆霍翰屏轉
王成柏	浙江慈谿	十八	預科甲部一年級	東四汪家胡同十八號
王成椿	浙江慈谿	十九	預科甲部一年級	東四汪家胡同十八號 東四汪家胡同十八號
王汝毅	奉天錦縣	二十五	法律學系四年級	沙灘同陞公寓 奉天錦縣北街轆轤井胡同
王汝楠	陝西朝邑	二十七	經濟學系四年級	前孫公園朝邑會館 陝西朝邑縣縣立圖書館
王自隆	奉天昌圖	二十七	法律學系三年級	第二宿舍 昌圖縣宏興昌王承三轉
王作賓	浙江黃巖	二十四	經濟學系二年級	本校第一院轉 浙江黃巖羊巷
王宗宥	河南羅山	二十七	史學系三年級	東四亮果廠大同中學 羅山芥張店
王宗曦	浙江海鹽	二十一	預科乙部二年級	漢花園新開路六號 浙江嘉興沈蕩
王述曾	山西臨晉	二十九	法律學系四年級	大學夾道七號 山西臨晉縣敬順昌號王錫三轉
王昌漢	安徽六安	二十二	法律學系一年級	南河沿大純公寓 陝西嵐臯縣公署王模山轉
王	直隸遵化	二十二	預科乙部二年級	第四宿舍 直隸遵化平安城雙義永

七

姓名	籍貫	年齡	系級	通訊處
王來科	山西臨晉	三十一	政治學系三年級	第二宿舍
王金輝	山東黃縣	二十八	物理學系二年級	東茶食胡同大恆隆 山東黃縣北馬元川齋
王秉珪	浙江蘭谿	二十七	英國文學系四年級	中老胡同三十號 浙江蘭溪支埠壽松堂
王秉陽	奉天瀋陽	二十七	法律學系四年級	府右街錛錛房十二號 奉天省城北財落堡
王治孚	湖北黃陂	二十五	德國文學系三年級	王府大街多福卷十三號 黃陂長軒嶺轉趙家畈
王治燡	湖北黃陂	二十五	化學系三年級	宜外爛縵胡同四十一號 黃陂長軒嶺交張家廠王謙仲號轉
王建中	湖南耒陽	二十三	預科乙部二年級	第一宿舍 湖南耒陽縣王氏宗祠
王建興	山東歷城	二十六	國文學系一年級	銀閘北口二十五號寶陞公寓 濟南南城根駱駝廠
王則鼎	山西趙城	二十一	政治學系一年級	北池子箭竿胡同十三號 山西省立第一中學王鴻賓轉
王廼潼	山東費縣	三十	史學系四年級	小沙土園京報社 天津日界吉野街
王恆升	直隸定縣	二十四	地質學系三年級	景山東街文興源成衣局 宣武門外棉花八條中華新報館王承曾轉
王昭鐸	直隸棗強	二十五	國文學系三年級	北池子妞妞房五號 棗強北棘里村

八

姓名	籍貫	年齡	科系	住址
王炳彥	山西襄垣	二十六	法律學系二年級	西城太僕寺街羅圈胡同十五號　山西襄垣城內天心元號
王炳章	直隸深澤	二十六	地質學系四年級	第一宿舍　保定河北大學農科王伯寅轉
王祝慶	河南汜水	二十七	史學系三年級	景山東街松公府夾道甲一號　汜水木樓鎮郵局交劉崇村
王祖達	浙江江山	二十三	法律學系一年級	第二宿舍　山西大同第二高檢廳王樸庵轉
王書莊	直隸任邱	二十七	預科甲部二年級	第一宿舍　直隸任任邱石門橋
王師曾	湖北黃岡	二十七	史學系三年級	第一宿舍　湖北黃岡綠柳巷
王海鏡	雲南蒙自	二十八	物理學系二年級	第一宿舍　雲南蒙自桂林街二十六號
王振甲	河南泌源	二十四	法國文學系三年級	第一宿舍　河南唐河縣祁儀鎮
王振球	湖南慈利	二十	預科乙部一年級	宣外珠巢街十二號　湖南慈利溪口胡東初轉
王振綱	山東歷城	二十三	英國文學系二年級	銀閘北口二十五號寶升公寓　濟南城內按察司街中間路西
王振鈞	山西天鎮	二十四	英國文學系二年級	銀閘二號　山西太原省議會
王振武	湖南祁陽	二十四	政治學系一年級	第二宿舍　湖南祁陽白水

九

姓名	籍貫	年齡	系級	通訊處
王振鄰	直隸武強	二十五	法律學系一年級	饒邑留楚鎮郵局轉鐵匠莊
王清正	黑龍江拜泉	二十五	數學系一年級	銀閘二十五號
王清政	奉天綏中	二十八	經濟學系四年級	景山東街大學校夾道十號
王清斌	江蘇江都	二十二	經濟學系二年級	拜泉德興昌號轉
王紹虞	湖北沔陽	二十七	法律學系三年級	第三宿舍
王寅生	江蘇無錫	二十三	預科乙部二年級	銀閘十二號
王培篤	河南息縣	二十六	經濟學系三年級	第一宿舍
王培德	山東文登	二十四	英國文學系三年級	北池子箭竿胡同十三號
王國章	安徽太平	二十三	預科乙部一年級	南長街二十七號
王貽望	直隸文安	二十三	經濟學系三年級	騎河樓大有公寓
王貽琛	河南安陽	二十八	地質學系四年級	第三宿舍
王盛治	福建同安	二十三	預科乙部二年級	大學夾道晉陽公寓

十

沔陽王家塲

東城史家胡同十七號

奉天綏中縣城內姑子巷後胡同

河南息縣

江蘇無錫城內中市橋志成英文社

南長街二十七號

江蘇南京金壇縣王鼎新號轉

關才胡同西口鴨子廟十八號

河南教育廳王劭僑轉

新嘉坡 George Street, Singapore.

姓名	籍貫	年齡	學系	住址
王盛緒	奉天撫順	二十六	經濟學系二年級	第一宿舍 奉天千金寨塔爾峪轉
王得蘭	河南沘縣	二十三	數學系一年級	第一宿舍 河南沘源畢店鎮
王第春	山西臨晉	二十七	法律學系四年級	第二院對過同陞公寓
王貴銓	安徽和縣	二十二	經濟學系二年級	孟家大院四號慶春公寓 安徽和州旌德會館間壁
王開寬	河南濟源	二十七	物理學系三年級	第二院號房轉 北京後門內後局大院二號
王道全	直隸安新	二十七	英國文學系四年級	本校收發課轉 直隸安新縣同口鎮郵局轉北碼村
王道彬	安徽合肥	二十八	政治學系三年級	第二宿舍 合肥消墨巷王鶴記
王道美	山東城武	二十二	預科甲部一年級	後門大院二十號 山東城武草雛王
王琴戀	直隸趙縣	二十一	英國文學系一年級	後門內慈慧寺 趙縣城內廣裕茶店轉交
王溯喬	山東臨溜	二十四	經濟學系二年級	第三宿舍 山東臨溜縣孫婁店
王滌文	湖南瀏陽	二十五	經濟學系二年級	後門蠟庫二十九號 湖南瀏陽上洪王大同
王嗣順	雲南保山	二十六	英國文學系二年級	第二宿舍 平政院第三庭王嗣員轉

姓名	籍貫	年齡	系級	住址
王煥斗	直隸束鹿	二十五	預科乙部一年級	直隸束鹿小章鎮交朱村轉
王業釗	安徽六安	二十七	法國文學系四年級	北城廊家胡同京師公立第一中學
王鼎甲	陝西韓城	二十六	哲學系三年級	第二宿舍
王蔭槐	江蘇泰興	二十五	數學系三年級	亮果廠七號
王德本	京兆宛平	二十三	預科乙部二年級	第一宿舍
王德崇	陝西高陵	二十一	預科甲部二年級	騎河樓十二號
王遵義	浙江湯溪	二十六	史學系二年級	第一宿舍
王毓熾	浙江瑞安	二十三	化學系三年級	沙灘西口會通公寓
王慶昌	直隸鉅鹿	二十五	地質學系四年級	後門內慈慧寺
王增山	直隸寧晉	二十三	化學系一年級	景山東街中老胡同甲三十三號
王鳳桐	浙江嵊縣	二十七	政治學系三年級	沙灘儒林公寓
王嘉銓	山西五台	三十	史學系四年級	

十二

姓名	籍貫	年齡	系級	住址
王嘉猷	安徽合肥	二十八	地質學系四年級	旃檀寺茅屋胡同四號 陝西漢中道署王壽乾轉
王墨羲	浙江永康	二十五	數學系一年級	第一宿舍 永康象珠鎮
王錫疆	直隸高陽	二十	預科乙部一年級	第四宿舍 直隸高陽莘橋聚泰成
王遴績	河南輝縣	二十一	預科乙部一年級	騎河樓馬圈胡同十三號 河南輝縣南關德懋裕轉
王觀光	河南林縣	二十八	法國文學系四年級	銀閘井兒胡同一號 河南林縣南關公和亭
王醒舟	河南洪源	二十八	中國文學系二年級	馬圈十二號 唐河縣上屯郵局轉蔡莊
王聯恆	京兆大興	二十五	經濟學系三年級	前門外南缺孜二十八號 前門外南缺孜二十八號
王聯鷟	山東鄆城	二十四	預科乙部二年級	東城弓弦胡同西口南華學舍 山東惠民清河鎮河工分局王朝秀轉
王鍾文	黑龍江納河	二十五	法律學系二年級	第二宿舍 黑龍江高等審判廳王松圃轉
王濡廷	雲南祥雲	二十九	法國文學系三年級	第一宿舍 雲南祥雲縣南驛轉
王鴻訓	京兆密雲	二十四	經濟學系三年級	後門內慈慧寺 安內車輦殿胡同五十一號
王鴻鈞	直隸昌黎	二十五	經濟學系三年級	南池子十五號 奉天小西關永盛號

王雙鳳	直隸冀縣	二十四	經濟學系三年級	第二宿舍
王寶穌	京兆通縣	二十五	中國文學系三年級	東華門外韶九胡同十號
王競寶	直隸豐潤	二十八	經濟學系三年級	銀閘寶升公寓
王鐵柱	直隸束鹿	二十六	化學系四年級	第一宿舍
王耀宗	江蘇常熟	二十六	經濟學系三年級	銀閘東口全陞公寓
王顯珠	山東城武	二十九	哲學系四年級	保定城内南街文台店王占春轉
田汝庚	山西渾源	二十六	中國文學系一年級	後局大院二十號
田修溪	山東菏澤	二十三	英國文學系三年級	兵部窪十三號
田潤霖	山西汾陽	二十八	哲學系四年級	東城弓弦胡同南華學舍
田鍾秀	山西稷山	三十二	英國文學系四年級	崇外天順酒店
田鴻賓	奉天西豐	二十六	法律學系三年級	東四孫家坑二十號
田樹勳	直隸天津	二十五	政治學系三年級	本校第二宿舍

十四

（註：地址欄含 打磨廠長巷二條華綸號、韶九胡同十號、直隸唐山西歡陀莊、江蘇無錫楊舍合興街、山東城武縣立高等學校王志勛轉交、後鐵廠七號吳君轉交、山東荷澤舊南門街田宅、山西汾陽青堆鎮、山西稷山縣德盛公、奉天四平街驛毓增興、天津河北東興里）

姓名	籍貫	年齡	系級	住址
白天昶	山西清源	二十三	物理學系四年級	沙灘新開路同安公寓　山西清源縣信生元
白汝剛	奉天遼陽	二十	預科乙一部年級	乾麵胡同二十五號　奉天遼陽半拉山子郵局轉
白受采	山西渾源	二十七	英國文學系四年級	馬圈胡同十六號　山西渾源縣署前天順和轉白福能
白家瑋	直隸新城	二十八	哲學系四年級	騎河樓大有公寓　直隸新城縣白溝河鎮
白景澂	直隸文安	二十六	地質學系四年級	中老胡同三十三號　景山東街中老胡同甲三十三號
白濯漢	陝西褒城	二十七	政治學系四年級	中老胡同二十六號　陝西褒城協稅鎮公信成轉
可應聘	河南滑縣	二十四	中國文學系一年級	騎河樓廟兒胡同六號　河南滑縣馮付集復興永轉可書勳
石民	湖南寶慶	二十一	預科乙部二年級	本校第一宿舍　湖南寶慶東門外仁美巷蔗園謝伯峯轉
石廷瑜	江西都昌	二十五	預科乙部二年級	本校第一宿舍　江西湖口蔡家嶺轉大港晉升號
石永志	四川開江	二十二	數學系一年級	本校第一宿舍　四川開江新街鄉團局轉石朝科
石信嘉	湖北黃梅	二十四	經濟學系二年級	本校第一宿舍　本京背陰胡同二十二號
石恩波	河南偃師	二十四	預科乙部一年級	本校第一宿舍　偃師縣敎育局石秀三轉

姓名	籍貫	年齡	系級	住址
石敬德	江蘇邳縣	二十二	物理學系一年級	江蘇邳縣城內
石毓松	京兆武清	二十七	法律學系四年級	西長安街大秤鈎胡同三號
石錫璋	江蘇崇明	二十五	化學系四年級	大學夾道十號
申伯純	京兆房山	三十	經濟學系三年級	楊梅竹斜街天德玉
申保華	河南汲縣	二十六	哲學系四年級	馬圈胡同十三號
申春元	直隸清苑	二十一	預科乙部二年級	本校第四宿舍
申祖訓	山西高平	二十二	預科甲部一年級	東安門康家胡同六號
申振先	奉天法庫	二十八	法律學系四年級	東老胡同和春公寓
冉昭衷	山東曹縣	二十九	中國文學系二年級	後局大院二十號
左仍彥	江蘇阜甯	二十二	預科乙部二年級	銀閘七號
左宗彝	湖南長沙	二十六	經濟學系二年級	本校第一宿舍
左其鵬	江蘇阜甯	二十二	法律學系二年級	銀閘七號

十六

姓名	籍貫	年齡	科系	住址	通信處
左其龍	江蘇阜甯	二十七	經濟學系四年級	銀閘七號	阜甯縣蔡橋
史記言	奉天物陽	二十八	政治學系四年級	西老胡同集成公寓	安東縣官電街
史學俠	山西洪洞	二十七	物理學系四年級	東皇城根二十六號	
平廣輪	奉天鐵嶺	二十二	預科甲部二年級	本校第一宿舍	奉天鐵嶺東關
皮可範	湖南沅江	二十七	中國文學系三年級	本校第一宿舍	湖南沅江縣天主堂轉皮國俊
司生麟	河南武安	二十四	法律學系三年級	東皇城根高隍公寓	武安北關本宅
司徒得	廣東開平	二十四	預科甲部一年級	本校第二宿舍	開平縣赤坎鴻源號
甘大文	四川大竹	二十四	中國文學系二年級	沙灘同匯公寓	四川大竹縣城西泉街
包鷺賓	江西南城	二十五	哲學系二年級	本校第一宿舍	江西南城東大街義大成藥店轉
朱俊	浙江海鹽	十八	預科乙部一年級	德勝門內草廠大坑二十一號	德勝門內草廠大坑二十一號
朱虛	湖北襄陽	二十五	預科甲部一年級	沙灘二十四號	襄陽東津灣朱明堂轉
朱森	湖南郴縣	二十一	預科甲部二年級	第一宿舍	郴縣正一街萬興盛號

朱予覺	河南南陽	二十六	政治學系二年級	河南南陽縣白衣堂街
朱文會	山東昌邑	二十三	英國文學系一年級	山東昌邑北孟交
朱世芬	浙江義烏	二十八	中國文學系二年級	第二宿舍
朱永利	直隸灤縣	二十七	法律學系三年級	騎河樓華成公寓
朱明良	江蘇金山	二十六	經濟學系三年級	隆福寺街大東公寓
朱相堯	山東甯陽	二十五	史學系二年級	上海轉洙涇鎮
朱炳鑑	山東菏澤	二十六	中國文學系三年級	津浦路南驛轉東莊
朱家濟	浙江蕭山	二十三	預科乙部二年級	東城弓弦胡同南華學舍
朱務善	湖南澧縣	二十六	經濟系三年級	後門外帽兒胡同七號
朱啟明	江蘇宜興	二十四	預科乙部一年級	第一宿舍
朱國屏	浙江義烏	二十五	法律學系四年級	東城椿樹胡同三十一號
朱廣信	江蘇銅山	二十九	法律學系三年級	徐州戶部山南巷七十一號

十八

姓名	籍貫	年級	住址
朱遹孝	山東長山	二十五 化學系二年級	第二宿舍 山東長山演馬莊
朱德韞	山東單縣	二十五 化學系三年級	弓弦胡同西口外南華學舍 山東虎頭崖鹽捐局
朱謙之	福建閩侯	二十四 中國文學系一年級	馬神廟東老胡同六號 福建福州虎節河沿十二號
朱樹基	浙江紹興	二十四 經濟學系四年級	舊刑部街六十九號 舊刑部街六十九號
朱鑑堂	山東恩縣	二十四 地質學系二年級	第二寄宿舍 濟南山東師範講習所朱漢章
任昶	湖北黃陂	二十六 中國文學系二年級	銀閘十三號 黃陂縣研子崗自進高級小學
任天儀	四川萬縣	二十七 法律學系一年級	第三院號房轉 萬縣城內春生茂轉
任永珍	四川成都	二十八 物理學系三年級	第二宿舍 四川成都久城西馬棚街四十四號
任泰池	直隸清豐	二十八 中國文學系三年級	弓弦胡同南華學舍 直隸清豐縣城東任村
任國楨	奉天安東	二十七 俄國文學系四年級	景山東街同德公寓 奉天安東縣裕慶泰轉任殿芳
任渠成	四川成都	二十五 經濟學系三年級	騎河樓廟兒胡同六號 騎河樓廟兒胡同六號
任朝徵	奉天瀋陽	二十九 法律學系三年級	北池子馬圈胡同六號

江世炘	安徽旌德	二十五 化學系三年級	宣外教場四條九號 宣外教場四條九號
江振明	江西貴溪	二十五 經濟學系一年級	銀閘全陞公寓 江西貴溪縣復源盛號
江楚善	湖南湘陰	二十三 預科乙部二年級	兵部窪中街六十一號 兵部窪中間六十一號
江輔勤	浙江奉化	二十五 法律系三年級	第二宿舍 浙江奉化蕭王廟和豐泰
邢壽椿	直隸深澤	二十四 物理學系三年級	第一宿舍 深澤縣南關德興藥局轉 邢勝遊
邢壽彭	仝上	二十七 史學系四年級	東安門銀閘二十八號 直省深澤德興藥局轉 雲
邢陰棠	河南臨潁	二十六 德國文學系四年級	第二宿舍李恪庭轉 河南臨潁城西邢莊
阮德鐏	江蘇鹽城	二十三 預科乙部二年級	第一宿舍 江蘇鹽城阮氏宗祠
阮維屛	直隸懷安	二十四 預科乙部二年級	馬圈胡同十二號 京綏路柴溝堡城內
安超	河南禹縣	二十五 英國文學系四年級	第一宿舍 西苑十三師執法處
安文溥	奉天瀋陽	二十八 中國文學系四年級	第二宿舍 奉天城北財落堡信義恒
安世徽	甘肅通渭	三十 史學系三年級	後門內三眼井十七號 甘肅通渭縣世同恆號

姓名	籍貫	年齡	系級	住址
安永瑞	奉天開原	二十四	經濟學系三年級	北河沿德隆公寓
安作武	山東曹縣	二十八	史學系四年級	東城弓弦胡同西口北奉天開原驛增益昌山東曹縣孫老家南安蔡南華學舍
成應舉	江蘇興化	二十七	經濟學系三年級	第二宿舍 樓
作瑞典	河南鎮平	二十六	俄國文學系二年級	東老胡同五號 江蘇興化
伍廷琛	廣西容縣	二十八	地質學系二年級	松公府夾道二號 河南鎮平縣石佛寺和合德收
伍家宥	湖南寶慶	二十六	法律學系三年級	第二宿舍 廣西容縣楊村墟致和興
伍榮遠	四川仁壽	二十三	預科乙部一年級	第一宿舍 湖南石門縣磨市信櫃轉竹溪伍寶初湖南寶慶縣南鄉東田冲
伍傳薪	江西安福	二十六	化學系三年級	第一宿舍 仁壽縣東街蜀裕公轉
伍耀徵	直隸正定	二十四	法律學系三年級	北池子五十七號 江西安福縣吉福臨轉吳佐臣
伍齊益	廣東台山	三十	政治學系三年級	大學夾道十一號 山東濟南小北門外榮市廣東台山公益埠正道公司伍尙梓
曲雲皋	山東文登	二十四	英國文學系四年級	松公府夾道瑞祥公寓 山東文登縣旺瞳集合興利

曲廣鈞	山東牟平	十九 預科甲部一年級	景山東街同德公寓 山東牟平春生和轉
曲殿元	直隸邢台	二十五 經濟學系二年級	北池子牆角胡同三號 直隸邢台縣羊范村
向如璋	湖南武岡	二十 預科甲部一年級	中老胡同七號 武岡縣洞口太元堂
池澤浩	湖北安陸	二十四 化學系三年級	西單察院胡同二十二號 湖北省安陸縣城內（或武昌道巡嶺八十一號）
艾牖民	江西臨川	二十八 預科乙部二年級	東河沿二十七號 江西臨川城外文昌橋裕隆玉號轉
牟謨	浙江黃岩	二十六 化學系四年級	第二院號房轉交 浙江黃巖茅舍
牟震西	仝上	二十五 哲學系三年級	沙灘二十四號 浙江黃岩司廳巷
延瑞琪	山東廣饒	二十五 政治學系三年級	銀閘六號 山西太原學兵團三營九連
谷源增	山東文登	二十五 法國文學系二年級	松公府夾道瑞祥公寓 北大教務處
谷秉濬	安徽太平	二十九 經濟學系二年級	騎河樓大有公寓 鹽務署谷練如轉
邱念祖	山西解縣	二十七 法律學系四年級	同陞公寓 山西解縣大西街
邱致澤	湖北興山	二十四 經濟學系二年級	東四牌樓多福巷十三號 河南開封雙龍巷二十三號

二十二

姓名	籍貫	年齡	系級	校內住址	通信住址
邱福瑯	廣東鬱南	二十九	法律學系三年級	井兒胡同一號	廣東連灘大夫第
邱錦棠	仝上	二十七	法律學系三年級	馬圈胡同井兒一號	廣東連灘大夫第
邵文純	奉天撫順	二十五	法律學系三年級	西老胡同五號	奉天千金寨葆護之
邵光銓	貴州貴陽	二十五	政治學系三年級	操場大院萬成公寓	貴州貴陽金井街
邵純熙	浙江餘姚	二十七	經濟學系三年級	中老胡同二十五號	浙江餘姚南城升源水果行
車汝逵	山東福山	二十四	英國文學系二年級	西長安街豐裕號	山東福山縣北車家村
車誠善	湖北漢川	二十三	經濟學系三年級	大學夾道集賢公寓	湖北漢川縣馬口轉南河渡
車興富	四川犍爲	二十八	政治學系三年級	第三宿舍	四川犍爲清溪塲永聚棻號
佟玉潤	奉天鐵嶺	二十三	地質學系二年級	第二宿舍	奉天省城北新台子站華祥
佟粟田	直隸安平	二十八	法律學系一年級	沙灘新開路八號	直隸安國縣伍仁橋隆順
邸國幹	山西崞縣	三十一	化學系四年級	三眼井七號	山西崞縣原平鎭慶福興轉鼎銘
邸鳳桐	奉天遼陽	二十七	物理學系四年級	府右街舒舒房十二號	奉天遼陽二道街洪宅轉

姓名	籍貫	年齡	系級	住址
巫啓聖	江西玉山	十八	預科乙部二年級	第一宿舍
祁恩泓	廣東東莞	二十九	化學系四年級	珠巢胡同東莞會館
辛崇業	山西河曲	二十五	法律學系三年級	王府大街二十四號
辛廣淵	江西萬載	二十七	化學系四年級	第二宿舍
邰家珵	江蘇溧水	二十五	政治學系三年級	第三宿舍
但永治	四川長壽	二十六	經濟學系二年級	第一宿舍
狄俊	山東臨沂	二十五	中國文學系二年級	內府庫七號
李江	浙江青田	二十	預科乙部二年級	第一宿舍
李卓	四川青神	二十六	法律學系三年級	第三宿舍
李庚	四川青神	二十四	預科乙部二年級	第一宿舍
李恂	陝西蒲城	二十二	預科乙部一年級	後門內吉安所左巷六號
李泳	山東臨沂	二十五	經濟學系三年級	銀閘六號

二十四

李俊	浙江永嘉	二十七	經濟學系二年級	馬圈胡同十二號發盛行轉浙江溫州東門外李源記學舍
李濟	浙江蘭谿	三十	哲學系四年級	第一宿舍 浙江蘭谿水亭
李淑	河南商水	二十四	化學系二年級	後門中老三十號會元公寓 濟南地方審判廳推事李甲科轉
李資	湖南寧遠	二十	預科乙部一年級	第一宿舍 湖南寧遠禾亭坪同仁樓
李毅	直隸定縣	二十三	化學系二年級	第一宿舍 景山東街大學夾道集賢公寓
李維	河南武安	二十七	化學系三年級	鐵匠營一號 天津西蘇家橋
李瑨	直隸深縣	二十六	化學系三年級	第一宿舍 深縣榆科鎮轉大李村李志安
李寰	四川萬縣	二十七	中國文學系二年級	南池子普度寺東南院 四川萬縣楊家街三泰和轉
李謙	四川叙永	二十三	預科乙部二年級	第一宿舍 叙永縣道署街
李駿	湖北應城	二十七	預科乙部一年級	第一宿舍
李羣	湖北應城	二十	英國文學系三年級	西安門內西大街二十一號 西安門西大街二十一號
李一寰	湖南衡陽	二十二	預科乙部二年級	第一宿舍 湖南衡陽車江履仁堂

姓名	籍貫	年齡	系級	住址
李乙星	浙江東陽	二十四	地質學系二年級	大學夾道十一號
李卜五	山東卽墨	二十五	法律學系三年級	銀匣六號
李之恩	湖北沔陽	二十二	經濟學系二年級	北池子尙志公寓
李文駿	直隸深縣	二十四	經濟學系二年級	東四馬大人胡同七號
李方玉	山西昔陽	二十五	英國文學系四年級	宣外敎場六條三十四號
李天惠	河南信陽	二十八	政治學系三年級	景山東街慶陞公寓
李介眉	廣東台山	二十四	法國文學系一年級	騎河樓內蒙福祿館二號
李友泰	黑龍江璦琿	二十四	預科甲部二年級	第一宿舍
李丕讓	直隸獲鹿	二十五	史學系三年級	馬圈胡同十二號
李世傳	山東臨沂	二十四	史學系二年級	北兵馬司四號
李世璋	江西臨川	二十五	政治學系三年級	酒茲府十號
李世尊	察哈爾涼城	二十三	預科乙部二年級	大學夾道賓興公寓

二十六

浙江東陽李宅鎭
山東卽墨西關餘德堂轉
武昌賓陽街五十九號
馬大人胡同七號
敎場六條三十四號
河南信陽北彭家灣郵轉
廣東台山板崗車站李培堃轉
黑龍江大黑河復興源和收
石家庄方村聚盛昌李致
山東濰縣公署
酒茲府十號
察哈爾豐鎭通順巷一號

姓名	籍貫	年齡	系級	住址
李光濤	四川隆昌	二十	物理學系一年級	第二宿舍　四川隆昌官井巷
李光彥	京兆宛平	二十三	數學系三年級	宣外北柳巷四十六號　宣外北柳巷四十六號
李去非	湖北麻城	二十七	經濟學系二年級	頭髮胡同十號　西城頭髮胡同十號
李永佶	京兆宛平	二十	預科乙部二年級	同六號　丁章胡同六號
李有度	四川江油	二十六	英國文學系四年級	西城錦什坊街丁章胡同六號
李邦翰	河南太康	二十九	中國文學系三年級	武定侯西口外三十六號　武定侯西口外三十六號
李在謙	河南汲縣	二十七	哲學系四年級	松公府夾道甲一間　河南太康縣城內新街中
李吉甫	廣東台山	二十四	預科乙部二年級	騎河樓馬圈胡同十三號　馬圈胡同十三號
李守謙	直隸安國	二十四	預科乙部二年級	第一宿舍　台山公義圩郵局轉
李兆福	廣東南海	二十六	經濟學系二年級	第四宿舍　本京東四二條六號
李汝驤	河南內黃	二十七	中國文學系三年級	前門外排子胡同十一號　廣州西關寶華卡街二號
李如玉	直隸藁城	二十四	哲學系一年級	後門內慈慧寺　藁城縣南華九門

二十七

姓名	籍貫	年齡	學系	住址
李希程	山西平遙	二十八	地質學系四年級	王府大街廣豐西廠
李希乾	山西河津	二十三	經濟學系二年級	西河沿中源銀號 直隸行唐縣永和公號李世貞
李芝香	浙江紹興	二十二	法律學系二年級	河南開封南書店街醬醋胡同 紹興營橋李宅
李迪新	廣東開平	二十六	化學系二年級	第二院號房轉 廣東江門浮石街廣利達堂
李秀岩	山東荷澤	二十八	哲學系二年級	弓弦胡同南華學舍 荷澤縣福全湧轉
李述禮	廣東化縣	二十一	預科乙部二年級	南池子普度寺西北院 潘家河沿禺州館
李芳華	山東招遠	三十	俄國文學系四年級	第二宿舍 山東龍口福增益號轉李殿邦
李昌仁	四川江津	二十六	政治學系二年級	第一宿舍 四川江津城內裕生厚轉
李昌明	浙江永康	二十九	預科乙部二年級	神廟 永康山川壇李協和行
李承紀	山西崞縣	二十一	預科乙部一年級	第四寄宿舍 崞縣南閣庄村恒裕昌
李炳坽	安隸繁昌	三十	中國文學系四年級	沙灘新開路同陞公寓 蕪湖轉舊縣鎮
李重華	河南鄭縣	二十六	法律學系四年級	北河沿六十二號 河南鄭縣城北關虎屯

二十八

李淨川	廣東東莞	二十三	物理學系二年級	第二宿舍 廣東東莞常平鎮豐陸
李恆慶	直隸獲鹿	二十三	英國文學系二年級	京漢石家莊方村鎮合盛成轉
李春昱	河南汲縣	二十一	預科甲部二年級	騎河樓馬圈胡同十三號 河南汲縣翰院胡同
李春魁	吉林雙城	二十六	中國文學系一年級	乾麵胡同三十五號 吉林伊通珍與德轉
李貞泰	山西大同	二十一	預科乙部二年級	馬圈胡同二十號 大同張家圪垯
李相顯	山東曹縣	二十一	預科乙部一年級	第四宿舍 曹縣東門內路南
李家彌	湖北陽新	二十九	地質學系三年級	第一宿舍 湖北陽新縣李鼎盛李希東
李家瑞	雲南劍川	二十五	預科乙部一年級	宣外敎場頭條雲南會舘和志堅轉 劍川城無名堂轉
李祖勳	廣西北流	二十八	法律學系三年級	馬圈胡同井兒胡同五號 廣西北流縣新墟四里團局轉
李逢時	江西浮梁	二十五	化學系三年級	第二宿舍 江西省浮梁縣城內李鳳儀
李逢源	直隸平山	二十一	地質學系二年級	慈慧寺 平山縣商會
李書堂	河南葉縣	三十	英國文學系四年級	馬神廟大學夾道十一號 河南葉縣恒茂齋李鴻照

二十九

姓名	籍貫	年齡	學系	住址
李振中	山東陵縣	二十六	法律學系三年級	東單牌樓西總布胡同十五號 山東陵縣李五清庄
李振時	江西九江	二十四	預科甲部二年級	第一宿舍 九江城內六角石街一百零八號
李振鄭	山西新絳	二十九	史學系四年級	北河沿四十五號 山西新絳縣北大街旗杆門李逢源
李振聲	奉天遼陽	二十五	史學系四年級	三眼井吉安所左巷七號 保定高陽南北留史鎮
李常馥	奉天遼陽	二十八	經濟學系四年級	馬圈胡同八號華忠公寓 遼陽城南劉二堡北西地
李崧生	直隸定縣	二十一	預科乙部一年級	第四宿舍 定縣城南高蓬鎮源泉號
李海樓	安徽鳳陽	二十六	哲學系二年級	新開路八號 鳳陽城內
李海濱	江西星子	二十八	中國文學系四年級	北鑼鼓巷扁担廠一號 江西吳城牛欄口李國珍轉
李啓源	湖南湘鄉	二十七	經濟學系四年級	東城本司胡同東花廳二十八號 湖南湘鄉城內夏梓橋
李紹緒	直隸正定	二十五	物理學系三年級	慈慧寺 正定權城轉李家莊李殿陸
李紹華	奉天海城	二十七	法律學系四年級	第二宿舍 奉天海城北關福元胡同
李梓敬	山東臨淄	二十	預科乙部二年級	北河沿十三號 臨淄南臥石

三十

姓名	籍貫	年齡	科系	住址
李培申	廣東澄海	二十四	預科乙部二年級	蠟庫十一號
李崇金	直隸玉田	二十九	預科乙部一年級	東四大興公寓
李國瑄	湖北武昌	二十六	經濟學系三年級	第一宿舍
李毓秀	山西崞縣	三十	物理學系四年級	三眼井中一區七號
李毓震	直隸宣化	二十四	英國文學系二年級	同安公寓
李裕光	浙江東陽	二十四	化學系二年級	第二宿舍
李景陽	奉天昌圖	二十八	化學系四年級	銀閘全陸公寓
李開先	四川隆昌	二十九	中國文學系四年級	第一宿舍
李曾翕	直隸淶水	二十四	中國文學系一年級	北東四牌樓馬市西口路
李循惠	湖北漢川	二十四	數學系三年級	沙灘萬成公寓
李梅羹	湖南瀏陽	二十三	德國文學系二年級	銀閘日陞公寓
李善餘	廣東蕉嶺	二十五	經濟學系二年級	第三宿舍

姓名	通信處
李培申	蠟庫十一號
李崇金	京奉路胥各莊珠樹鴞
李國瑄	武昌糧道街一五一號
李毓秀	山西崞縣原平鎮永和泉轉
李毓震	京綏路新保安餘李梧生轉
李裕光	浙江萊陽縣全盛德李楨轉
李景陽	奉天昌圖縣全盛德李楨轉
李開先	隆昌龍市鎮
李曾翕	東四馬市西口
李循惠	湖北漢川神靈口
李梅羹	湖北瀏陽官渡天和齋
李善餘	吧城小南門增彰公司轉

三十一

| 姓名 | 籍貫 | 年齡 | 系級 | 住址 |

李滋大　廣東電白　二十八　經濟學系三年級　本京高州會館
李滋華　山東博山　二十一　預科乙部二年級　銀閘十二號
李超雄　廣東台山　二十三　經濟學系二年級　北河沿十三號
李巽言　湖南耒陽　二十二　預科乙部年二級　山東博山太河
李富春　湖南長沙　二十四　法律學系三年級　第一宿舍
李富善　山東泰安　二十五　政治學系二年級　銀閘四號德華公寓
李雲章　安徽霍邱　三十一　政治學系三年級　東安門河沿十三號
李敬儒　河南汲縣　二十四　經濟學系三年級　北池子妞妞房二號
李葆恩　奉天蓋平　二十六　法律學系二年級　騎河樓馬圈胡同十三號
李會瀛　江西會昌　二十八　英國文學系三年級　三眼井二號
李經印　直隸冀縣　二十三　經濟學系二年級　第二宿舍
李椿齡　奉天昌圖　二十七　政治學系四年級　銀閘日陞公寓二十八號

三十二

本京高州會館
山東博山太河
廣東台山新昌埠宏泰隆
耒陽縣竹台市祥榮號轉
長沙下坡子街裕湘廣傘莊
山東泰安廟前街
安徽正陽關三流集李泰和號轉
河南汲縣馬市街裕源恒轉
蓋平城內福泰厚轉
江西會昌珠蘭埠李杏春轉
直隸冀縣碼頭李鎮
吉林樺川安邦河集賢鎮忠義合商號轉
馬神廟前西老十五號

姓名	籍貫	學號	系級	地址
李殿臣	河南葉縣	二十二	地質學系一年級	大學夾道十一號 河南省葉縣城南舊縣鎮李誠心轉
李貫英	直隸懷安	二十七	英國文學系三年級	第一宿舍 京綏路綫柴溝堡李蓍芳轉
李銓衡	河南延津	二十五	物理學系四年級	第一宿舍 河南延津縣西街
李鼎彝	吉林扶餘	二十六	中國文學系二年級	乾麵胡同吉林會館 吉林扶餘榆樹溝三合長轉
李維藩	廣東番禺	二十七	法律學系四年級	前門外草廠頭條廣州館伍宅 廣州豪賢街七十四號
李維新	山西五台	二十六	哲學系二年級	孟家大院通和公寓 山西五台東冶南街
李漢聲	廣東豐潤	二十八	中國文學系四年級	第二宿舍 汕頭溜隍轉小勝
李漢勳	陝西南鄭	二十七	法國文學系四年級	漢花園新開路同安公寓 陝西南鎮南街全成永轉李先正
李嘉琛	湖北夏口	二十六	化學系四年級	景山東街同德公寓 武昌平湖門內豆腐巷九號
李慶成	福建閩侯	二十四	經濟學系三年級	東單三條十五號 東單三條胡同十五號
李慶源	直隸平山	二十三	地質學系二年級	慈慧寺 直隸省平山縣南關李鳴珂轉
李慰祖	河南澠池	二十三	法律學系一年級	第一宿舍 太原榆次郵局轉吳堡縣知事李瑞唐轉

姓名	籍貫	年齡	系級	住址
李蔭民	陝西洋縣	二十六	化學系四年級	籠子庫六號 陝西洋縣城內東二街李紹騰轉
李德鑑	山東單縣	二十七	哲學系三年級	第一宿舍 山東單縣東關春秋閣裏
李興焯	山東陵縣	二十九	哲學系四年級	沙灘同陞公寓 濟南東城根南口路北
李樹霨	山東黃縣	二十五	經濟學系三年級	西老胡同十五號 山東黃縣巷子集義恒號
李在恂	河南汲縣	二十七	哲學系三年級	騎河樓馬圈胡同十三號 河南汲縣橋北西街
李鳴和	四川遂寧	二十六	哲學系二年級	第二宿舍 四川遂寧桂花場
李壽雍	江蘇鹽城	二十三	經濟學系二年級	銀閘胡同二十七號 江蘇泰州樓夏莊
李樹燦	河南孟津	二十六	法律學系三年級	北池子箭竿胡同十三號 孟津縣
李錦銘	廣東台山	二十七	法律學系三年級	騎河樓南豪福祿館七號 香港干諾道中廣安號
李萼輝	湖南嘉禾	二十	預科乙部二年級	第一宿舍 湖南嘉禾城內
李鍾賢	直隸天津	二十六	英國文學系四年級	西四報子胡同二十三號張沛蒼轉交 北京西河沿排子胡同道生銀行李紹虞轉
李鴻舉	湖南寧遠	二十三	預科乙部二年級	第一宿舍 湖南寧遠西安鎮彰佳山

三十四

姓名	籍貫	年齡	科系	住址
李禮耕	河南葦縣	二十六	物理學系四年級	西老胡同一號 陝西督軍公署李惟人收
李寶珍	奉天鳳城	二十一	預科乙部二年級	第一宿舍 奉天省立一師李新榜轉
李競何	廣東梅縣	十八	預科乙部一年級	第一院對過同陞公寓 汕頭梅縣同益泰號轉
李觀順	直隸安新		哲學系三年級	銀閘四號 直隸安新縣端村鎮東茂盛轉
吳藩	安徽安慶	二十七	預科乙部一年級	西安門外北皇城根二十三號 安慶大橋頭
吳士瑜	江蘇灌雲	二十五	法律學系四年級	順治門內溁水河二十二號 順治門外北皇城根二十二號
吳太仁	四川江津	二十	英國文學系一年級	第一宿舍 四川永川縣松溉鎮興和
吳文津	江西宜黃	二十五	經濟學系三年級	北河沿五十五號 北河沿五十五號
吳江鍾	廣東瓊山	二十四	政治學系二年級	第二宿舍 瓊州海口南門美利號轉
吳世晉	福建海澄	二十六	法律學系二年級	東單三條紅樓二號轉 福建廈門老葉街鼎美洋行轉
吳廷贊	奉天撫順	二十五	法律學系二年級	銀閘興隆公寓 奉天撫順源生泰

三十五

姓名	籍貫	年齡	系級	住址
吳汝雷	江西金谿	十九	預科乙部二年級	長巷四條金谿新館轉江西臨川青泥墟豫豐恒轉
吳至恭	湖北蒲圻	二十四	經濟學系三年級	西單南安里六號轉湖北蒲圻羊樓司九土畈
吳守誠	江蘇鹽城	二十一	預科乙部一年級	第一宿舍轉江蘇鹽城上岡雙墩信櫃
吳安仁	安徽合肥	二十五	物理學系三年級	東城吉祥胡同二十一號轉陸軍部軍需司
吳克禮	四川郫縣	二十八	經濟學系三年級	第二宿舍轉四川郫縣東街仙人洞府
吳秉彝	奉天蓋平	二十九	中國文學系二年級	後鐵廠七號轉後鐵廠七號
吳郁文	奉天撫順	二十八	法國文學系四年級	帽兒胡同九號東方中學轉奉天城東拉古峪
吳宗周	浙江紹興	二十七	法國文學系四年級	沙灘二十號轉浙江紹興上浦葆生堂芝泉
吳風清	安徽太和	二十四	預科乙部二年級	馬圈胡同十二號轉安徽太和縣原墻集
吳時中	安徽合肥	二十七	經濟學系三年級	南河沿大純公寓轉燕湖中廟六家畈
吳時英	四川南充	二十四	預科乙部二年級	第一宿舍轉四川南充上河街吳永順號
吳泰安	四川江津	二十六	哲學系四年級	第一宿舍轉四川江津新街子義利祥

三十六

姓名	籍貫	年齡	系級	住址
吳振球	廣東瓊山	二十	預科甲部二年級	東四牌樓多福巷八號 瓊山新橋里
吳振鐸	奉天台安	二十九	法律學系三年級	銀閘全陞公寓 奉天台安佛鎮聚興德
吳祥春	廣東瓊山	二十四	預科乙部一年級	東城慧照寺三十一號 廣東瓊州城內小雅巷三十五號
吳祥麟	浙江嘉興	二十二	法律學系二年級	第二宿舍 浙江嘉興楊柳灣
吳遠昭	安徽定遠	二十三	法律學系三年級	孟公府箭竿胡同十三號 王府大街多福巷十一號
吳章煥	安徽貴池	二十二	預科甲部一年級	地安門內府庫七號 大通池州天一街
吳幹斌	江蘇宜興	二十四	英國文學系二年級	收轉 江蘇宜興和橋市
吳瑞霞	陝西醴泉	二十二	預科甲部一年級	景山東街東老胡同一號 甘肅合水縣公署吳通權轉
吳誠頤	山東臨沂	二十二	政治學系一年級	北池子箭竿胡同十三號 濟南南新街
吳壽金	安徽盱眙	二十二	預科甲部一年級	第一宿舍 安徽天長縣大通鎮
吳毓江	四川秀山	二十五	經濟學系三年級	第三宿舍 貴州松桃縣城內
吳德瑩	浙江義烏	二十六	法律學系一年級	第三宿舍 浙江義烏江灣鎮四方井

姓名	籍貫	年齡	系級	住址
吳德遠	貴州鎮遠	二十六	中國文學系二年級	東老胡同大陞公寓
吳德濚	貴州鎮遠	二十六	中國文學系二年級	貴州鎮遠二牌
吳遵明	四川南溪	二十五	中國文學系三年級	第二宿舍
吳融春	安徽定遠	二十七	哲學系三年級	四川南溪中正街吳恒興染房轉
吳憲祖	奉天興京	二十四	經濟學系二年級	多福巷十一號
吳鵠雲	直隸臨城	二十八	化學系一年級	東四多福巷十一號
吳寶桂	四川遂甯	二十七	史學系三年級	銀閘十九號
吳寶鎔	直隸正定	二十七	預科乙部二年級	後門內東高房七號
吳獻琛	浙江嘉興	二十三	化學系二年級	第二宿舍
吳耀先	湖北咸甯	四十	法律學系四年級	東高房會賢公寓
吳鶴齡	湖北黃岡	二十六	地質學系三年級	騎河樓井兒胡同一號
何九	內蒙古喀喇沁右旗	三十	中國文學系二年級	正定十里舖郵局轉留村
	河南新安	三十一	史學系四年級	四川遂甯縣安居鎮

奉天千金寨東鄭家堡子績祖收
東城酒茲府東口路南吳
浙江嘉興新豐鎮
漢花園新開路九號　湖北黃岡新州羅德生轉吳樹成
東四三條吉兆胡同三十八號　熱河喀喇沁王府轉
宣外洛河會館　河南新安縣梁莊村

姓名	籍貫	年齡	系級	住址
何炎	湖南寶慶	二十三	經濟學系一年級	銀閘小椿樹胡同八號 湖南寶慶何生昌號
何嶔	直隸正定	二十四	法律學系三年級	安樂堂極樂寺 石家莊善因利
何仲純	廣東番禺	二十五	濟經學系三年級	漢花園甲一號愛蘭學舍 番禺沙灣市東坊詞林巷
何兆熊	直隸深澤	二十一	預科乙部一年級	第一宿舍
何成鑾	廣西奉議	二十五	地質學系二年級	第一宿舍 廣西百色永利號
何作霖	直隸蠡縣	二十五	地質學系二年級	第一宿舍 保定縣學街第二女校校長
何作霖	廣東東莞	二十六	政治學系四年級	丞相胡同晨報社 東莞縣下市存心堂
何宗寅	江蘇江浦	二十六	中國文學系三年級	中老胡同會元公寓 江蘇江浦縣星甸鎮
何宗基	陝西乾縣	二十三	預科乙部二年級	三眼井吉安所左巷六號
何郁第	湖南益陽	二十五	法律學系三年級	第三宿舍 湖南益陽三堂街郵局轉
何炳序	安徽鳳陽	二十六	經經學系四年級	北河沿銀閘集賢公寓十二號 天津特別二區大馬路四十三號
何恩寬	四川羅江	二十四	預科乙部一年級	騎河樓蒙福祿館四號 蒙福祿館四號

三十九

姓名	籍貫	年齡	系級	住址
何家麟	江蘇江陰	二十五	法律學系三年級	沙灘新開路同陞公寓 江陰城內南街
何道智	廣東英德	二十八	政治學系二年級	東草廠二條韶州新館 英德縣城新街何萬利轉
何肇華	安徽毫縣	二十二	預科甲部二年級	西單牌樓皮庫胡同二十一號 西單皮庫胡同二十一號
何增譜	浙江江山	二十八	經濟學系三年級	第二宿舍 江山縣惠風號轉
何質義	四川西充	三十	法律學系三年級	騎河樓華成公寓 四川西充縣
何錫珍	河南滑縣	二十五	法律學系四年級	騎河樓廟兒胡同六號 河南滑縣牛屯集福昌恒轉
何錫純	河南滑縣	二十六	法律學系一年級	騎河樓廟兒胡同六號 滑縣牛屯集德聚公轉何庄
何錫藩	同	二十四	物理學系四年級	騎河樓廟兒胡同六號 河南滑縣牛市屯轉何岫齋轉
何樹藩	湖北天門	二十五	經濟學系二年級	東四多福巷十三號 湖北皂市詠梅堂
何聯奎	浙江松陽	二十五	英國文學系二年級	第二宿舍
汪元起	安徽合肥	十九	預科甲部二年級	東四馬大人胡同十六號 東城馬大人胡同十六號
汪叔年	江蘇吳縣	二十六	經濟學系三年級	西城前京畿道甲十四號 滬杭甬鐵路汪寶鋆轉

四十

姓名	籍貫	年齡	科系	住址
汪紹功	浙江富陽	二十八	法律學系三年級	北池子尚志公寓 浙江富陽南星橋東梓關郵局轉
汪康民	湖北應城	三十	中國文學系一年級	惜薪司二十一號
汪開模	安徽全椒	二十五	英國文學系四年級	西太平街六號張宅轉 浙江富陽東梓關
宋炳	浙江建德	二十六	物理學系四年級	第二宿舍 浙江建德縣小南門
宋文瑞	台灣新豐郡	二十三	預科乙部一年級	台灣台南州新豐郡永寧庄大甲
宋邦俊	雲南石屏	二十七	經濟學系二年級	第三宿舍 雲南城三牌坊居仁巷七號
宋全恭	奉天遼陽	二十七	經濟學系二年級	北池子井兒胡同十五號
宋我眞	江蘇鹽城	二十七	英國文學系三年級	大學夾道九號 江蘇鹽城宋家莊宋澤夫轉
宋祖培	山西榆次	二十四	中國文學系三年級	景山東街二十六號 山西榆次縣大張義收
宋振榘	安徽懷遠	二十五	數學系二年級	第一宿舍 安徽懷遠文昌街宋臨甫收
宋德堅	廣東合浦	二十三	預科甲部一年級	第四宿舍 廣東合浦小口進誠學校宋安樞轉
宋錫聲	京兆大興	二十五	地質學系四年級	沙灘大德公寓 正陽門外大街峰源銀號轉

沈文	浙江杭縣	二十四	經濟學系一年級	西安門北皇城根十九號
沈倫	浙江臨海	二十六	物理學系四年級	杭州湖墅左家橋河下二十六號
沈本安	安徽青陽	二十七	化學系二年級	中老胡同十一號
沈兆銘	江蘇鹽城	二十五	法律學系三年級	第二院號房轉
沈延桂	浙江杭縣	二十六	俄國文學系二年級	宣外椿樹下二條十二號
沈作乾	浙江麗水	二十	預科乙部二年級	廟兒胡同振興公寓
沈良佐	廣東平遠	二十七	經濟學系三年級	第四宿舍
沈昌盛	直隸蔚縣	二十二	預科乙部一年級	北池子草垛胡同七號
沈維棟	江蘇嘉定	二十五	經濟學系三年級	銀閘七號
沈國光	湖北孝感	二十四	預科乙部二年級	第一宿舍
沈頊齡	浙江吳興	二十五	經濟學系四年級	南河沿大純公寓
呂世鼎	安徽阜陽	二十三	經濟學系二年級	三眼井五十號

四二

(續)

沈文	
沈倫	浙江臨海順致坊
沈本安	安徽青陽縣沈祥店
沈兆銘	宣外椿樹下二條十二號
沈延桂	浙江杭州湖墅左家橋一號
沈作乾	麗水縣碧湖
沈良佐	汕頭八尺
沈昌盛	蔚縣北吉家莊裕元永
沈維棟	江蘇嘉定日暉橋東首
沈國光	京漢路孝感站沈炳增轉
沈頊齡	蘇州烏鵲橋街
呂世鼎	後門裡三眼井五十號

呂光和	山西祁縣	經濟學系三年級	山西祁縣北街興裕勇
呂紹軾	京兆固安	中國文學系四年級	沙灘新路同安公寓
呂書璽	河南新鄉	史學系四年級	金魚胡同賢良寺
呂樹霖	山東清平	俄國文學系二年級	本縣七里營呂書鑑轉
余旭	四川鄰水	政治學系三年級	橫柵欄內大隆公寓
余椿	浙江遂安	英國文學系三年級	四川鄰水縣蠶務局余相鄉轉
余文偉	江蘇六合	哲學系一年級	浙江遂安縣方天泰轉游板
余天民	湖南臨湘	法國文學系二年級	六合西門大街
余世沅	陝西安康	預科乙部二年級	湖北蒲圻新店
余坦先	廣東大浦	預科乙部二年級	陝西榆林第三監獄監獄長余敦霖轉
余明尊	湖南醴陵	政治學系三年級	南洋英屬安順埠三利公司
余華嶽	湖南湘潭	預科乙部二年級	湖南醴陵縣議會余明謙轉

四十三

姓名	籍貫	年齡	系級	住址
余新都	湖北蒲圻	二十五	地質學系三年級	第二宿舍
余瑞瑜	江西宜黃	二十七	法國文學系三年級	崇文門外閣王廟前街宜黃會館
余維一	四川涪陵	二十四	政治學系一年級	第二宿舍
余肇純	湖南長沙	二十二	預科乙部二年級	第一宿舍
余歡及	江西臨川	二十四	預科乙部一年級	西草廠裴家街臨川館
見孔書	京兆良鄉	二十二	法律學系三年級	騎河樓五所胡同萃賢公寓
杜孔書	四川蓬溪	二十四	經濟學系一年級	第二宿舍
杜廷纘	江蘇灌雲	二十五	經濟學系二年級	北長街慶豐司三號
杜金銘	山東夏津	二十六	物理學系二年級	中老胡同三十八號
杜則堯	湖北黃岡	二十一	預科乙部一年級	第一宿舍
杜運樞	貴州遵義	二十七	化學系三年級	第二宿舍
杜肇修	山東惠民	二十三	英國文學系二年級	校場頭條山東館

四十四

				湖北武昌菊灣東街九號
				浙江財政廳余瑞珍轉
				長沙大西門裕豐盈油行轉
				四川長壽鄰封塲轉
				江西臨川展平市振義堂轉
				四川逐寧逐南塲
				良鄉縣城內斜街
				江蘇灌雲楊家集
				北京西城六舖坑三號
				黃岡縣團風隆盛合交許長發轉
				貴州遵義老城西門溝杜紹甫轉
				山東惠民西南大杜家社琴堂

周用	廣東番禺	二十一	哲學系二年級	第二宿舍	廣州大北直街二二三號
周純	湖南長沙	二十七	經濟學系三年級	第一宿舍	長沙震疑市周茂春號轉
周恕	河南商城	二十七	化學系四年級		河南商城後巷
周琛	直隸蠡城	二十二	預科乙部二年級		北長街前宅胡同七號
周喆	直隸高陽	十九	預科甲部一年級	第四宿舍	保定第六中學周鎬川轉
周冕	甘肅天水	二十八	英國文學系四年級		甘肅天水教育會交周自珍轉
周遜	四川南川	二十一	預科乙部一年級	大學夾道五號	南川南平鎮周自新轉
周澤	四川簡陽	二十六	經濟學系三年級	第二宿舍	四川簡陽縣三星鎮
周士欽	直隸獲鹿	二十三	法律學系二年級	公寓	石家莊謙恒益周彥斌轉
周可從	安徽宿縣	二十七	法律學系二年級	西老胡同十九號恆興公寓	安徽宿縣周文田轉
周存榮	湖南安鄉	二十四	化學系三年級	第二院號房轉	長沙壽星街五十五號
周光普	河南葦縣	二十二	預科乙部二年級	第一宿舍	葦縣芝田鎮

四十五

周光達	湖北廣濟	二十八 德國文學系三年級	武穴轉鄭公塔
周名瑄	湖南茶陵	二十四 預科乙部一年級 第一宿舍	茶陵河塢
周命新	湖南益陽	二十四 英國文學系三年級 第二宿舍	益陽三堡如春內周宅
周其棠	安徽宿松	二十二 物理學系二年級	大學夾道集賢公寓
周承恩	浙江黃岩	二十五 法律學系二年級	韶九胡同東安客寓
周承麟	浙江吳興	二十二 經濟學系三年級	沙灘新開路同安公寓
周恆性	山東漢縣	二十七 中國文學系三年級	東皇城根三十五號
周洪範	山東黃縣	二十七 化學系四年級	中老胡同三號
周原純	山東單縣	二十六 哲學系四年級	弓弦胡同南華學舍
周倫超	四川江北	二十二 預科乙部二年級 第一宿舍	四川江北高腳土地街治臣祥轉
周起豐	奉天開原	二十三 法律學系二年級 第一宿舍	奉天開原塔子胡同
周泰嶽	四川銅梁	二十二 化學系三年級 第一宿舍	四川銅梁北街如川站轉

四十六

周國隆	江西宜黃	二十七	政治學系三年級	第二宿舍	宜黃城東
周梅羹	廣東開平	二十五	哲學系三年級	第一宿舍	美國 Mon Lee Co. Dundee Miss U.S.A. 周在立轉
周敏仲	湖北漢陽	二十六	經濟學系三年級	第一宿舍	湖北漢陽西門內周宅
周鈞犖	廣東茂名	二十六	經濟學系四年級	西城東斜街甲五八號	北京西城東斜街甲五八號
周雲溪	奉天新民	二十四	政治學系四年級	沙灘一號	奉天新民世合義號
周順山	直隸灤縣	二十七	化學系四年級	沙灘二十號	直隸灤縣嶺上鎮
周達時	貴州鎮遠	二十	經濟學系一年級	東四前拐捧胡同一號	外交部周英轉
周傑人	江蘇鹽城	二十七	政治學系三年級	銀閘胡同四號	鹽城孟家莊
周新枏	江蘇阜寧	二十八	預科乙部二年級	第一宿舍	江蘇阜寧永興集
周義章	山東泰安	二十六	政治學系四年級	第二宿舍	山東莘縣公署周藝臣轉
周維新	河南內黃	二十七	化學系三年級	後門夾道九號	河南內黃縣東庄鎮
周爾愷	江蘇南通	二十九	法律學系四年級	騎河樓集賢公寓	南通東門北街

四十七

姓名	籍貫	年齡	系級	住址
周憲章	河南鞏縣	二十七	中國文學系二年級	松公府夾道甲一號
周壽銘	江西進賢	二十三	物理學系一年級	松公府夾道甲一號
周履直	江蘇崇明	二十七	經濟學系二年級	江西進賢縣羅溪市
周鳳甸	江蘇宜興	二十六	數學系二年級	東安門河沿六十三號
林昂	浙江溫嶺	二十五	化學系二年級	江蘇宜興蜀山豫泰祥周聘時收
林翔	江西貴溪	二十三	預科乙部一年級	第一宿舍 浙江溫嶺箬橫鎮
林之棠	福建福安	二十八	中國文學系二年級	新開路同安公寓 江西貴溪縣開源局林向離轉
林公頓	廣東平遠	二十七	經濟學系四年級	第一宿舍 福建福安城內上杭
林昭信	廣東平遠	二十七	物理學系四年級	第一宿舍 汕頭平遠東石
林陳麟	福建莆田	二十四	地質學系三年級	第一宿舍 福建仙遊后埔林秋岩收
林振環	廣東陽江	二十八	哲學系四年級	第二宿舍 廣東省陽江縣平岡圩金和店轉
林振聲	湖北漢川	二十六	政治學系三年級	西四北北下窪子七號 北京西四石碑胡同北下窪

四十八

姓名	籍貫	年齡	系級	住址
林國棠	廣東連縣	三十	政治學系四年級	廣東連縣城宣化街林叢桂堂
林常盛	奉天錦縣	二十六	經濟學系二年級	奉天錦縣北關缸井胡同
林海澄	山東濮縣	二十九	經濟學系三年級	濮縣董口永茂號
林道純	山東福山	二十八	經濟學系二年級	東皇城根南華學舍
林湘北	四川資中	三十二	經濟學系四年級	山東福山縣城內孚號
林德昭	廣東澄海	二十七	政治學系三年級	四川資中縣西街福泰長號轉
林德懿	四川隆昌	二十一	預科乙部二年級	西四牌樓北北下窪子七號
林嘉駿	貴州興義	二十五	經濟學系二年級	廣東澄海
林翰傑	直隸藁城	二十四	經濟學系二年級	景山東街十號光明學舍
金式	浙江東陽	二十六	法律學系三年級	馬圈胡同十二號
金鐸	京兆宛平	二十四	經濟學系三年級	第二宿舍
金公亮	浙江紹興	二十六	哲學系四年級	第二宿舍

四川富順牛佛渡鄉邊場
天津英租界松壽里四十一號
浙江東陽西鄉金村金商臣收
北京西四北後車胡同三號
西四北後車胡同三號
石家莊梅花鎮同和成
張益興號轉
浙江臨浦石保板

四十九

姓名	籍貫	年齡	系級	通信處
金平淼	浙江東陽	二十五	法律學系四年級	沙灘新開路同安公寓
金式斌	浙江吳興	二十四	預科甲部二年級	浙江金華酒坊巷
金秉鈞	浙江金華	二十八	經濟學系四年級	第一宿舍
金崇俊	湖北咸甯	二十六	經濟學系三年級	銀閘集賢公寓
金國珍	安徽鳳陽	二十八	經濟學系四年級	武昌糧道大巷十六號
金鼎新	奉天瀋陽	二十五	法律學系一年級	第二宿舍
金福熙	四川廣安	二十二	經濟學系一年級	安徽鳳陽火陽
金寶時	浙江東陽	二十二	政治學系三年級	奉天城北古城子村
金織雲	江蘇松江	二十一	預科乙部一年級	四川廣安縣天成號
金蘊嶠	吉林扶餘	二十三	經濟學系二年級	浙江東陽塘頭金宅
孟津	江蘇泰縣	二十六	經濟學系四年級	西城北新華街四十一號
孟自成	甘肅循化	二十九	經濟學系四年級	東城乾面胡同吉林會館

五十

姓名	籍貫	年齡	科系	住址
孟廣厚	奉天本溪	二十三	哲學系二年級	第三宿舍
孟廣淇	山東黃縣	二十九	化學系三年級	銀閘六號
孟慶祚	河南葦縣	二十三	政治學系三年級	東河沿十七號
孟憲章	湖北均縣	二十五	政治學系一年級	十一條胡同六十八號
易貞	湖南醴陵	二十七	英國文學系二年級	第一宿舍
易曾錫	江西宜春	二十三	物理學系二年級	板章胡同宜分萬會館
季可宗	江西泰興	二十	預科乙部一年級	騎河樓大有公寓
季忠琢	江蘇如皋	二十八	法律學系四年級	韶九胡同東安客寓
季道桓	山東福山	二十八	史學系四年級	前門外煤市街東鴻軒
季盛齡	江蘇宿遷	二十六	英國文學系二年級	沙灘新開路一號同安公寓
武鎬	直隸懷來	二十	預科乙部一年級	第一宿舍
武守瓊	河南商城	二十七	哲學系一年級	第三宿舍

姓名	通訊處
孟廣厚	奉天本溪保甲事務所
孟廣淇	山東龍口公合易
孟慶祚	北京弘壽寺九號
孟憲章	湖北均縣朝武街孟三順號
易貞	湖南醴陵豆田同和昌轉
易曾錫	江西袁州謙益祥號
季可宗	江蘇泰興城內禁江旅館
季忠琢	江蘇如皋苴鎮季曲江轉
季道桓	山東煙台大街仁和永
季盛齡	江蘇宿遷縣皂河鄉
武鎬	懷安縣柴溝堡萬和玉
武守瓊	河南商城北關

姓名	籍貫	年齡	系級	住址
武崇林	安徽鳳陽	二十四	數學系四年級	第二宿舍 安徽鳳陽縣府西街
武靖洲	河南嵩縣	二十七	法律學系四年級	中老胡同 河南嵩縣武侯街
武鴻鈞	直隸棗強	二十一	預科乙部一年級	第四宿舍 德州西三郎鎮轉大波羅村
岳劼恆	陝西長安	二十三	預科甲部二年級	鐵匠營二號 本京後門鐵匠營二號
岳淩洲	甘肅天水	二十三	英國文學系二年級	東城弓弦胡同北大公寓 甘川天水新陽川
岳濬川	直隸常熟	二十五	法律學系二年級	沙灘雲陞公寓 沙灘東口雲陞公寓
宗之潢	江蘇常熟	二十四	中國文學系二年級	西城石老娘胡同三十號 西城石老娘胡同三十號
宗其昌	直隸任邱	二十三	預科乙部二年級	騎河樓華成公寓 任邱縣鄭州鎮福成號轉
郁士元	江蘇鹽城	二十四	地質學系三年級	第一宿舍 江蘇鹽城秦南倉
居耀松	江蘇武進	二十八	地質學系三年級	大學夾道賓興公寓 江蘇武進戚墅堰姚家巷
宓汝卓	浙江慈谿	二十一	預科乙部一年級	第四宿舍 江西廣豐潘義記烟行
屈武	陝西渭南	二十二	預科乙部二年級	平則門南順城街一六二號

五十二

明仲祺	湖南臨澧	二十二	預科乙部二年級	宣武門外海北寺街澧陽會館	湖南臨澧縣議會
尙鉞	河南羅山	二十二	預科乙部二年級	第一宿舍	河南彰二廊廟街花稅局
尙建槐	河南滑縣	二十七	經濟學系三年級	騎河樓妞妞房二號	河南滑縣高平集
芮珊	江蘇宜興	二十五	物理學系二年級	第一宿舍	江蘇宜興官村
門啓昌	四川內江	二十	預科乙部二年級	第一宿舍	四川內江白馬廟武陵春
來煥文	浙江蕭山	二十八	法律學系四年級	景山東街同德公寓	浙江蕭山襄七莊
胡克	江西興國	三十	法律學系一年級	漢花園大福公寓	江西興國縣瑤崗上
胡致	江西南昌	二十五	中國文學系二年級	漢花園大福公寓	江西省城進外膠皮卷街聶營與號轉交
胡銤	直隸定縣	二十四	法律學系二年級	騎河樓門雞坑十三號	定縣德盛號轉蔡家莊
胡澤	四川合川	二十七	經濟學系三年級	第三宿舍	四川久長街壺園
胡毅	浙江龍游	二十七	俄國文學系四年級	第二宿舍	浙江龍游縣裕昌館轉
胡士興	直隸邢台	二十六	經濟學系二年級	鐘鼓寺十三號	邢台縣長老會

五十三

姓名	籍貫	年齡	系級	住址
胡孝瀾	直隸冀縣	二十	預科乙部一年級	天津河北三馬路鄰德里二號
胡自益	江西萍鄉	二十四	哲學系二年級	第三宿舍
胡作敬	山西定襄	二十三	英國文學系一年級	湖南醴陵縣美田橋裕慶和號轉西坑交
胡秉乾	直隸藁城	二十五	哲學系三年級	騎河樓五所胡同七號
胡宗治	河南孟津	二十三	經濟學系二年級	騎河樓十一號
胡尚芳	浙江紹興	二十五	預科甲部二年級	藁城縣興安村
胡明柏	江蘇宿遷	二十九	哲學系四年級	銀閘十九號
胡祖枌	湖南零陵	二十一	預科乙部一年級	西單十八半截南駱駝灣二號
胡桂孫	江西上饒	二十四	英國文學系一年級	馬大人胡同三十七號
胡時夏	浙江蘭谿	二十六	經濟學系二年級	賈家胡同永州會館
胡祥臻	四川成都	二十八	物理學系三年級	松公府夾道七號
胡善權	四川榮縣	二十二	預科甲部一年級	北池子騎河樓大有公寓

河南孟津馬屯街東相留村

本京西單十八半截南駱駝灣二號

江蘇宿遷洋河鎮

湖南省零陵縣郵亭圩郵局

江西銘山石塘

浙江蘭谿萬昌瑞叁店

成都少城東城報街牌坊巷對門四十號

官園五號

第二宿舍

第一宿舍

五十四

胡應連	山西大同	二十四	預科乙部二年級	馬圈胡同二十號
胡勤業	直隸沙河	二十四	預科乙部二年級	大同西油店巷湧盆成
胡寶璟	廣東順德	二十六	法律學系三年級	北池子牆角胡同三號 直隸沙河縣白錯村
胡遵法	山西文水	二十五	經濟學系二年級	宣外米市胡同一百號 北京宣外米市胡同一百號
胡禮強	廣東順德	二十六	物理學系三年級	孟公府箭竿胡同十三號 山西祁縣易家巷
胡蘭蔭	直隸衡水	二十三	預科乙部二年級	第二院號房轉 廣東順德桂淵外村胡仰山堂
姚鎣	貴州貴陽	二十七	哲學系四年級	爛縵胡同蓮花寺
姚大朋	安徽桐城	二十六	經濟學系三年級	前外草廠七條三十一號 草場七條三十一號
姚永璜	湖北武昌	二十二	經濟學系一年級	宣內頭髮胡同七號 宣內頭髮胡同七號
姚光世	山西臨晉	二十七	政治學系一年級	東城鐵獅子胡同二十號 湖北武昌黃成角十號
姚道洪	安徽合肥	二十三	經濟學系四年級	琉璃廠小沙土園京報館 德州車站站長姚道銘轉
姚華萼	廣東朝陽	二十九	哲學系四年級	北河沿四十一號 汕頭朝陽西門四脚亭

姓名	籍貫	年齡	院系	住址
姚毓鵬	安徽繁昌	二十	化學系四年級	第二宿舍　安慶呂八街本宅
姚肇封	河南延津	二十四	法律學系二年級	門雞坑六號　山東平度縣署
姚磐名	江蘇東海	二十四	預科甲部一年級	第一宿舍　江蘇板浦大寺巷
洪　煦	台灣彰化	二十三	預科乙部一年級	前門外後孫公園泉郡會館　台灣鹿巷街大有口三八六番地
洪　韶	安徽婺源	二十一	預科甲部二年級	第一宿舍地字二號　江西景德鎮前街同心堂收轉
洪文溶	浙江嘉興	二十一	預科乙部一年級	沙灘同陞公寓　浙江嘉興與鳳喈橋
洪怡賢	奉天瀋陽	二十六	法律學系三年級	第三宿舍　奉天大南關西二道崗子
洪承序	河南商城	二十五	預科甲部一年級	朝陽門內東苦水井十九號　河南商城楚巷建威第
洪啟祥	廣東梅縣	二十	預科甲部一年級	第一宿舍　廣東梅縣洪家祠
洪熾昌	浙江瑞安	二十六	法律學系三年級	弓弦胡同北大公寓　溫州瑞安市心街
洪靜安	安徽青陽	三十二	預科乙部一年級	第二宿舍地字八號　安徽青陽縣木竹潭源裕號
范用餘	江蘇如臯	二十五	政治學系三年級	北池子盃頭作三號陳冠靈轉　江蘇如臯立發橋范從龍收

五十六

姓名	籍貫	年齡	科系	住址
范春生	京兆寶坻	二十七	法律學系三年級	北池子銀閘四號
范紀勳	陝西石泉	二十五	經濟學系一年級	銀閘十九號
范炳文	山西晉城	二十六	法律學系四年級	東安門外康家胡同澤州內館
范時訓	江西新建	二十七	數學系三年級	西老胡同恒興公寓
范雲岫	吉林伊通	二十二	預科甲部二年級	後門外集賢樓
范鴻劼	湖北鄂城	二十八	英國文學系三年級	第一宿舍蔡化民轉
范體仁	湖南宜章	二十四	經濟學系一年級	北河沿騎河樓十二號
封岳崧	四川綦江	二十二	預科乙部二年級	第一宿舍
施宗昱	浙江蕭山	二十一	哲學系一年級	北池子沙灘八號旁門
施宜忠	京兆大興	二十七	法律學系四年級	地安門外舊鼓樓大街大石橋雙寺廟內
施啓明	江蘇崇明	二十七	數學系四年級	銀閘二十七號
原景德	奉天寬甸	二十五	物理學系三年級	第一宿舍

姓名		住址
范春生		寶坻縣大伯莊轉高莊戶
范紀勳		陝西石泉縣復盛永轉
范炳文		山西晉城南關同茂公
范時訓		江西吳城鎮德泰昌
范雲岫		奉天公主嶺天育堂
范鴻劼		漢口轉葛店范鴻軒
范體仁		廣東坪石裕記轉
封岳崧		四川綦江北街福音堂轉
施宗昱		浙江紹興第五中學轉
施宜忠		大石橋雙寺廟內
施啓明		江蘇崇明城內富民街
原景德		奉天寬甸公順盛

五十七

俞汝良	浙江紹興	二十六	經濟學系三年級	北池子盔頭作三號陳南京城內五馬街牙巷七號
俞崇智	安徽婺源	二十二	化學系三年級	冠靈轉 北京宣武門外大街
俞建章	安徽蕪湖	二十六	地質學系四年級	宣武門外大街一○七號 安徽和縣俞寶和號交
姜紹謨	浙江江山	二十八	法律學系四年級	第二宿舍 浙江江山縣峽口鄉
姜靖昌	江蘇武進	二十四	經濟學系二年級	第二宿舍 山西太原省城姜鄂昌轉
段純	湖南寶慶	二十二	預科乙部二年級	騎河樓大有公寓 湖南寶慶新宜巷五號
段灝	江西雩都	二十六	政治學系四年級	第一宿舍 江西雩都梓山墟鵬昌號
郝立權	江蘇鹽城	二十六	法律學系四年級	第三宿舍 江蘇寶應建陽
郝立基	江蘇鹽城	二十七	中國文學系四年級	銀閘七號集賢分寓
郝培基	直隸沙河	二十七	法國文學系四年級	銀閘七號 邢台縣第四師範
郝錫齡	山西崞縣	二十五	化學系三年級	馬神廟中老胡同十三號 山西崞縣宏道鎮轉東社
韋奮鷹	廣西容縣	二十八	史學系四年級	第二院號房轉 普源永交 松公府夾道二號 廣西容縣松山墟

五十八

姓名	籍貫	年齡	系級	住址
紀守綱	山西陽高	三十一	中國文學系三年級	銀閘胡同二號
紀紹綱	奉天黑山	二十八	物理學系二年級	奉天黑山縣北芳山鎮廣發成
南尙文	京兆宛平	二十八	法國文學系四年級	本校收發課轉
苑金吾	直隸清苑	二十五	英文學系三年級	前門內小四眼井十號
信綱	奉天法庫	二十七	政治學系三年級	第一宿舍洪字一號
柳克植	湖南長沙	二十四	化學系三年級	第一宿舍黃字五號劉恆年轉
柳壽慈	浙江蕭山	二十五	法律學系二年級	大取燈胡同六號
禹成美	安徽和縣	二十五	經濟學系四年級	第二宿舍
柯樹屛	湖北鄂城	二十一	預科乙部二年級	孟家大院慶春公寓
宣國榮	熱河承德	二十七	化學系四年級	第一宿舍
首聯球	湖南郴縣	三十	預科甲部二年級	第一宿舍楊毅民轉
脩垣	江西萍鄉	二十三	預科乙部二年級	第一宿舍

山西陽高縣德恆轉交		
奉天黑山縣北芳山鎮廣發成		
本校收發課轉		
京南龐各莊鎮或前門內小四眼井十號		
保定唐家胡同奎元店		
吉林長春電燈廠		
湖南長沙郴市振商公司轉		
浙江蕭山義橋通惠莊		
安徽和縣觀瀾街		
湖北黃岡團風柯大興		
熱河師範學校轉		
湖南郴縣鴉市坪		
萍鄉花廟前歸懷二祠		

姓名	籍貫	年齡	系級	住址
修春泰	山東萊陽	二十三	預科乙部二年級	中老胡同三十七號
郎得昌	直隸定縣	二十四	法律學系二年級	騎河樓門雞坑十三號 山東萊陽城東南務集德潤生轉 直隸定縣邢邑郎宅
郎樞尉	山東濰縣	二十五	經濟學系二年級	銀閘井兒胡同華通公寓 山東濰縣南流鎮
陳旭	浙江樂清	二十七	地質學系二年級	弓弦胡同北大公寓 溫州樂清柳市源昌號轉鯉岙
陳長	廣西藤縣	三十二	政治學系三年級	後門內椅子胡同六號 廣西梧州北山脚百十一號
陳茂	四川安岳	二十三	物理學系一年級	第一宿舍 四川安岳南門外允祿公
陳華	浙江紹興	二十一	預科乙部一年級	宣武門內涭水河九十五號 宣武門內涭水河九十五號
陳捷	山東曹縣	二十六	中國文學系三年級	第一宿舍 山東曹縣文廟街本宅
陳敏	四川梁山	二十	預科乙部二年級	第一宿舍 四川梁山縣文光射轉
陳傑	四川簡陽	二十二	預科甲部一年級	第一宿舍 四川簡陽縣石橋井永盛源
陳鼎	湖南寶慶	二十三	預科乙部一年級	第四宿舍 湖南寶慶西鄉周旺舖
陳濟	浙江溫嶺	二十二	經濟學系一年級	銀閘北寶升公寓 浙江溫嶺新河田支

陳 鑄	江蘇宜興	二十四	哲學系二年級	新開路同安公寓
陳 鑄	江蘇武進	二十七	預科甲部二年級	第一宿舍	奉天瀋陽交通銀行
陳一雲	江蘇江甯	二十	預科乙部一年級	第四宿舍	江蘇橫林陳萬盛號轉
陳天民	廣東大埔	二十六	經濟學系一年級		營口縣公署
陳文清	江蘇南通	二十六	經濟學系三年級		沙灘中間八號
陳友琴	廣東三水	二十六	經濟學系四年級		油頭高陂公成號
陳方綬	江西清江	三十	經濟學系四年級	第二宿舍	南通珍峰鎮曹道生號
陳用才	湖北漢川	二十四	英國文學系四年級	第一宿舍	汕頭平遠
陳占甲	奉天遼陽	二十三	法律學系四年級	第一宿舍	西城武定侯胡同西口外江油李宅轉
陳世蓁	安徽合肥	二十四	預科乙部二年級	第一宿舍	63 Rue Jes Volles Hanoi Conkin
陳世勳	浙江諸暨	三十四	中國文學系三年級		奉天遼陽黃泥窪二台子
陳必紋	湖北枝江	二十九	法律學系四年級	三眼井十四號	安慶大士庵東
				韶九胡同東安客寓	湖北董市福興誠號

姓名	籍貫	年齡	學系	住址
陳永祥	京兆宛平	二十三	英國文學系一年級	宣武門外牛街三十一號　宣外牛街三十一號
陳兆彬	廣東新會	二十七	政治學系二年級	西頌年胡同一號　香港中環貴華里岡州星期報
陳向榮	山西汾陽	二十六	地質學系二年級	景山東街中老胡同十五號　山西汾陽天和德轉
陳汝棠	廣東台山	二十九	經濟學系三年級	騎河樓妞妞房蒙福祿館七號　香港蘇抗街恒安和轉
陳宏濟	浙江嘉善	二十三	中國文學系三年級	石虎胡同十六號　石虎胡同十六號門牌
陳延炘	廣東番禺	二十七	地質學系四年級	西板橋二十號　廣州錦榮街十號
陳志仁	綏遠薩縣	二十三	中國文學系四年級	第三宿舍　綏遠歸綏縣察素齊集義興
陳志勐	浙江浦江	二十三	法律學系一年級	新開路九號　浙江諸暨轉黃宅市古唐
陳志強	廣東大埔	十九	預科甲部二年級	第一宿舍　汕頭高陂萬裕隆號轉
陳其昌	河南洛陽	二十三	預科乙部二年級	第一宿舍　陝西三原縣郵局
陳忠範	江蘇儀徵	二十四	經濟學系二年級	騎河樓廟兒胡同振興公寓　揚州徐凝門街方圈門
陳宗伏	浙江奉化	二十三	預科乙部一年級	浙江奉化忠義東鄉馬頭

六十二

姓名	籍貫	年齡	系級	住址	通訊處
陳宗圻	廣東番禺	二十五	地質學系二年級	西老胡同一號	廣州城內都府街十號
陳宗海	廣東台山	二十九	法律學系二年級	第二宿舍	廣東台山石龍頭墟郵局轉
陳居璽	廣西平南	二十五	哲學系二年級	景山東街西老胡同十三號	廣西平南思旺墟永安昌號轉
陳述修	四川新繁	二十四	英國文學系一年級	亮果廠五號	四川新繁東街陳其齡轉
陳洪疇	陝西鄠縣	二十四	預科乙部二年級	銀閘振興公寓	陝西鄠縣秦縣同泰成轉
陳勉雲	廣東新會	二十六	政治學系三年級	翠華胡同西口外三十號聚祥公寓	香港上環康樂道均昌棧號
陳恆仁	奉天復縣	二十九	政治學系二年級	第一宿舍	奉天復縣慶順德
陳泰權	安徽合肥	二十四	法律學系二年級	第二宿舍	揚州灣子街陳寓
陳桓永	直隸易縣	二十四	法律學系四年級	第二宿舍	直隸易縣二道街
陳紹虞	四川梁山	二十二	預科乙部二年級	北池子沙灘同升公寓	四川萬縣分水郵局轉聚寶號
陳紹廣	奉天錦縣	二十八	法律學系二年級		奉天錦縣七區范家屯本宅
陳啓泰	江蘇如皋	二十六	經濟學系三年級	第一宿舍	江蘇如皋縣郭家園轉

陳開源	雲南昆明	二十三	預科乙部二年級	西四兵馬司五十五號 北京西四牌樓兵馬司五十五號
陳景虞	廣東潮安	二十一	預科乙部一年級	大學夾道集賢公寓 汕頭浮洋市泰豐當陳九叔轉
陳登三	山東博山	二十一	預科乙部二年級	銀閘七號 山東博山八陡鎮陳雪橋轉
陳雲階	直隸易縣	二十五	哲學系四年級	騎河樓大有公寓 直隸易縣城內東燕翼堂
陳煥新	廣西桂平	二十八	化學系四年級	草梁胡同三號
陳煥彩	安徽懷遠	二十三	預科乙部二年級	馬圈胡同十二號
陳寬蔭	江蘇如皋	二十五	哲學系三年級	中老胡同二十五號 江蘇如皋東門內洪春和轉
陳殿璋	山東鄆城	二十六	中國文學系一年級	弓弦胡同南華學舍 察哈爾與和與縣口北蒙鹽稅局長陳在榮轉
陳曉嵐	四川武勝	二十三	化學系一年級	第一宿舍陳治勳轉 山東鄆城縣過賢街陳宅
陳維德	奉天復縣	二十八	物理學系四年級	第一宿舍元字九號 奉天復縣慶順德
陳煒謨	四川瀘縣	二十一	英國文學系一年級	第二宿舍地字四號 四川瀘縣雲錦場郵局轉
陳德新	四川秀山	二十一	預科乙部二年級	第一宿舍	四川秀山西門石同陳宅

六十四

姓名	籍貫	年齡	系級	住址
陳慶餘	福建金門	二十六	經濟學系三年級	板章胡同同安會館
陳環玉	浙江象山	二十三	政治學系一年級	銀閘德華公寓 新嘉陂山陂新成發號 浙江象山城內蕭通生轉
陳積驊	浙江鄞縣	二十一	預科甲部一年級	東四十二條十八號
陳樹倫	浙江紹興	二十六	法律學系四年級	前外草廠頭條 東四十二條十八號 前外草廠頭條
陳懷珍	河南濟源	二十八	法國文學系四年級	北長街一百〇六號 河南濟原軹城同心恒
陳鍾毓	廣東潮安	二十七	經濟學系四年級	銀閘胡同四號 汕頭潮州城下水門街昌
陳贊豪	廣東梅縣	三十	政治學系三年級	騎河樓廟兒胡同五號 汕頭梅縣西門外張嘉鴻轉念宗
陳謙吉	四川蓬安	二十八	法律學系一年級	後門蠟庫北岔十六號 四川蓬安縣
陳寶琨	江蘇江陰	二十五	經濟學系二年級	東安河沿六十三號 江蘇無錫黃土塘
陳寶麟	直隸東光	二十六	經濟學系三年級	北池子盆頭作三號 南京復成倉馬路街東光陳寓
陳繼賢	江西永新	二十二	預科乙部二年級	棉花四條吉安惜字館 江西永新縣豐田德裕昌號
陳顯銘	四川江津	二十二	預科甲部二年級	第一宿舍 四川榮縣貢井西場知事公署

陳麟堂	湖南祁陽	二十八	經濟學系四年級	東城乾面胡同九十三號 乾麵胡同
徐　清	江蘇江甯	二十一	預科乙部一年級	琉璃廠東門西太平巷三號 琉璃廠東門西太平巷三
徐　澤	浙江吳興	二十四	英國文學系二年級	南池子普度寺西巷十號 南池子普度寺西巷十號
徐　權	江西上饒	二十四	英國文學系一年級	松公府夾道七號 江西上饒元與夏布行
徐　驤	江蘇江陰	二十一	預科甲部二年級	第一宿舍 南京省會辦事處
徐文錕	浙江紹興	二十七	經濟學系二年級	崇外興隆街三十二號 崇外興隆街三十二號
徐名功	廣東豐順	二十一	預科甲部二年級	第一宿舍
徐先登	安徽當塗	二十七	經濟學系三年級	華中公寓 安徽當塗縣上河南
徐汝南	浙江蘭谿	三十	經濟學系三年級	騎河樓東口大有公寓
徐光熙	浙江平湖	二十七	地質學系三年級	二眼井四號晉陽公寓 浙江平湖城內六角亭
徐志鵠	安徽宣城	二十五	經濟學系三年級	韶九胡同東安公寓 安徽宣城
徐其明	吉林甯安	二十六	哲學系三年級	外館 吉林甯安濟世堂

徐美煌	浙江建德	二十三	政治學系四年級	外館	上海新聞路六九二號
徐政勤	山東泰安	二十七	政治學系三年級	東安門外河沿十三號	山東泰安白峪徐宅
徐炳勳	奉天鳳城	二十三	經濟學系二年級	北池子井兒胡同九號	鳳城寶和堂
徐炳礜	江蘇吳縣	二十一	預科甲部一年級	第一宿舍天字三號	山東濟南河務局
徐振礜	浙江嘉興	二十三	經濟學系三年級	東安門東河沿十七號	浙江嘉興徐婆寺
徐連印	直隸遵化	二十五	經濟學系一年級	第二宿舍	遵化縣火藥局胡同
徐崇爵	江蘇鹽城	二十六	經濟學系二年級	第三宿舍	江蘇鹽城北洋市
徐敏壽	江蘇句容	二十四	經濟學系二年級	東河沿十七號	句容東街
徐建熙	江蘇如皋	二十八	英國文學系三年級	萬成公寓	江蘇靖江西來鎮李萬昌號轉
徐瑞祿	山東泰安	二十三	哲學系二年級	東安門北河沿十三號	泰安昇平街徐宅
徐瑞祥	山東泰安	二十六	預科乙部二年級	東安門北河沿十三號	泰安昇平街徐壽軒收
徐賢恭	安徽懷甯	二十二	預科甲部一年級	俊孫公園安徽中學	安慶楊家拐

六十七

徐燦生	江蘇武進	二十五	政治學系三年級	第二宿舍	江蘇常州北門外焦溪南街
徐孺藩	浙江永康	二十五	經濟學系三年級	中老胡同二十五號	義烏警備隊
徐閭瑞	浙江杭縣	二十一	預科乙部二年級	西城宮門口東三條郭宅
徐義衡	浙江杭縣	二十三	經濟學系一年級	第二宿舍	上海西門白雲觀同春坊一號
徐廣德	湖南益陽	二十一	英國文學系一年級	第二宿舍	湖南益陽挑江市順和堂書局轉交徐緒壽
徐鴻芬	直隸深縣	二十六	法律學系三年級	騎河樓集賢公寓	直隸深縣陳家口村
徐憲邦	河南許昌	二十八	預科乙部二年級	第二宿舍	河南許昌縣天平街泰昇昌
孫照	山東濟甯	二十六	哲學系二年級	宣武門外丞相胡同十二號	北京丞相胡同十二號
孫文炳	直隸完縣	二十六	法律學系三年級	銀閘四號	直隸完縣北街義興號轉
孫世優	浙江紹興	二十三	預科甲部一年級	第二宿舍	浙江紹興大善寺前天泰烟袋徐元君轉
孫玉佩	安徽太和	二十	預科甲部一年級	第四宿舍	安徽太和城內同昌號轉
孫永年	浙江龍游	二十五	英國文學系二年級	第一宿舍	浙江龍游秦萬順號

六十八

孫成彥	奉天懷德	二十六	經濟學系四年級	第三宿舍	奉天南滿路綫范家屯
孫志好	山東卽墨	二十三	英國文學系二年級	北河沿吉升公寓	膠濟路南泉站下崖村交
孫芳苓	直隸河間	二十三	預科乙部一年級	第一宿舍	高陽縣惠伯口鎮轉太平莊
孫明禮	奉天鐵嶺	二十七	法律學系三年級	騎河樓門鷄坑十三號	奉天北新台子驛義順達轉
孫爲震	江蘇六合	二十八	經濟學系四年級	北池子尙志公寓	江蘇六合縣
孫俊才	陝西楡林	三十	英國文學原四年級		陝西楡林縣歸德堡孫宅
孫淮陽	安徽霍邱	二十九	法律學系二年級	第一院東首皇城根三十號	安徽霍邱縣葉家集孫家老樓
孫惟全	河南武陟	三十	史學系三年級	第二宿舍	河南武陟小董
孫淶瑗	山西太谷	二十五	預科甲部二年級	騎河樓十一號	北京宣外復和瑞
孫復晢	直隸鑫縣	二十六	地質學系四年級	三眼井晉文公寓	直隸鑫縣南魚霸村
孫景雲	吉林甯安	二十六	法律學系三年級	第三宿舍	東省鐵路牡丹江站福增和
孫惟嶽	山東城武	二十三	中國文學系三年級	弓弦胡同南華學舍	山東城武鼎新公司孫肇慶轉

六十九

姓名	籍貫	年齡	系級	住址
孫錫琨	直隸甯津	二十五	地質學系三年級	井兒胡同二號
孫鳴九	湖北沔陽	二十三	預科乙部二年級	第三宿舍
孫萬釗	湖北棗陽	三十一	政治學系四年級	銀閘日升公寓
孫樹棠	浙江紹興	二十八	經濟學系四年級	長巷四條三十七號
高 榮	河南嵩縣	二十七	經濟學系三年級	北池子箭干十三號
高 鼎	山東膠縣	二十九	哲學系二年級	中老胡同十五號
高世華	四川涪陵	二十二	俄國文學系二年級	第二宿舍
高宗禹	安徽六安	二十三	預科乙部二年級	第一宿舍
高佩琅	山東日照	二十七	英國文學系二年級	內府庫晏賓公寓
高佩玉	直隸井陘	二十九	數學系四年級	三眼井十七號
高傅珠	山東惠民	二十二	英國文學系一年級	中老胡同二十五號
高緒懋	安徽六安	二十八	法國文學系四年級	第二宿舍

七十

高懋勳	江蘇江陰	二十二	經濟學系三年級	松公府瑞祥公寓	江蘇江陰夏港
高鴻燾	山東嶠化	二十八	英國文學系四年級	中老胡同二十五號	山東嶠化城南八里莊
高賢潔	安徽霍邱	二十七	經濟學系三年級	馬神廟同德公寓	安徽六安洪集
高學海	浙江嘉興	二十三	經濟學系一年級	騎河樓承俟大院大有公寓	浙江嘉興陶家筧高正昌米行
高蘭芝	山東城武	二十五	經濟學系三年級	後局大院	山東城武小青坰集
高鳳樓	山東禹城	二十	預科乙部一年級	第一宿舍	山東禹城縣城內南街
高韻笙	直隸徐水	二十二	預科乙部二年級	沙灘二十四號	保定北關省立第六中學高芝瀛轉
高陽春	江蘇興化	二十五	法律學系一年級	第二宿舍	河南鄧縣高復升恒
高紹珠	河南鄧縣	二十七	英國文學系二年級	第一宿舍	江蘇沙溝復順號
高振庠	江蘇寶應	二十三	預科乙部二年級	第一宿舍	奉天城北財落堡交
高逢泰	奉天瀋陽	二十五	政治學系三年級	中老胡同三十一號	直隸趙縣城內石塔舖
高景彤	直隸趙縣	二十三	經濟學系一年級	後門內西樓巷七號	

高道平	安徽舒城	二十六	化學系三年級	安徽舒城城內
馬　嶠	山西祁縣	二十七	地質學系四年級	山西祁縣段家窰
馬　復	浙江紹興	三十一	俄國文學系二年級	新開路同安公寓
馬之崑	直隸定縣	二十一	預科乙部一年級	三眼井十四號
馬元材	湖南新化	二十八	經濟學系一年級	福建浦城縣
馬文元	京兆宛平	二十三	預科甲部一年級	定縣東亭鎮交馬家莊
馬叶謙	直隸河間	二十五	預科甲部一年級	湖南寶慶六都棗集大成
馬昌民	湖南衡山	二十五	政治學系三年級	西城武王侯胡同四十一號
馬忠蔚	湖北江陵	二十三	政治學系二年級	西城武王侯胡同四十號
馬春獻	直隸撫甯	二十七	經濟學系三年級	滄州西沙河橋益盛永轉
馬振濤	河南睢縣	二十七	哲學系四年級	上湖南會館
馬培陽	河南睢縣	二十八	法律學系三年級	石駙馬大街十六號
				湖南衡山南門外鄧氏祠
				石駙馬大街十六號
				南池子十五號
				北戴河榆關大劉莊
				甘肅甘涼道尹公署
				順外梭塲小六條
				開封南三聖廟街門牌三十二號
				北河沿三十九號

七十二

姓名	籍貫	年齡	系級	住址
馬敬夫	山東館陶	二十八	地質學系四年級	三眼井八號
馬瑞徵	直隸趙縣	二十八	中國文學系三年級	第一院對過八號 趙縣城內福祿堂 山東臨清焦莊轉劉塔頭村
馬澍之	直隸定縣	二十一	預科乙部一年級	第四宿舍 京漢路清風店裕成厚轉
馬廣達	奉天遼陽	二十八	英國文學系四年級	北京學院 奉天遼陽西劉二堡富有交
馬飛鵬	陝西米脂	二十五	預科乙部二年級	後門吉安所左巷六號 新號
馬顯曾	河南鞏縣	二十一	預科乙部二年級	景山東街西老胡同一號 北京四川營延安館 河南鞏縣東站街乾泰號
馬鳳林	直隸武邑	二十七	法律學系三年級	北池子妞妞房五號 武邑城北八里莊
馬龍章	直隸灤縣	二十九	法律學系四年級	騎河樓華成公寓 京奉路古冶趙各莊
郭瑾	直隸蔚縣	二十二	史學系四年級	北河沿德隆公寓 山西慶靈縣恒與隆
郭元義	河南鎮平	二十七	物理學系二年級	東老胡同五號 河南鎮平東門內成豐號
郭天錫	奉天開原	二十九	法律學系四年級	第二宿舍天字一號 奉天鐵嶺東柴川曾家寨公會轉
郭安萬	江西上饒	二十三	預科乙部二年級	第一宿舍 上海南成都路新樂里一百八十三號

七十三

郭向都	山西崞縣	二十七	哲學系四年級	中老胡同三號	山西崞縣原平復增和
郭延齡	山東邱縣	二十一	預科乙部二年級	第一宿舍	山東邱縣郭呂庄
郭佐唐	浙江金華	二十四	法律學系三年級	第三宿舍	浙江金華法院前郭正泰號轉
郭承瑞	山西定襄	二十七	預科乙部二年級	王府大街廣豐西廠	山西定襄女高小校郭承霖轉
郭衍盈	山東蓬萊	二十六	經濟學系三年級	松公府夾道瑞祥公廨	山東登州府城內公義成
郭春濤	湖南鄢縣	二十四	法國文學系二年級	第二宿舍	湖南鄢縣水口
郭書紳	河南鞏縣	二十八	化學系四年級	西老胡同一號	河南鞏縣東站復興長
郭貽誠	京兆武清	二十	預科甲部二年級	西四牌樓北小拐棒胡同二十二號	西四北小拐棒胡同二十二號
郭貴瑄	直隸河間	二十六	法律學系二年級	府石街四存中學	河間城內北街馮宅轉
郭繼熙	安徽鳳陽	二十五	化學系四年級	第一宿舍	安徽鳳陽縣樓東
郭毓霖	直隸棗强	二十六	經濟學系四年級	北池子妞妞房五號	直隸南宮縣協聚樓
郭蔭寰	廣東大埔	二十一	預科乙部一年級	漢花園愛蘭學舍	汕頭大麻

七十四

姓名	籍貫	年齡	科系	住址	通訊處
郭遠猷	河南泌陽	二十	預科乙部一年級	第三院號房轉	河南泌陽城內福音堂後門本宅
郭樹幟	山西崞縣	二十三	預科乙部一年級	騎河樓廟兒胡同六號	山西崞縣東社鎮聚業成
郭樹楠	河南濬縣	二十一	預科乙部二年級	騎河樓門雞坑六號	河南濬縣東鄉南紙坊
郭慶全	河南新鄉	二十五	法國文學系四年級	騎河樓門雞坑六號	河南新鄉德和祥轉
郭嘉惠	山西交城	二十三	地質學系二年級	王府大街二十四號	山西交城天慶永轉
郭齊恭	山東濮縣	二十六	經濟學系二年級	東皇城根三十五號南華學舍	山東濮縣臨濮集郵局轉
郭肇崑	山東鉅野	二十八	英國文學系三年級	弓弦胡同西口外迤北三十五號	山東鉅野小隅首西道北
袁世斌	貴州貴陽	二十七	政治學系三年級	第二宿舍	貴州貴陽府後街下段
袁汝驤	河南汲縣	二十五	哲學系四年級	騎河樓馬圈胡同十三號	河南汲縣橋北復慶號
袁熙受	直隸玉田	二十五	地質學系四年級	第三宿舍	奉天省立高級中學袁楚藩轉
袁鍾琪	奉天遼陽	二十五	經濟學系四年級	東皇城根高升公寓	江西宜黃城內
袁剛毅	江西宜黃	二十四	法律學系三年級		

七十五

姓名	籍貫	年齡	系級	通訊處
夏廷正	浙江桐鄉	二十八	經濟學系四年級	景山西小石作一號
夏廷棟	直隸淶水	三十六	英國文學系二年級	西城什八半截前泥窪六號
夏守望	江蘇鹽城	二十六	法律學系三年級	江蘇泰州樓夏莊
夏開楨	湖北沔陽	二十四	地質學系一年級	沔陽張家溝
夏承柱	江蘇江甯	二十五	英國文學乙部二年級	中老胡同十三號
夏葵如	安徽懷甯	二十四	預科乙部二年級	南新華街安平里一號
夏興武	山東濟甯	二十九	政治學系三年級	安慶職工學校王先强轉
夏德儀	江蘇東臺	二十三	史學系二年級	第一宿舍
夏嶙	四川酆都	二十二	預科甲部一年級	第三宿舍
秦志壬	浙江臨海	三十	史學系三年級	新一春繆金源轉交
秦位鏞	直隸行唐	二十五	政治學系三年級	三眼井十二號
秦承周	山東東阿	二十八	物理學系四年級	井兒胡同華通公寓
				地安門內安樂堂十一號
				行唐縣口頭鎮義信恆
				中老胡同二十五號
				山東東阿東南門裏

秦崿士	四川酆都	二十六	英國文學系三年級	三眼井十二號	四川酆都縣高家鎮上塗河
秦秉剛	山西新絳	二十三	政治學系三年級	東四牌樓猪市街天聚號	山西新絳縣榮茂公
秦萬瑞	直隸景縣	二十六	地質學系三年級	西直門內南小街井兒胡同二號	直隸景縣城內秦宅
秦樹棠	河南陝縣	二十九	史學系四年級	北池子井兒胡同一號	河南陝縣城內久成祥轉
唐本明	安徽含山	二十四	化學系四年級	第二宿舍	安徽含山縣
唐名棣	安徽和縣	二十九	化學系三年級	第一宿舍四號	安徽和縣百子堂巷內
唐永昶	湖北松滋	三十	物理學系四年級	中老胡同七號	湖北松滋新江口全德祥轉
唐紹宗	安徽含山	二十八	化學系三年級	大學夾道九號	安徽含山縣南山
唐粹芳	四川奉節	二十七	法律學系三年級	第二宿舍	四川奉節縣奉昌恒
唐頲犀	浙江蘭谿	二十二	數學系一年級	沙灘西會通公寓	浙江蘭谿縣女埠轉柏樹園
唐賢軼	四川江北	二十二	英國文學系三年級	第一宿舍	四川江北中學校
唐肇謨	湖南寶慶	二十一	預科乙部一年級	第四宿舍	湖南皁後街楚寶陞號

姓名	籍貫	年齡	系級	住址
宦如鏡	江蘇江都	二十四	預科乙部二年級	第一宿舍
陶玉貴	廣西奉議	二十六	哲學系四年級	東城十二條門樓胡同四號
陶有柏	江蘇南通	二十八	中國文學系二年級	騎河樓二十三號
陶桓連	湖北武昌	二十	預科乙部一年級	女生宿舍
陶紹先	湖南岳陽	二十五	法律學系二年級	銀閘七號
陶端謨	江西新建	二十五	經濟學系二年級	韶九胡同東安公寓
倪品真	湖南衡陽	二十九	法律學系四年級	東安市場湘記國貨店
柴鳳岐	直隸南和	二十七	中國文學系三年級	中老胡同十一號
桑義彰	山東濮縣	二十四	政治學系二年級	東皇城根三十五號
晁慶昌	河南泌陽	二十二	預科乙部一年級	第四宿舍
耿炳光	陝西澄城	二十	預科甲部一年級	吉安所左巷六號
桂心達	四川江津	二十三	經濟學系二年級	韶九胡同東安公寓

七十八

宦如鏡	江蘇揚州仙女廟李高橋
陶玉貴	廣西奉議田州橫街同興號
陶有柏	江蘇南通二鴛
陶桓連	湖北武昌臺華林十一號
陶紹先	湖南衡州新市倪祠
陶端謨	江西南昌芭茅巷二十六號
倪品真	湖南和縣勸學所柴錫庚轉
柴鳳岐	南和縣勸學所柴錫庚轉
桑義彰	前門外觀音寺大東公司
晁慶昌	河南沙河店
耿炳光	吉安所左巷六號
桂心達	四川江津丁氏祠

凌普	江蘇泰縣	二十六 經濟學系四年級	西城浸水河九號
凌歐美	廣東平遠	三十 化學系四年級	汕頭平遠石正局轉
陸侃如	江蘇海門	二十二 中國文學系二年級	江蘇海門捲邊橋
陸宗達	京兆宛平	二十 預科乙部二年級	宣武門外香爐營二條三十四號
陸炳達	江蘇宿遷	二十三 預科乙部二年級	南池子普度寺內西北院
陸炳勛	江蘇宿遷	二十八 經濟學系四年級	江蘇宿遷磧灣鎮
陸家馴	江蘇鹽城	二十八 哲學系四年級	江蘇宿遷磧灣鎮
陸桂祥	江蘇松江	二十四 中國文學系一年級	騎河樓大有公寓
陸啟炤	廣西平	二十六 法律學系三年級	西城北新華街四十一號
陸培良	江蘇吳縣	二十四 經濟學系四年級	銀閘井兒胡同五號
陸紹郁	廣西桂林	二十三 經濟學系二年級	宣內牛壁街三十五號 江蘇松江城外
陸梅舲	湖北巴東	二十二 預科乙部二年級	宣武門內西斜街六十一號 蘇州鳳凰街七十二號 廣西桂平縣上股街榮華號轉 江蘇寶應建陽 後門內嵩祝寺西夾道六號 西斜街六十一號 後門內嵩祝寺西夾道六號

七十九

陸雲龍	湖北襄陽	三十 哲學系四年級	第二宿舍 湖北襄陽歐家廟
陸鼎升	京兆宛平	二十 預科乙部一年級	東單牌樓羊肉胡同十七號 北京東單羊肉胡同十七號
陸震雷	江蘇吳江	二十一 預科乙部二年級	漢花園愛蘭學舍 江蘇吳江輝德灣
班興文	奉天蓋平	二十八 中國文學系四年級	三眼井二號泉興公寓 奉天蓋平城東團店
班繼良	安徽和縣	二十四 經濟學系三年級	收發課轉 安徽和縣萬家街
晏名材	江西萍鄉	二十五 英國文學系二年級	北池子馬圈胡同井兒胡同五號 萍鄉城內西大街裕謙織廠
党慶華	廣西北流	二十七 法律學系二年級	第二宿舍 廣西北流雙威郵局轉
連作恭	江西甯都	二十八 數學系四年級	第二宿舍 江西甯都
連蔭元	浙江上虞	二十五 經濟學系一年級	馬神廟同德公寓 浙江上虞城中
祝存照	湖北孝感	二十六 法律學系三年級	西老胡同十六號 漢口梳子街復茂祥
祝華封	奉天鐵嶺	二十七 法律學系三年級	北池子井兒胡同十七號 奉天鐵嶺山頭保信局轉
祝慰黎	安徽舒城	二十五 物理學系四年級	第二宿舍 安徽舒城南港鎮

八十

席文燦	河南濟源	二十七	化學系四年級	後局大院二號 河南濟源縣中王村郵局轉
席啓騏	河南東安	二十八	經濟學系三年級	第二宿舍 北京達智營
索春霖	奉天瀋陽	二十四	政治學系一年級	銀閘胡同全陞公寓 奉天皇姑屯站德發長
烏以鋒	山東聊城	二十三	預科乙部二年級	第一宿舍天字二十一號 山東聊城內東大口西一號
栗德斌	奉天遼陽	二十四	經濟學系二年級	第一宿舍 奉天遼陽與順合
荊樹馨	河南鄭縣	二十三	預科甲部一年級	第一宿舍 河南鄭縣城內南街
荊學麟	河南汜水	二十五	法律學系四年級	後門內吉安所左巷一號 河南汜水上街鎮養正中學荊明德轉
宮維翰	山東棲霞	二十八	中國文學系二年級	第二宿舍地字五號 山東棲霞百里店
容肇祖	廣東東莞	二十八	哲學系二年級	爛縵胡同東莞會館 爛縵胡同東莞會館
時錫箴	直隸遵化	二十六	化學系四年級	第二宿舍 直隸遵化縣城內
時鴻儒	河南滑縣	二十三	法國文學系四年級	騎河樓廟兒胡同六號 河南滑縣馬村集轉交
敖弘德	浙江平湖	二十三	物理學系三年級	景山西老胡同二十二號 浙江嘉興化門外柴場灣

八十一

茹恩楓	山東蓬萊	三十一 數學系四年級	松公府夾道十一號瑞祥公寓
侯澤麟	山東海陽	二十四 預科乙二部年級	第一宿舍地字八號
侯鴻業	山西楡次	二十五 經濟學系三年級	騎河樓華成公寓
貢子湘	江蘇丹陽	二十八 地質學系三年級	東高房十二號
原孝友	河南溫縣	二十四 預科乙部一年級	嵩祝寺夾道三號
奚紹廣	江蘇南滙	二十四 法律學系三年級	二眼井十八號
留錫銘	浙江麗水	二十六 經濟學系一年級	第三宿舍
張萃	直隸甯晉	二十七 中國文學系一年級	慈慧寺內
張經	貴州貴陽	二十四 預科甲部一年級	第一宿舍
張瑜	江蘇鹽城	二十七 中國文學系二年級	第一宿舍地字三號
張瑜	察哈爾豐鎭	二十三 預科乙部二年級	第一宿舍地字三號
張墉	湖北黃安	二十六 經濟學系二年級	第二宿舍

八十二

山東蓬萊縣城內萬壽宮街
奉天安東縣縣前街振德東
山西楡次南寺街
江蘇丹陽延陵
河南溫縣北平皋村
上海周浦召樓鎭奚壽愷堂
浙江麗水城內
後門內慈慧寺內
貴州貴陽南門口六十三號
江蘇鹽城建陽
京綏路豐鎭地方公欵經理所張立準轉
湖北黃安八里灣郵局

姓名	籍貫	年齡	科系年級	住址	通訊處
張槤	浙江黃岩	二十六	經濟學系三年級	第二宿舍	浙江黃岩土山輿
張毅	河南南陽	二十八	中國文學系三年級	第一宿舍	河南南陽縣梁家胡同米宅轉
張皜	湖北廣濟	二十五	中國文學系三年級	中老胡同九號	江西瑞昌張永大
張鏞	湖南常德	二十五	中國文學系二年級	第一宿舍	湖南常德府廟正街晉發恒轉
張鵬	湖南醴陵	二十一	預科乙部二年級	景山西門魏家胡同	
張子明	直隸棗強	二十八	地質學系四年級	中老胡同甲三十三號	棗強大營鎮送
張大文	奉天撫順	二十九	物理學系三年級	第五宿舍	奉天撫順縣二區公所張希忱轉
張之程	河南新鄉	二十二	經濟學系二年級	騎河樓廟兒胡同六號	本京西單大門巷一號
張之森	直隸慶雲	二十六	經濟學系三年級	北池子井兒胡同二號後門	直隸慶雲縣歪柳樹村
張允聖	直隸豐潤	二十九	經濟學系四年級	第三宿舍	唐山西新軍屯郵局轉
張日輅	京兆武清	二十五	法律學系三年級	馬圈胡同八號	天津王慶坨鎮
張丹珍	山東樂陵	二十九	法律學系四年級	北河沿六十二號	山東樂陵張家橋

八十三

姓名	籍貫	年齡	科系	住址
張文明	江西萍鄉	二十四	英國文學系二年級	萍鄉東門外怡和號轉
張文祺	直隸高陽	二十五	經濟學系三年級	後門源吉祥
張文選	直隸深縣	二十五	法律學系四年級	阜城門內苦水井四十號 內右二區警察署
張天傑	直隸平山	二十五	法律學系三年級	地安門內安樂堂十一號 平山城內聚源號
張元亨	山東臨清	二十八	中國文學系三年級	三眼井八號啓文學舍 山東臨清武訓學校
張以寬	湖南長沙	二十二	經濟學系二年級	西四羊肉胡同同豐公寓 安定門內方家胡同京師圖書館
張廷芳	四川南川	二十二	預科甲部一年級	第一宿舍 四川南川興隆塢
張仕彥	浙江江山	二十五	預科乙部二年級	第二宿舍 浙江江山縣抱珠籠鄉
張功葵	湖南瀏陽	二十六	法律學系三年級	銀閘七號 湖南瀏陽文家市郵局轉
張由繹	江蘇江陰	二十六	法律學系三年級	松公府夾道瑞祥公寓 江陰東橫街
張永善	山東泰安	二十四	哲學系三年級	歐文學舍三眼井八號 山東泰安邊家院徐家廟
張永壽	直隸清苑	二十六	地質學系四年級	第一宿舍 保定至誠里

八十四

姓名	籍貫	年齡	系級	住址
張世箴	直隸邢台	二十五	哲學系三年級	北池子北口牆角胡同
張世崇	浙江浦江	二十八	中國文學系四年級	三眼井十四號
張兆甲	奉天開原	二十六	經濟學系三年級	第二宿舍
張兆瑞	奉天新民	三十	中國文學系三年級	第二宿舍元字十一號
張仲桂	直隸吳橋	三十	物理學系四年級	井兒胡同二號
張全格	奉天瀋陽	三十	物理學系四年級	東皇城二十六號
張全祿	河南滎陽	二十三	俄國文學系二年級	松公府夾道甲一號
張在寬	浙江杭縣	二十五	中國文學系三年級	東四魏家胡同西口西冷張宅
張在鏡	河南閿鄉	二十六	法律學系四年級	北池子井兒胡同一號
張仰驥	陝西襃城	二十三	法國文學系四年級	爛熳胡同漢中十二邑館
張安禔	山東德平	二十四	哲學系二年級	沙灘儒林公寓
張志俊	陝西鄠縣	二十六	政治學系四年級	西安西街鴻發福號

八十五

姓名	籍貫	年齡	系級	住址
張伯根	廣東惠陽	二十五	哲學系二年級	第一宿舍 廣東惠州萬石坊廣華號轉
張克昌	山西河曲	二十六	政治學系一年級	北大收發課轉 山西河曲縣天合泉轉
張克琨	安徽當塗	二十五	經濟學系三年級	西城絨線胡同七十二號朱宅 安徽當塗西十字街
張作梅	直隸武強	二十	預科甲部一年級	第一宿舍 武強縣小範鎮福聚隆張鏡圖轉
張利模	江蘇沭陽	二十五	預科甲部一年級	第一宿舍 江蘇沭陽城內大園張宅
張步武	山西臨晉	三十二	史學系四年級	第一宿舍二十一號 山西臨晉縣復盛永轉
張佳玖	廣東順德	二十七	經濟學系二年級	第二宿舍 香港灣子馬玉山公司製造廠張家灼轉
張阜源	奉天瀋陽	二十四	政治學系三年級	第二宿舍
張法權	江西宜春	二十七	政治學系四年級	第一宿舍 江西宜春慈化信誠堂轉
張明旭	河南鄧縣	二十一	預科甲部一年級	三眼井五十號 河南鄧縣南關張宅
張松濤	河南陝縣	三十一	史學系乙部四年級	大學夾道十一號 河南陝縣北街
張明時	河南鄧縣	十九	預科甲部一年級	西城粉子胡同東首成寓 開封新街口二十五號

八十六

張昌圻	四川富順	二十五	哲學系二年級 第一宿舍黃字六號 四川富順趙化鎮恒春仁
張拔超	廣東東莞	二十七	政治學系四年級 漠花園新開路五號 北京上斜街東莞新館
張宗和	江西萍鄉	二十四	數學系三年級 粉房琉璃街萍鄉會館 湖南醴陵轉西林分水增王蘭清寶號代交
張宗海	直隸清苑	二十七	化學系四年級 東四牌樓什錦花園職業學校轉 皇都城東傅家營
張其昌	貴州鎮遠	二十七	經濟學系三年級 銀閘十三號 貴州貴陽府前街一百二十號
張其偉	吉林扶餘	二十八	中國文學系四年級 吉林扶餘縣城內徐家園子張宅
張庚乾	陝西邠陽	二十八	史學系四年級 第二宿舍 陝西三原縣橡巷積慶福
張塵民	江西上饒	二十四	法律學系二年級 本校收發課轉 江西上饒縣相府垪觀察第
張咸鎬	浙江浦江	二十五	地質學系三年級 第一宿舍 浙江諸暨白馬橋豪壓
張炳翼	雲南賓川	二十九	哲學系三年級 中老胡同二十五號 雲南大理縣城泰祥號轉
張彥升	山東清平	二十九	哲學系四年級 嵩祝寺夾道七號 山東清平縣屙佛寺
張春暉	雲南石屏	二十八	中國文學系二年級 第三宿舍 雲南石屏寶秀長盛號

八十七

張若旭	直隸衡水	二十六	法律學系三年級	本校一院號房轉 宣內前王工廠八號
張保訓	山東濮縣	二十二	預科乙部一年級	第四宿舍 山東濮縣城內源泉湧轉
張保盈	安徽定遠	三十	法律學系四年級	孟家大院慶春公寓 津浦路滁縣轉池河鎮
張家鼎	湖北棗陽	二十四	法律學系二年級	第二宿舍 漢口韶生路保合里十七號
張矩準	浙江平湖	二十三	經濟學系二年級	東安門內東河沿十三號 浙江平湖西倉
張倬陵	江西信豐	二十七	經濟學系三年級	第一院 江西信豐縣鐵石堡
張席祚	直隸定縣	二十四	英國文學系三年級	景山東街九號 直隸定縣城內養源堂
張書紳	湖北漢川	二十六	英國文學系四年級	王府大街多福巷十三號 湖北漢川縣馬口和泰義號
張抱蘭	湖南醴陵	二十六	預科乙部二年級	景山西門魏家胡同六號 仝京住址
張泰會	江西泰和	二十六	經濟學系三年級	前外抄手胡同十二號 江西泰和德豐厚號轉
張泰森	河南靈寶	二十四	中國文學系一年級	北池子井兒胡同一號 河南靈寶縣八和巷本宅
張桂叢	河南南陽	二十五	數學系三年級	西老胡同十九號 河南南陽西關

八十八

張桐實	浙江海寗	二十九	經濟學系二年級	東石槽五號	頭髮胡同
張振岳	京兆房山	二十六	法律學系四年級	騎河樓五所胡同萃賢公寓	房山縣天順長轉
張振鈞	廣西蒼梧	二十八	經濟學系四年級	東四什錦花園六號	東四什錦花園
張振翮	安徽舒城	二十四	經濟學系二年級	後門內東板橋火藥局六條九號舒城劉寓	河南省城慈悲巷
張振聲	山東黃縣	二十五	經濟學系三年級	報房胡同東恒順	湖北宜昌縣公署張春芳先生轉
張皓明	安徽定遠	二十四	經濟學系一年級	錦什坊街王府倉五十一號	安徽定遠縣東街
張崇禮	山西定襄	二十四	預科乙部二年級	王府大街廣豐西廠	山西定襄祥和茂轉
張紹琦	貴州貴陽	二十四	經濟學系一年級	前門大蔣家胡同貴州東館	前門大蔣家胡同貴州東館
張國正	山西平遙	二十七	經濟學系三年級	崇外北五老胡同三晉會館	山西平遙縣沙巷六十三號
張國祥	江西鄱陽	三十一	地質地系三年級	北大第二宿舍	江西鄱陽張萬盛布號
張硯農	山東泰安	二十八	哲學系四年級	東安門河沿十三號	山東泰安東向
張常春	湖南瀏陽	二十四	哲學系一年級	銀閘二十八號	湖南瀏陽張坊

姓名	籍貫	年齡	科系	住址
張清煌	四川合川	二十二	預科甲部一年級	孟家大院慶春公寓
張清華	直隸武强	二十四	英國文學系二年級	第三宿舍　直隸饒陽縣留楚鎮萬興源
張開第	山東鉅野	二十八	中國文學系三年級	東皇城根三十五號南華學舍　山東鉅野城隍廟街
張復貴	河南孟縣（現移許昌）	二十六	中國文學系一年級	東華門北河沿六十二號　河南許昌衙前街
張朝鼎	直隸晉縣	二十一	預科乙部二年級	第四宿舍　晉縣樵鎮德記店交
張景春	吉林扶餘	二十四	預科乙部二年級	東城乾麵胡同吉林會館　吉林省扶餘縣長春嶺長發永
張博文	直隸冀縣	二十四	哲學系一年級	銀閘二十五號　直隸冀縣壘頭鎮同信成轉交張家莊
張雲翮	安徽合肥	二十六	英國文學系一年級	東皇城根高升公寓
張琮庭	京兆順義	二十四	化學系三年級	安定門大街和順成　順義縣慈善會張最惠轉
張熙兢	山東沂水	二十八	政治學系四年級	中老胡同二十五號　沂水黃山埠郵局轉交
張達昌	廣東化縣	二十三	法律學系三年級	北池子妞妞房十五號　廣州城上西關祥坊二十一號
張瑞英	山西徐溝	二十三	預科乙部二年級	景山東中老胡同二十九號　徐州大同旅館

九十

姓名	籍貫	年齡	科系	住址
張瑞鶯	山東昌邑	二十一	中國文學系一年級	新開路新一春　山會昌邑西馬埠
張勤學	直隸獲鹿	二十三	預科乙部二年級	北池子五十七號　石家莊同治元吉鹽店交嶺底村
張鳳來	山西新絳	二十四	法律學系三年級	前門肉市羅興泰　山西新絳縣劉山谷莊
張鳳瀛	直隸保定	二十一	預科甲部一年級	前門外石頭胡同全玉　保定蠡縣李岡鎮協成聚轉東五夫村
張增義	直隸保定	二十四	預科乙部二年級	合成衣舖轉　直隸保定定興縣東街
張維周	直隸束鹿	二十三	經濟學系一年級	地安門外北益豐公　直隸束鹿大營村
張維東	直隸遵化	二十六	法律學系三年級	丞相胡同晨報社　遵化城內南十字張家胡同
張榮勳	奉天撫順	二十七	法律學系四年級	第二宿舍　奉天撫順北門裏邵棚舖轉
張嘉訓	直隸邢台	二十八	物理學系一年級	第一宿舍　直隸邢台縣南石門村
張寰海	直隸清苑	二十一	預科乙部一年級	北池子牆角胡同三號　望都縣轉傅家營
張義端	湖北江陵	二十一	英國文學系二年級	第一宿舍　湖北沙市絲線街張積盛善記
張磐石	江蘇崇明	二十五	法律學系一年級	漢花園愛蘭學舍一號　浙江諸暨同奉祥

九十一

姓名	籍貫	年齡	系級	住址
張德昌	直隸滿城	二十二	預科乙部二年級	第一宿舍 直隸滿城德昌藥局
張德峻	湖北棗陽	二十三	預科乙部二年級	第一宿舍 湖北棗陽縣鹿頭鎮
張德耀	山東定陶	二十八	預科乙部二年級	第一宿舍 山東定陶縣北劉樓
張蔭棠	吉林五常	二十五	哲學系三年級	弓弦胡同南華學舍
張慰廷	直隸天津	二十六	哲學系四年級	中老胡同十五號 吉林榆樹縣同聚永轉
張遴孟	山東章邱	二十四	英國文學系四年級	西四報子胡同二十三號
張餘汾	湖南醴陵	二十六	英國文學系三年級	中老胡同三十八號 天津估衣街瑞林祥張湘浦轉
張錫辰	直隸趙縣	二十三	預科乙部二年級	第一宿舍 湖南醴陵東鄉普口市轉鯉魚山
張錫恩	山西襄陵	二十七	英國文學系二年級	王府大街廣豐木廠 直隸趙縣韓村
張錫彤	直隸青縣	二十二	預科乙部二年級	第一宿舍 山西襄陵縣趙曲鎮
張樹猷	湖南辰谿	二十三	英國文學系二年級	東安門河沿四十四號 直隸唐官屯慶興成號轉伊家莊張宅
張樹齡	直隸高陽	二十一	預科乙部二年級	第二宿舍月字一號 湖南辰谿對河花塘坪張宅 直隸高陽縣義順和交

九十二

姓名	籍貫	年齡	系級	住址
張學翰	陝西朝邑	二十九	經濟學系四年級	前孫公園五號
張聯莊	四川犍為	二十八	中國文學系二年級	第三宿舍
張鴻逵	奉天鳳城	二十三	預科乙部二年級	漢花園愛蘭學舍
張鴻漸	山東菏澤	二十一	預科乙部二年級	第一宿舍
張鴻瑞	河南南陽	二十九	中國文學系四年級	景山東街光明學舍
張應志	浙江浦江	三十二	中國文學系三年級	新開路九號
張燮友	山西忻縣	二十九	化學系四年級	王府大街二十四號
張翼謨	河南澠池	二十五	政治學系二年級	第一院對過新開路八號
張寶珂	直隸武邑	二十五	經濟學系三年級	北池子妞妞房五號
張耀先	河南葉縣	二十六	法律學系四年級	西磚胡同十四號
張競擇	奉天開原	二十四	地質學系四年級	第一宿舍
張蘭汀	河南沁陽	二十四	經濟學系二年級	第二院

九十三

姓名	籍貫	年齡	科系	住址
許 治	河南南陽	二十八	史學系三年級	第一宿舍 交 河南南陽南關豐泰成轉
許 傑	安徽廣德	二十四	地質學系三年級	景山東西老胡同一號 燕湖轉誓節渡
許 綸	浙江桐廬	二十六	經濟學系三年級	北河沿六十三號 浙江桐廬縣城內
許文玉	浙江奉化	二十二	預科乙部一年級	第一宿舍 寗波奉化大橋張永全埠轉
許式巳	江蘇江浦	二十五	英國文學系三年級	中老九號 江蘇江浦城內北門
許汝驤	直隸安國	二十二	預科乙部二年級	第四宿舍 天津新開河法政學校許肇銘轉
許延俊	安徽來安	二十二	預科乙部一年級	騎河樓大有公寓 安徽來安縣西街
許孝炎	湖南沅陵	二十四	英國文學系二年級	馬神廟中老胡同一號 湖南常德第二師範學校
許承烈	四川潼南	二十五	預科乙部一年級	沙灘大德公寓 四川潼南縣塘壩鎮
許星箕	山東定陶	二十七	中國文學系三年級	弓弦胡同西口南華學舍 定陶北門裏許宅
許炳漢	浙江黃岩	二十七	經濟學系三年級	第二宿舍 浙江黃岩城內馬泰豐
許原道	湖南寧鄉	二十四	地質學系三年級	西老胡同集成公寓 湖南道林許世和堂

九十四

姓名	籍貫	年齡	系級	住址	通訊處
許進賢	奉天鐵嶺	二十六	法律學系三年級	北池子門雞坑六號	奉天鐵嶺東關福興德
許詣端	河南淮陽	三十	中國文學系四年級	松公府夾道甲一號	本京松公府夾道甲一號
許熙生	江蘇宜興	二十六	化學系三年級	第一宿舍	江蘇宜芳橋
許緒鑑	浙江天台	二十三	經濟學系三年級	第一宿舍	浙江天台城內橋上街
許錫淸	廣東合浦	二十四	物理學系三年級	第一宿舍	廣東合浦縣南康墟
許樹梅	山東淄川	二十一	預科乙部二年級	銀閘七號	山東淄川慶永昶
許濟航	直隸晉縣	二十二	預科乙部二年級	第四宿舍	直隸晉縣小樵鎮恒興齋
許鳴翔	吉林吉林	二十七	預科乙部二年級	石老娘同吉林新館	吉林省吉林縣立第一高等交許之榮轉
梁渡	四川仁壽	二十	預科乙部二年級	第一宿舍	北京王府倉十九號
梁士夔	四川宜賓	二十二	預科甲部二年級	大學夾道五號	四川叙府明堂梁益州轉
梁廷位	廣東雲浮	二十二	預科乙部二年級	第一宿舍	廣東雲浮縣城西街仁和號轉
梁佩袞	山西忻縣	二十五	哲學系二年級	東皇城根二十六號東大公寓	山西忻縣奇村鎮雙盛湧

九十五

梁炳麟	山東滕縣	二十四	政治學系三年級	收發課轉 山東滕縣聚盛緞店
梁冠球	廣東香山	三十	英國文學系三年級	東皇城根大草廠口袋胡同六號
梁遇春	福建閩侯	十九	預科乙部二年級	第一宿舍
棠景琪	廣東順德	二十六	經濟學系三年級	永光寺西街六號
梁煦章	直隸滿城	二十七	經濟學系四年級	宣武門外永光寺西街六號
梁朝霖	廣西滕縣	二十六	政治學系三年級	嵩祝寺後椅子胡同六號
梁綸才	湖南安化	二十六	經濟學系三年級	東城多福巷十三號
梁輝堂	廣東香山	三十一	英國文學系三年級	東皇城根大草廠口袋胡同六號
梁寶羅	廣東南海	二十二	法律學系一年級	第二宿舍
梁贊文	直隸灤縣	二十七	法律學系二年級	南池子十五號
梁鏡堯	廣東順德	二十八	英國文學系三年級	第一宿舍
梁繼武	山西崞縣	二十	預科甲部一年級	西城太平湖五道廟五號

姓名	籍貫	年齡	系級	住址
章　超	浙江瑞安	二十四	經濟學系四年級	大斜街三十八號
章宗振	浙江衢縣	二十六	數學系三年級	浙江衢縣東鄉高家鎮
章維理	安徽合肥	二十五	法律學系三年級	第一宿舍
章廣田	浙江甯海	二十五	地質學系三年級	後門三眼井二十一號
章駿騎	浙江玉山	二十三	法國文學系三年級	新開路同陞公廨
崔玉威	江蘇鹽城	二十八	政治學系三年級	宣外鐵門九號徐宅轉
崔頌殷	江蘇鹽城	二十三	數學系四年級	惠通公寓
崔國政	奉天開原	二十四	預科乙部二年級	沙灘會通公廨
崔培仁	直隸定縣	二十六	英國文學系四年級	第一宿舍
崔毓珍	山東無棣	二十二	經濟學系二年級	銀閘二十八號
崔學閔	山西大同	二十一	預科乙部二年級	第三宿舍
崔學信	山東平原	二十四	政治學系四年級	中老胡同二十五號

姓名	籍貫	年齡	科系	住址
康殿藩	京兆宛平	二十七	法律學系四年級	騎河樓萃賢公寓
康選宜	四川安岳	二十三	政治學系一年級	騎河樓蒙福祿館四號
康壽康	四川安岳	二十三		四川安岳浣街春生堂周伯齋轉
婁元亮	江蘇漣水	二十二	預科乙部二年級	銀閘七號
				江蘇漣水東門外
婁和亮	四川萬源	二十五	物理學系二年級	
				四川萬源縣青花溪
婁恩後	四川萬源	二十一	預科甲部二年級	
				四川萬源縣青花溪
常惠	浙江紹興	二十四	化學系二年級	石駙馬後閘五號
				天津大經路十三號
常文炳	京兆宛平	三十	法國文學系四年級	草廠下六條十五號
				海淀新莊
常守信	陝西米脂	二十二	預科乙部二年級	後門三眼井吉安所左巷六號
				陝北米脂縣東街崇盛東號
常隆慶	直隸獲鹿	二十四	史學系三年級	北池子五十七號
				京漢石家莊公盛順棧
常錫光	四川江安	二十	預科甲部二年級	火藥局五條胡同三號轉
				四川江南街彭致和寶號
符邦寧	直隸饒陽	二十二	預科乙部二年級	西四翠花街十九號
				北京西四翠花街十九號
	四川達縣	二十一	預科乙部二年級	第一宿舍
				四川達縣石梯坎場

九十八

符學仕	廣東定安	二十六	化學系二年級	第二宿舍
睦　侃	江蘇丹陽	二十八	經濟學系四年級	銀閘四號
商承祖	奉天瀋陽	二十六	法律學系四年級	第一宿舍元字十六號
莫迺炎	廣西邕甯	二十四	地質學系四年級	第一宿舍
莊尙嚴	京兆大興	二十六	哲學系四年級	第一宿舍
莊頌聲	江蘇吳江	二十八	經濟學系四年級	第二宿舍日字二號
梅遠謨	湖北黃梅	二十八	經濟學系二年級	第二宿舍
梅璧新	廣東台山	二十九	法律學系四年級	漢花園甲一號
麥　鶱	廣東台山	二十一	經濟學系二年級	草廠頭條廣州會館
麥恭允	廣東東莞	二十九	法律學系四年級	後門內漢花園甲一號
麥第榮	廣東饒平	二十四	預科甲部二年級	第二宿舍
関文蔚	江蘇宜興	二十五	經濟學系二年級	北河沿二道橋興隆公寓

姓名	籍貫	年齡	系級	住址
閔孫奭	江蘇江都	二十八	史學系一年級	後王公廠
畢太昭	河南孟縣	二十三	化學系四年級	西板橋三柱香三號
畢尚瑩	安徽銅陵	二十四	經濟學系二年級	東城亮果廠小取燈胡同三號
畢德生	河南鎮平	二十七	哲學系一年級	東老胡同五號
魚鳳池	山東廣饒	二十七	哲學系四年級	內府庫二十一號
隋星源	江蘇鹽城	二十九	法律學系四年級	中老胡同三號
曹建	浙江臨海	二十五	哲學系一年級	第一宿舍
曹天頤	江西九江	二十八	法國文學系四年級	第二宿舍
曹尚毅	湖南資興	二十七	政治學系二年級	第二宿舍
曹宗參	直隸晉縣	十九	預科甲部一年級	第一宿舍
曹國瑞	湖南耒陽	二十	預科乙部一年級	第五宿舍
曹國卿	奉天鐵嶺	二十五	經濟學系三年級	井兒胡同十二號

				後王公廠
				後局大院二號轉交
				安徽大通松竹衣
				河南鎮平石佛寺長盛祥
				天津稅務稽征總局魚鳳藻轉
				山東廣饒縣城北門裡路西隋寓
				浙江海門湧泉
				九江沙河鎮
				湖南永興轉蓼江市
				直隸晉縣義聚長
				湖南衡陽耒河新市橫街福成
				奉天鐵嶺東關增記

一百

姓名	籍貫	年齡	學系	住址
曹景烈	直隸望都	二十	預科乙部一年級	第四宿舍
曹敬義	山東章邱	二十七	經濟學系二年級	京漢路青風店德慶店轉山東章邱刁家莊廉興泰轉
曹福保	直隸天津	二十六	化學系四年級	中老胡同三十八號
殷鋮	四川西充	二十三	政治學系二年級	新街口北小七條甲一號
殷學淵	湖北漢陽	二十二	預科乙部一年級	第二宿舍
殷振聲	江蘇吳江	二十四	地質學系二年級	第一宿舍
陰毓珍	河南滎陽	二十六	法律學系二年級	松公府夾道甲一號
盛紹齡	四川華陽	二十七	地質學系四年級	第二宿舍
戚報捷	安徽蕪湖	二十五	經濟學系一年級	前外高廟十七號
黃泮	廣東台山	二十七	法律學系三年級	第二宿舍
黃坦	四川鄰水	二十五	經濟學系二年級	第三宿舍
黃亮	廣東南海	二十五	法律學系三年級	銀閘四號

黃 琛	浙江樂清	二十八 政治學系三年級	溫州簡巷口黃順發轉
黃 瑩	河南陳留	二十九 哲學系四年級	河南陳留崔樓集
黃 鏡	湖南長沙	二十二 預科乙部一年級	中老胡同二十八號
黃大庸	四川犍為	二十 預科乙部一年級	椿樹下三條十一號
黃文燦	廣東順德	二十五 經濟學系三年級	騎河樓廟兒胡同振興公寓
黃日葵	廣西桂平	二十七 英國文學系四年級	西老胡同十三號
黃玉潤	江蘇泰縣	二十五 經濟學系三年級	三眼井七號
黃守中	湖北隨縣	二十三 數學系一年級	弓弦胡同大口袋胡同五號
黃守正	奉天蓋平	二十四 法律學系一年級	第三宿舍
黃有志	江西石城	二十五 政治學系三年級	中老胡同二十四號
黃利貞	廣東台山	二十五 政治學系二年級	第二宿舍
黃宜家	安徽當塗	二十五 物理學系四年級	大學夾道集賢公寓

百零二

溫州簡巷口黃順發轉
河南陳留崔樓集
北河沿六十三號
湖南長沙西長街口
四川犍為洪壽里三十號
廣東桂平城內姑婆塘街
上海楊樹浦普愛坊二百號
湖北隨縣南關黃萬生轉店
奉天營口大石橋石川高
江西石城縣黃聚發轉
台山新昌埠源豐泰
安徽當塗西街

黃金銘	河南許昌	二十七 史學系三年級	北河沿六十二號 河南許昌北街源遠與
黃昌紀	浙江義烏	二十六 經濟學系四年級	浙江義烏黃榮盛交
黃叔寅	江蘇宜興	二十三 化學系三年級	江蘇無錫漕橋
黃恆珍	奉天鳳城	二十六 物理學系四年級	第一宿舍 奉天鳳城縣震豐源
黃為俊	四川犍為	三十 政治學系二年級	第二宿舍 四川犍為縣清溪場長春號
黃祝三	江蘇南通	二十七 數學系四年級	沙灘大來公寓 江蘇南通小海鎮
黃家聲	湖南衡陽	二十二 哲學系二年級	第二宿舍 湖南衡陽仙姬巷黃宅
黃泰理	湖南平江	二十六 經濟學系二年級	第三宿舍 湖南平江縣協記榮慶
黃展敬	四川犍為	二十九 經濟學系三年級	韶九胡同東安客寓 四川犍為縣公署么姑場轉鐵鑪場
黃福墀	浙江平陽	二十六 法國文學系二年級	地安門內五龍亭二十一號 浙江平陽城內晏公廟街本宅
黃德澄	浙江金華	二十六 法國文學系四年級	銀閘集賢公寓 浙江金華後白塔
黃新運	湖南常德	二十四 預科乙部二年級	第一宿舍 湖南常德東門外水巷口協和隆油鹽號

百零三

姓名	籍貫	年級	住址
黃慶中	浙江黃巖	經濟學系三年級	銀閘胡同集賢公寓
黃毓芳	廣東台山	經濟學系三年級	浙江黃岩路橋鎮
黃應麟	廣東香山	法律學系三年級	美國天馬埠益永降黃起綱轉
黃寶寶	湖北漢陽	法律學系二年級	王府大街多福巷十三號
黃鵬基	四川仁壽	政治學系一年級	第二宿舍
黃鐵錚	廣東台山	經濟學系一年級	成都新西門西城根街二十六號
黃繼文	山東博平	哲學系四年級	第二宿舍
黃競生	江蘇無錫	地質學系二年級	西城察院胡同二十五號
馮士造	湖南沅陵	中國文學系二年級	後門內東板橋華嚴寺
馮子啓	廣西桂平	史學系四年級	西老胡同十三號
馮文炳	湖北黃梅	預科乙部二年級	第一宿舍
馮永寬	直隸宣化	經濟學系三年級	北河沿德隆公寓四十二號

一百零四

			山東博平李家店轉
			廣東台山新仁昌號
			廣東香山斗門虎山
			湖北西流河轉九溝
			全京住址
			湖南沅陵柳其漢馮槐慶堂
			廣西大安協記號轉領美坡
			湖北黃梅縣馮源順號
			宣化縣城西街鈺長泰

姓名	籍貫	年齡	科系	住址
馮兆麟	奉天鐵嶺	二十四	物理學系四年級	奉天鐵嶺山頭堡公寓
馮吉揚	貴州鎮遠	二十八	法律學系三年級	井兒胡同十二號福春 貴州鎮遠西門內
馮式權	浙江桐鄉	二十二	化學系一年級	銀閘十三號 仝京住址
馮良輔	陝西長安	二十二	預科乙部一年級	東單牌樓西裱褙胡同二十號 陝西省城內大差市福生堂轉
馮其炳	浙江紹興	二十七	經濟學系三年級	東城亮果廠七號 奉天雙山縣公署馮守田轉
馮定遠	直隸晉縣	十九	預科乙部一年級	南池子緞庫後五號 晉縣西卓宿國民學校交
馮承植	京兆涿縣	二十	預科乙部一年級	第四宿舍 京兆涿縣城內丁市口馮振晉轉
馮炳奎	廣東順德	二十八	哲學系三年級	第三宿舍 廣東順德龍山鎮旺村聖王廟左側
馮振亞	江蘇宜興	二十九	經濟學系四年級	第一宿舍 江蘇宜興和橋扶風橋
馮樹勳	陝西臨潼	二十八	物理學系二年級	銀閘十二號 陝西涇陽復興恒
馮驤程	江蘇東海	二十五	史學系一年級	第二宿舍 江蘇海州白塔埠
傅元乃	江西高安	二十二	預科甲部一年級	海軍部後身梯子胡同三號 前門內葦兒胡同七七號傅仲嘉轉 江西高安傅億生號轉交

百零五

傅馥桂	吉林扶餘	二十六	政治學系四年級	第二宿舍	吉林扶餘縣南關傅宅
傅世瑛	四川璧山	二十	預科乙部二年級		四川璧山來鳳驛燮理醫社傅石芝轉
傅邦俊	直隸甯河	二十四	化學系三年級		前門內大四眼井九號
傅汝霖	黑龍江安達	三十	史學系三年級		全京住址里龍江安達站德順棧
傅迪光	四川西充	二十三	法律學系一年級	第三宿舍	四川西充縣城內
傅振倫	直隸新河	十九	預科甲部二年級	第二宿舍	西城絨線胡同西首德豐木廠
傅連珍	奉天蓋平	二十七	法律學系二年級	第三宿舍	直隸南宮城西北陳伯居鎮復慶隆
傅常瑞	奉天瀋陽	二十五	預科乙部二年級	第一宿舍元字廿五號	營口二官塘中法儲蓄會傅榮彩轉
傅掄元	貴州貴陽	二十二	預科乙部科二年級	第一宿舍	貴州貴陽崔家坡五十二號
傅榮海	奉天開原	二十六	法律學系三年級	北河沿德隆公寓	奉天開原驛西八寶屯
傅拾	吉林雙城	二十六	英國文學系三年級	地安門內安樂堂十一號	吉林雙城縣西南隅傅宅
傅廉臣	直隸行唐	二十五	法律學系四年級		行唐縣天吉永

程璜	江西都昌	二十六	法律學系二年級 第三宿舍 江西都昌縣汪家墩轉陽儲山村
程鏞	浙江永康	二十七	哲學系三年級 中老胡同二十五號 上海西門外林蔭路新增正興里五十四號
程綸	安徽歙縣	二十七	數學系一年級 景山東街光明學舍 宣武門外大街歙縣會館
程衡	直隸唐山	二十四	中國文學系二年級 地安門內鐵匠營一號 唐山縣良村
程人傑	河南大康	二十二	預科乙部二年級 馬圈胡同十二號 河南省議會程晴嵐轉
程元斟	安徽鳳陽	二十四	經濟學系三年級 第二宿舍 安徽鳳陽樓南街
程廷璋	直隸深縣	二十七	化學系四年級 第二宿舍 武強協協與
程宗頤	直隸高邑	二十二	預科乙部二年級 第一宿舍 保定第二女子師範程箴四轉
程坤一	江蘇豐縣	二十	預科甲部一年級 第一宿舍地字七號 江蘇豐縣鳳昌號轉
程星齡	湖南醴陵	二十四	預科乙部二年級 第二宿舍 湖南醴陵縣協盛長轉
程家鴬	山西祁縣	二十八	哲學系四年級 翠花胡同西口大東公寓 山西祁縣長裕州交
程啟泰	直隸交河	二十六	法律學系三年級 寓 武強縣小範鎮徐慶堂

百零七

姓名	籍貫	年齡	系級	住址
程象潘	安徽舒城	二十四	預科甲部二年級	第二宿舍
程廣壽	安徽合肥	二十五	地質學系四年級	東四九條五十一號
曾令行	四川合江	二十一	預科乙部二年級	四川合江縣學坎上三十九號
曾和羹	四川開江	二十四	預科甲部二年級	四川開江縣普市
曾青雲	江西高安	二十五	政治學系四年級	江西高安西門外
曾國光	福建巖前	二十三	預科乙部一年級	馬圈胡同華忠公寓
曾集熙	廣東寶安	二十五	政治學系一年級	象坊橋四十七號
曾濟時	湖南新化	二十三	經濟學系二年級	第二宿舍
曾繼和	四川南溪	二十七	經濟學系二年級	騎河樓華成公寓
單榮淮	安徽合肥	二十三	英國文學系四年級	第二宿舍
單德元	河南湯陰	二十九	法律學系四年級	梭門內吉安所左巷一號
喬迺作	江蘇贛榆	二十一	預科乙部一年級	銀閘二十號

百零八

				安徽舒城仁豐泰號
				安慶宜家花園
				四川合江縣學坎上三十九號
				四川開江縣普市
				江西高安西門外
				汕頭蕉嶺縣嚴前城
				香港囉囉上街三號A
				湖南新化孟公市寶裕源
				四川南溪縣城南爵板街
				合肥縣城內縣橋北
				河南彰德屯庄郵局
				江蘇海州青口順泰號

喬國章	江蘇鹽城	二十七	政治學系三年級	江蘇寶應湖東橋莊
喬榮堂	直隸景縣	二十三	經濟學系二年級	慈慧殿慈慧寺 德縣劉智廟郵局轉賈村本宅
喬鴻富	河南安陽	二十四	預科甲部二年級	景山東街光明學舍 河南彰德洪河屯鎮
溫傑	山西太谷	二十七	經濟學系二年級	前門外西河沿 仝京住址
溫思恭	山西崞縣	二十六	預科乙部一年級	山西崞縣二區東社義和慧
溫晉韓	廣東蕉嶺	二十三	預科乙部二年級	本校收發課轉 汕頭新舖高會溫宗嶠轉
溫祥發	廣東瓊山	二十四	哲學系二年級	東四多福巷八號 廣東海口溫錦隆布廠卿轉
溫鳳韶	直隸正定	二十三	物理學系三年級	慈慧殿慈慧寺 順德第四師範學校溫佩卿轉
溫壽鏈	福建龍岩	二十一	預科乙部二年級	第一宿舍 廈門漳平溪口好坑
賀慶	山西崞縣	二十八	政治學系三年級	王府大街二十四號 山西崞縣復元永
賀廷珊	直隸甯晉	二十二	政治學系三年級	慈慧殿慈慧寺 甯晉縣勸學所賀偉先生轉
賀青蓮	河南許昌	二十二	預科乙部二年級	西河沿一百四十一號 仝京住址

百零九

姓名	籍貫	年齡	科系	住址
賀祖箋	湖南攸縣	二十二	預科乙部一年級	第一宿舍 湖南攸縣黃豐橋郵局轉
賀翊新	直隸故城	二十四	預科乙部二年級	新街口南前帽胡同三號 直隸故城縣鄭家口
賀楚強	湖南漵浦	二十二	預科乙部一年級	草廠下八條辰沅會館 湖南漵浦城內賀氏宗祠轉
湯士楷	山東蓬萊	二十一	預科乙部一年級	西安門外恆聚號 東長安街北京電報總局湯煥章轉
湯琪真	湖南湘潭	二十四	英國文系三年級	第一宿舍 宣武門內頭髮胡同十一號
湯濟川	湖北鄂城	二十五	中國文學系一年級	第一宿舍 九江大磚頭湯聯姓號
彭大本	江西甯都	二十四	中國文學系一年級	第一宿舍 江西甯都城西張氏試館
彭百朋	山東臨沂	二十三	經濟學系一年級	馬圈胡同華忠公寓 山東濟南西公界二十三號
彭宗海	四川宜賓	二十六	政治學系二年級	馬大人胡同二十七號 四川宜賓上北街彭升泰號
彭道貞	安徽合肥	二十	預科乙部一年級	第五宿舍 北口鎮署彭家煌轉
彭霖圖	湖南永順	三十一	中國文學系四年級	永光寺中街一號 上海法界西門路潤安里五十九號
彭績樹	江西泰和	二十四	預科乙部二年級	前外抄手胡同十二號 江西泰和縣城彭正大號轉

彭學仁	江西萍鄉	十八	預科乙部二年級	第一宿舍	萍鄉縣立中學彭松年轉
鄒崧	江西豐城	二十	預科乙部一年級	第一宿舍天字十七號	江西南昌翠花街鄒鴻鈞
鄒桂五	黑龍江肇東	二十六	法律學系三年級	第二宿舍	黑龍江肇東萬發盛
童璋	安徽望江	二十三	經濟學系二年級	舊簾子胡同七十一號	仝京住址
童永慶	江西南昌	二十六	化學系四年級	第一宿舍黃字四號	天津鍋店街中華儲蓄銀行童宗河
童光烺	湖北蘄春	二十五	德國文學系三年級	東城王府大街多福巷湖寄廬	宣外爛縵胡同箭桿胡同蘄春會館
游國恩	江西臨川	二十六	中國文學系二年級	第三宿舍	江西臨川流坊復與典西轉
焦士亨	山西晉城	二十六	哲學系三年級	第一宿舍	山西晉城縣黃華街隆盛
焦嘉朋	直隸長垣	二十二	預科乙部一年級	第四宿舍	長垣縣勸學所轉
斯行健	浙江諸暨	二十四	地質學系二年級	第一宿舍	浙江諸暨浣江旅舘轉斯宅
粟顯運	湖南長沙	二十三	經濟學系二年級	銀閘二十八號日升公寓	漢口法界如壽里二十五號
粟顯俅	湖南長沙	二十三	地質學系二年級	中老胡同德升公寓	長沙連陞街羣冶學校粟戡時

百十一

幹仙椿	四川夾江	三十 數學系三年級	第二宿舍黃字七號 四川夾江城內分司街
喻遂生	江西臨川	二十六 法律學系二年級	銀閘集賢公寓 江西臨川北門外吉順仁堂
喻德淵	江西萍鄉	二十一 預科甲部一年級	第一宿舍 萍鄉北門外清溪喻同春堂
喻德輝	湖南平江	二十三 經濟學系二年級	第一宿舍 湖南平江楊柳溪
甯光江	四川眉山	二十一 預科乙部一年級	騎河樓華成公寓 四川眉山白馬舖
甯自禮	奉天鳳城	二十六 經濟學系二年級	北池子銀閘胡同十九號 仝京住址
甯宗煜	四川犍為	二十一 預科乙部一年級	第一宿舍 四川犍為清水溪
舒大楨	湖南麻陽	二十四 預科乙部一年級	第二宿舍 湖南麻陽城內舒義和號
舒文博	湖北崇陽	二十五 地質學系四年級	第二宿舍 湖北咸甯伯墩呂太和轉
舒道明	江蘇江甯	二十三 經濟學系二年級	收發課轉 南京昇平橋八十二號
舒傳軾	安徽霍山	二十四 史學系二年級	東四五條胡同虞宅 蚌埠轉六安青山汪義盛號
舒楚乾	湖北天門	二十四 哲學系四年級	操場大院

百十二

舒耀宗	安徽黟縣	二十八 中國文學系二年級	漢花園新開路五號 安徽黟縣屏山
鄂佐	直隸樂亭	二十六 英國文學系二年級	南池子十五號 樂亭新寨全順誠
虞育方	安徽合肥	二十四 地質學系三年級	東四五條虞宅 安徽合肥縣橋北虞宅
解九箴	山西交城	二十八 物理學系四年級	王府大街二十四號廣豐西廠 山西交城縣胡家街
解志良	直隸高陽	二十四 預科乙部二年級	第一宿舍
褚保時	浙江餘杭	二十三 英國文學系二年級	東城乾麵胡同七十四號 施家胡同三義店
褚保權	浙江餘杭	二十一 預科乙部一年級	東城中石槽胡同七十四號 中石槽胡同九號
褚保衡	浙江餘杭	二十七 英國文學系四年級	東城乾麵胡同七十四號 仝京住址
裘友椿	江西新建	二十三 預科乙部二年級	第一宿舍 上海克能海路存厚里
楊良	四川敘永	二十三 預科乙部二年級	第一宿舍 四川敘永縣中所街南昌章外新州大吉祥木行轉
楊亮	江蘇興化	二十三 化學系三年級	東城南河沿二十號 仝京住址
楊澤	浙江建德	二十三 化學系四年級	第二宿舍 浙江建德楊宅

百十三

姓名	籍貫	年齡	學系年級	住址
楊天理	雲南巧家	二十五	經濟學系二年級	第三宿舍 雲南巧家縣可富村
楊文林	江蘇東台	二十四	法律學系二年級	三眼井七號 江蘇東台草埝塌
楊文彬	直隸定縣	二十五	預科甲部二年級	第一宿舍 直隸定縣城內永業錢局
楊文通	山西交城	二十七	法律學系四年級	馬神廟二十六號慶升公寓 山西交城縣營兒村
楊文海	四川達縣	二十九	中國文學系三年級	第一宿舍 四川達縣典獄署前
楊中偉	京兆武清	二十五	哲學系二年級	景山東街大學夾道六號 京兆武清縣耿莊程國棟店轉
楊方震	江蘇丹徒	二十三	經濟學系三年級	沙灘同升公寓 江蘇丹徒梳兒巷
楊代馥	四川南川	二十二	哲學系一年級	第一宿舍 四川南川東城外億生棧
楊世清	河南新鄉	二十六	哲學系三年級	第一宿舍 河南新鄉崟元合
楊北有	四川灌縣	三十	法律學系一年級	銀閘十九號 四川崇慶縣元通場
楊兆甲	江蘇泰興	二十七	政治學系三年級	第三宿舍 鎮江口岸大泗莊
楊兆楨	山西太谷	二十八	物理學系四年級	騎河樓華成公寓 山西太谷縣陽邑鎮

百十四

姓名	籍貫	年齡	科系	住址
楊守珍	奉天法庫	二十六	化學系三年級	東老胡同七號
楊汝揖	直隸完縣	二十二	物理學系三年級	奉天法庫公集大錢號滿城北街湧源酒店交南台魚
楊汝霖	吉林吉林	二十六	法律學系三年級	第一宿舍
楊安宅	山東高唐	二十七	政治學系四年級	騎河樓五所胡同七號
楊尚松	江西高安	二十	預科乙部二年級	騎河樓集賢公寓
楊尚禔	湖北枝江	三十六	中國文學系三年級	銀閘興隆公寓
楊東澤	山西安邑	三十三	史學系四年級	北京前門外平樂園荆州會館
楊承燕	江蘇無錫	二十三	物理學系三年級	東四牌樓二條胡同二十五號
楊修彥	浙江嘉善	二十五	經濟學系三年級	聚祥公寓
楊重熙	湖北隨縣	二十八	化學系四年級	第一宿舍
楊展雲	山東城武	二十四	政治學系三年級	後局大院二十號
楊特靈	廣東徐聞	二十五	預科乙部一年級	裴家街雷陽會館

百十五

姓名	籍貫	年齡	系級	住址
楊從雲	山東城武	二十二	預科乙部一年級	第四宿舍　山東城武義興公
楊副時	湖南宜章	二十五	預科乙部二年級	第一宿舍　湖南宜章縣議會楊鴻烈先生轉
楊清桂	河南鎮平	三十	化學系二年級	三眼井五十號　河南鎮平天興成轉老莊街保合堂
楊曾威	江蘇武進	二十一	預科甲部二年級	第三宿舍　西城北溝沿揀果廠二號
楊順方	湖北棗陽	二十五	經濟學系二年級	第四宿舍　湖北棗陽市家巷八號
楊景山	直隸高陽	二十一	預科乙部一年級	第一宿舍　高陽城內相府街
楊景崑	山東德平	二十六	中國文學系一年級	中老胡同三十八號　山東德平土河埃莊
楊道基	廣東梅縣	二十六	政治學系三年級	第一宿舍　汕頭丙村楊清合
楊晶華	廣東興甯	二十二	預科乙部二年級	第四宿舍　廣東興甯大平學校楊時霖轉
楊登綱	湖北監利	二十一	預科乙部一年級	第四宿舍　湖北監利尺尺口徐仁和轉楊德記
楊榮久	奉天法庫	二十七	物理學系三年級	東老胡同七號　奉天法庫德玉店轉
楊蔭潭	山西保德	二十九	政治學系四年級	北河沿十二號　北河沿十二號

楊蔚豐	四川巴縣	二十二	預科乙部二年級	第一宿舍	四川重慶彈子石法國水師楊月初轉
楊興漢	山西文水	二十七	經濟學系三年級	收發課轉	山西汾陽冀村義厚長
楊毅民	熱河赤峰	二十九	法律學系三年級	第一宿舍	赤峯縣三道街楊宅
楊錫茂	四川江津	二十四	英國文學系二年級	第一宿舍	
楊樹楠	雲南河西	三十	中國文學系四年級		宜外米市胡同二十七號
楊豐沛	陝西富平	二十八	史學系三年級	第二宿舍	陝西富平縣第三科楊天成轉
楊轍	江蘇如皋	二十五	經濟學系一年級	前內儉簞胡同六號	全京住址
董和棠	山東文登	二十六	法律學系二年級	第三宿舍	威海城內謙祥永
董秋芳	浙江紹興	二十六	英國文學系二年級	大學夾道九號	浙江紹興平水陳福興飯店轉青壇
董德維	奉天安東	二十九	英國文學系四年級	沙灘孟家大院東昇公寓	奉天安東廣泰利
葉秋芳	浙江杭縣	十九	預科乙部一年級	遂安伯胡同六號	北京東城遂安伯胡同六號
葉飛	浙江松陽	二十九	預科甲部二年級	第四宿舍	浙江松陽古市

百十七

葉 嶠	浙江永嘉	二十七	化學系四年級	第一宿舍	溫州城南門外葉益美南貨號轉露筋
葉 震	浙江永嘉	二十五	中國文學系三年級		溫州朔門打繩巷二號
葉向榮	福建思明	二十三	地質學系三年級	第二宿舍	廈門靖山頭十六號
葉汝幹	浙江仙居	二十五	地質學系三年級	第一宿舍	浙江黃岩三板橋
葉舍章	江西玉山	二十六	預科乙部二年級	第一宿舍	江西玉山三里街乾豐泰
葉洪煦	浙江永嘉	二十六	經濟學系三年級	第二宿舍	溫州朔門打繩巷二號
葉風虎	浙江永嘉	二十五	化學系四年級		弓弦胡同北大公寓
葉桂華	浙江松陽	二十五	物理學系一年級		弓弦胡同北大公寓
葉滿水	廣東東莞	二十四	法律學系一年級		浙江松陽
賈 午	直隸唐縣	十九	預科乙部一年級	第四宿舍	騎河樓二十三號
賈公任	山西趙城	二十八	法律學系四年級		康家胡同門牌六號 山西趙城縣萬寶泉
賈永年	河南臨潁	三十四	法律學系二年級		直隸唐縣西唐梅林 中一區小椿樹胡同四號

百十八

賈志雲	直隸滄州	二十	預科乙部二年級	第四宿舍	直隸倉州順德厚銀號
賈建功	山西右玉	二十四	英國文學系三年級	沙灘二十六號	烏里雅蘇台義盛德賈保齡
賈祝年	江西萍鄉	二十四	經濟學系三年級	第三宿舍	萍鄉安源鑛警北區
賈弗蓀	山東黃縣	二十七	政治學系三年級	丞相胡同山左賈寓	山東黃縣城內豫豐恒
賈裕堃	奉天遼陽	二十八	法律學系四年級	北池子銀閘全陞公寓	奉天南大路烟台郵局轉交
黎英	廣東番禺	二十四	化學系四年級	新開路新一春	廣東番禺新造墟黎敏慎堂
黎傑	廣東番禺	二十七	史學系四年級		廣東番禺新造墟黎敏慎堂
黎汝璇	廣東東莞	二十九	經濟學系三年級	上斜街東莞會館	廣東東莞涌鄉
黎翼埠	廣東增城	三十一	法律學系三年級	第一宿舍馮炳奎轉	廣東增城治毓蘭軒
葛琨	江蘇溧陽	二十五	法律學系二年級	新開路六號	江蘇溧陽南門大街
葛琛	京兆武清	二十七	經濟學系二年級	收發課轉	北京西河沿乾泰金店
葛之莖	江蘇溧陽	二十三	政治學系三年級	第三宿舍	江蘇溧陽

百十九

葛揚煥	江西豐城	二十六	法律學系二年級	漢口張美之巷逢發祥號
葛棣青	江蘇淮南	二十七	法律學系四年級	第一宿舍
萬班	湖北潛陽	二十二	預科甲部二年級	二廊廟九號前紗胡同十五號
萬文生	江西南昌	二十五	數學系三年級	翠花街十五號
萬物貞	雲南蒙自	二十四	數學系二年級	第二宿舍
萬紹衣	河南汝南	二十五	法國文學系四年級	第一宿舍
萬榮斌	安徽合肥	二十	經濟學系一年級	三眼井五十號
萬濮誠	湖北黃岡	二十四	英國文學系一年級	西直門新街口北大街四十五號
雷輯輝	四川富順	二十二	預科乙部一年級	第三宿舍
靳士林	直隸安平	二十三	化學系一年級	後鐵廠敘州館
靳文山	直隸安平	二十四	預科乙部二年級	沙灘二十四號
靳思洵	河南沁陽	二十六	法國文學系四年級	沙灘二十四號

葛揚煥	
葛棣青	江蘇淮安西長街
萬班	
萬文生	
萬物貞	江西新建生米鎮同興協號
萬紹衣	雲南蒙自縣火神廟街八號
萬榮斌	河南汝南縣南門裡
萬濮誠	全京住址
雷輯輝	湖北黃岡孔家埠萬正興
靳士林	全京住址
靳文山	直隸安平縣順興億交
靳思洵	直隸安平
	河南焦作福記公司

百二十

靳作梅	河南沁陽	二十四	史學系二年級	第一宿舍	河南沁陽縣西海村
趙烈	浙江樂清	二十八	經濟學系三年級	第三宿舍	浙江溫州樂清西鄉湖潢
趙夔	山東泰安	二十三	預科乙部二年級	東安門河沿十三號	北京屯絹胡同十一號
趙子戀	直隸唐縣	二十	預科乙部一年級	第四宿舍	直隸唐縣北神南轉張莊鎮
趙文選	奉天興京	二十二	預科乙部二年級	漢花園愛蘭學舍	奉天興京旺清門永盛和
趙自成	廣西靈川	二十二	俄國文學系二年級	第一宿舍	廣西桂林科市唐街李福春號轉
趙維田	奉天本溪	二十二	預科甲部一年級	銀閘胡同興隆公寓	奉天本溪縣石橋子
趙文華	直隸昌黎	二十四	經濟學系三年級	南池子十五號	直隸昌黎縣東關義合染房轉
趙文翥	直隸南宮	二十三	化學系四年級	景山東街中老胡同甲三十三號	北京景山東街中老胡同甲三三號
趙元愷	陝西咸陽	二十七	政治學系三年級	東城亮果廠七號	陝西咸陽縣德茂大轉
趙玉法	浙江諸暨	二十四	政治學系三年級	第二宿舍	浙江諸暨縣草塔
趙玉崑	直隸滿城	二十五	英國文學系三年級	第一宿舍洪字一號	滿城縣城內德聚店

百二十一

姓名	籍貫	年齡	學系	住址
趙廷璧	河南鄭縣	二十九	物理學系四年級	中老胡同七號
趙守和	奉天北鎮	二十四	法律學系二年級	後門內三眼井
趙仲濱	江蘇常熟	二十七	史學系二年級	第一宿舍
趙延麟	河南宜陽	二十四	化學系四年級	第二院
趙昌言	直隸天津	二十	預科乙部一年級	銀閘東口北同興公寓
趙宗雲	山東單縣	二十八	政治學系四年級	第一宿舍
趙保大	安徽舒城	二十六	地質學系四年級	宣武門內知義伯大院六號
趙冠青	江蘇丹徒	二十六	政治學系四年級	弓弦胡同北大公寓
趙炳文	湖北麻城	二十六	法律學系四年級	第二宿舍
趙恩讓	山西晉城	二十六	法律學系四年級	康家胡同澤州內館
趙特夫	京兆宛平	二十四	法律學系二年級	西四牌樓北牛蹄胡同六號
趙時雍	山西趙城	二十六	法律學系四年級	翠花胡同東口大東公寓

趙啓焜	貴州貴陽	二十五	經濟學系三年級	貴州貴陽府前街三十五號
趙清寰	奉天蓋平	二十五	法律學系一年級	東城甘雨胡同玄極觀號
趙國昌	江蘇南通	二十九	數學系四年級	奉天蓋平德生堂轉
趙瑞生	直隸曲周	二十三	預科乙部一年級	江蘇南通縣平湖市四十里
趙殿鵬	山東諸城	二十四	法律學系一年級	沙灘大來公寓
趙勤畬	山東單縣	二十四	政治學系二年級	北池子井兒胡同福春號
趙鳳喈	安徽和縣	二十八	法律學系三年級	西城端王府西官園三公寓
趙維楨	河南孟津	二十五	史學系四年級	弓弦胡同南華學舍
趙震霆	直隸束鹿	二十一	預科乙部二年級	前門和合館
趙錫純	四川宜賓	二十一	預科甲部一年級	北池子銀閘十九號
趙憑鐸	江蘇銅山	二十五	哲學系三年級	第二宿舍
趙翰芬	浙江諸暨	二十五	中國文學系三年級	第一宿舍

貴州貴陽府前街三十五號
東城甘雨胡同玄極觀號
奉天蓋平德生堂轉
江蘇南通縣平湖市四十里
沙灘大來公寓
西城端王府西官園三號
北池子井兒胡同福春公寓
弓弦胡同南華學舍
前門和合館
北池子銀閘十九號
河南省孟津縣叩馬村
直隸束鹿縣馬莊村恒泰興錢店
四川叙府東門內天官府
徐州敬安集德生堂轉
馬圈胡同華忠公寓
沙灘儒林公寓

百二十三

姓名	籍貫	年齡	系級	通訊處
趙學淵	湖北麻城	二十八	法律學系四年級	湖北麻城岐亭協和典
趙鴻猷	河南淮陽	二十四	哲學系一年級	河南淮陽縣學道街
趙蘊琦	京兆大興	二十八	政治學系四年級	北城北鑼鼓巷八十五號
趙懷昌	直隸冀縣	二十四	法律學系二年級	北京王府井大街八號
趙介	四川安岳	二十六	經濟學系二年級	第一宿舍 四川安岳縣弟至街吳雙和號轉陳家塢
鄧傅	江蘇江甯	二十七	物理學系四年級	西城西單白廟胡同十三號 蘇州幽蘭巷三十號
鄧文溥彥	黑龍江巴	二十四	俄國文學系二年級	第三宿舍 黑龍江省立第一中學
鄧文輝	江西清江	二十三	預科甲部二年級	馬神廟中老胡同一號 湖南辰州仁昌厚布店轉
鄧和禮	廣東三水	二十六	政治學系三年級	騎河樓廟兒胡同振興公寓 營口南洋烟草公司鄧景歐轉
鄧維華	廣東三水	二十七	政治學系四年級	國會街抄手胡同五十三號 石付馬大街池田醫院鄧家驤轉
鄧鈞輔	湖北長陽	二十五	經濟學系二年級	西安門內草嵐子五號 湖北長陽縣城內正街
鄧國泰	廣東東莞	二十九	法律學系四年級	上斜街東莞新館 北京上斜街東莞新館

百二十四

姓名	籍貫	年齡	學系	住址	通訊處
鄧飛黃	湖南桂東	二十五	經濟學系三年級	第一宿舍	湖南桂東流源高等小學鄧蕃城轉
齊尚志	山西定襄	二十七	經濟學系二年級	王府大街二十四號	山西定襄城內祥和茂轉
齊泮林	直隸高陽	二十二	預科乙部一年級	後局大院第四宿舍	保定高陽城內天德恆轉
齊振綱	直隸束鹿	二十二	預科乙部二年級	第四宿舍	束鹿縣辛集育華陞
齊植寀	直隸天津	二十一	預科甲部二年級	西城豐盛胡同三十一號	北京西城豐盛胡同三十一號
齊榮澣	河南內鄉	三十	物理學三年級	景山東街十號	錦什坊街孟端胡同四十三號
齊繩周	奉天北鎮	二十四	預科甲部二年級	第一宿舍	奉天北鎮縣五龍口齊宅
廖友仁	湖南衡山	二十四	地質學三年級	第二宿舍	胡南衡山白泉李萬春轉
廖廷鍔	廣東興甯	二十六	政治學系三年級	潘家河沿二十號	汕頭興甯縣華興街寶泰號
廖志昂	江西萍鄉	二十	預科乙部二年級	銀閘十九號	萍鄉蘆溪廖正福轉
廖鴻基	江西宜春	二十五	地質學系三年級	第二宿舍	袁州宜春金瑞和盛祥號轉
廖維藩	湖南衡山	二十八	經濟學系三年級濟	第二宿舍	湖南衡山白果市裕茂福轉

百二十五

姓名	籍貫	年齡	系級	住址
翟作堂	山東博山	二十四	經濟學系一年級	東安門河沿十三號 山東博野縣太河鎮
翟宗心	廣東東莞	二十四	法律學系二年級	宣外上斜街東莞新報 廣東東莞城外新沙坊翟敦睦堂
翟承烈	河南修武	二十四	預科乙部二年級	第一宿舍 武陟縣木欒店德泰同
翟受之	河南上蔡	二十五	法國文學系四年級	東四十條四十一號 河南四平東塔橋集交翟甯安轉
翟景卓	河南宜陽	二十六	政治學系三年級	東河沿十七號 河南洛陽中學校翟勉齋轉
裴文中	直隸灤縣	二十三	地質學系一年級	第二宿舍 京奉路唐山南輝坨鎮轉
裴錫晉	江蘇阜甯	二十五	法律學系二年級	騎河樓十二號 江蘇淮安尉馬巷
裴錫豫	江蘇阜甯	二十七	法律學系一年級	騎河樓十二號華成公厲	江蘇淮安尉馬巷
榮琛	直隸棗强	二十三	預科甲部二年級	景山東老胡同七號 和春公厲	津浦路德州西大營鎮人和成
綦幼石	山東歷城	二十八	法律學系三年級	馬圈胡同八號	濟南正覺寺街百〇四號
厲夢麒	浙江東陽	二十四	預科乙部二年級	第二宿舍	浙江東陽橫店鎮下厲市
談其宣	江蘇無錫	二十五	中國文學系二年級	北池子尚志公寓	江蘇蕩口讓界橋

百二十六

姓名	籍貫	年齡	系級	住址	通訊處
赫貴恆	奉天鳳城	二八	法律學系二年級	第二宿舍	奉天安奉線鷄冠山林福公司赫景祺轉
熊訓啓	四川江安	二三	中國文學系一年級	火藥局五條三號	後門火藥局五條三號
熊訓禮	四川江安	二三	預科乙部一年級	第一宿舍	四川富順懷德鎮式金順轉
熊貴義	四川犍爲	二四	預科乙部二年級	第一宿舍	四川犍爲縣羅城舖
熊復京	湖南益陽	二四	法律學系二年級	騎河樓華成公寓	吉林延吉縣長縣
熊傳寶	湖北嘉魚	二三	預科乙部二年級	第一宿舍地字六號	湖北嘉魚縣郵局轉
鄭年	江西廣豐	二六	經濟學系三年級	騎河樓大有公寓	江西廣豐五都後街吳景雲轉
鄭煊	吉林吉林	二六	法律學系三年級	第三宿舍	吉林方正縣電報局鄭伯炎轉
鄭澂	直隸天津	二六	化學系四年級	號 新街口北小七條甲一	新街口北小七條甲一號
鄭績	山西應縣	二三	中國文學系一年級	本校收發課轉	山西應縣南河種興隆店
鄭業	山西應縣	二四	哲學系一年級	中老胡同三號	山西應縣南河種村郵局轉
鄭仁賢	廣東潮陽	二六	法律學系二年級	第二宿舍	汕頭潮陽北門內後馬房寶善堂

百二十七

鄭兆榮	湖南長沙	二十四	化學系二年級	宣武門內南鬧市口回子營十號鄭宅轉交	甘肅西寧道尹公署
鄭長璋	福建甯德	二十三	政治學系一年級	漢花園新一春七號	福建甯德城竹兜里
鄭周冕	安徽盧江	二十一	預科甲部一年級	第一宿舍	安徽盧江柯家坦
鄭振夏	浙江富陽	二十六	史學系二年級	北池子六十五號	浙江富陽北鄉觀前
鄭誼良	湖北嘉魚	二十七	法律學系四年級	第二宿舍八號	湖北嘉魚縣鄭筱侯收
鄭兼三	福建永春	三十	哲學系四年級	第二宿舍趙炳文轉	福建永春湖陽
鄭螽斯	福建同安	二十七	物理學系四年級	沙灘八號	廈門新墳地豐盛鄭力行
鄭寶臨	浙江蘭谿	二十九	史學系二年級	騎河樓大有公寓	浙江蘭谿東門佳巷
鄭鶴年	廣東東莞	二十九	政治學系四年級	上斜街	廣東虎門譚宅鄭衍芳
壽振夏	浙江諸暨	二十三	法律學系四年級	東安門河沿二十八號玉河公寓	浙江諸暨壽瑞明
壽重嶽	浙江諸暨	二十四	預科乙部一年級	東安門河沿二十八號玉河公寓	浙江諸暨姚公埠轉木城
劉奇	江西彭澤	二十五	哲學系四年級	第二宿舍	九江彭澤縣丁復生祥號轉劉其新

百二十八

劉試	河南武安	二十六	法律學系三年級	東皇城根高陞公寓
劉俊	四川合川	二十五	經濟學系二年級	宣外大街一九九號
劉健	直隸天津	二十三	德文學系二年級	後門寬街三號
劉濂	河南盧氏	二十六	史學系四年級	北池子井兒胡同一號
劉樞	四川涪陵	二十二	預科甲部一年級	宣外儲庫營四川會館
劉軼	江西都昌	二十三	預科乙部二年級	第一宿舍
劉綱	江西零都	二十八	英文學系三年級	第一宿舍
劉恆	貴州郎岱	二十五	政治學系二年級	東城馬神廟東老胡同七號
劉琨	直隸安新	二十五	經濟學系三年級	第一宿舍三十二號
劉中棠	直隸饒陽	二十六	法律學系一年級	新開路八號
劉天倪	江西黎川	二十七	法律學系二年級	東安門內銀閘集賢公寓
劉元斗	安徽合肥	二十八	地質學系四年級	第二宿舍

| 湖南武安縣西關復興劉 |
| 四川合江富家垻劉壽芝 |
| 河南盧氏縣范蠡鎮劉本宅 |
| 河南盧氏縣范蠡鎮劉玉圃 |
| 四川涪陵縣梓里塲劉雲湘 |
| 江西零都城內龍船坊劉和豐交 |
| 江西景德鎮大黃家術劉記 |
| 貴州郎岱縣東街 |
| 前門外潘家河沿惠生工廠交劉邁卿 |
| 直隸饒陽大曹莊劉玉昌 |
| 江西黎川梓村恒升福號劉福吉收 |
| 安徽合肥西門劉宅 |

姓名	籍貫	年齡	學系	住址
劉仁鉞	吉林伊通	二十五	政治學系一年級	景山東中老胡同十五號
劉文機	直隸冀縣	二十五	經濟學系二年級	南家大石縣街三十四號
劉仁靜	直隸冀縣	二十三	英國文學系三年級	銀閘二十八號 直隸冀縣城東劉楊村元春號劉朝樑
劉世昌	湖北應城	二十三	英國文學系三年級	第二宿舍蔡正梗轉 湖北應城劉有成
劉占元	直隸灤縣	二十七	中國文學系四年級	大學夾道十號 直隸省灤縣胡各莊廣信堂
劉正亨	山東曹縣	二十五	政治學系三年級	第一宿舍 山東曹縣北關劉宅
劉正華	陝西長安	二十九	政治學系四年級	馬神廟四十號 陝西省城東關古新巷劉述吾
劉生濬	四川巴縣	二十三	政治學系一年級	馬神廟西老胡同一號 四川重慶巴縣中豐劉正乾轉劉德輝
劉同鼎	湖南溜陽	十九	預科乙部一年級	北半截胡同劉陽會館 湖南永和市郵局劉和笙
劉兆麟	浙江蘭谿	二十六	哲學系四年級	騎河樓大有公寓 浙江蘭谿洲上裕豐恒號轉
劉玄平	四川秀山	二十四	法律學系二年級	第三宿舍 四川秀山西門外德大昌
劉光銳	浙江樂清	二十八	預科乙部二年級	沙灘東大德公寓 奉天北鎮城內鴻泰昌轉
	奉天北鎮	二十八	法律學系四年級	北河沿三十四號吉升公寓 奉天北鎮城內鴻泰昌轉劉文翰

| 劉光祖 | 湖南衡陽 | 二十六 | 預科甲部二年級 | 第一宿舍
| 劉亦瑛 | 直隸安新 | 二十一 | 預科乙部二年級 | 湖南衡陽府正街榮春酒局交劉振拔轉
| 劉汝璠 | 甘肅天水 | 二十三 | 經濟學系二年級 | 騾馬市大街潘家河沿三十五號
| 劉尙賢 | 直隸饒陽 | 二十五 | 經濟學系三年級 | 保定府安新縣北馮村轉
| 劉恆年 | 奉天瀋陽 | 二十七 | 政治學系三年級 | 騎河樓廟兒胡同振興公寓
| 劉季達 | 安徽霍邱 | 二十七 | 法文學系四年級 | 沙灘新開路門牌八號
| 劉桂成 | 奉天北鎭 | 二十四 | 哲學系二年級 | 第二宿舍
| 劉東膠 | 奉天遼陽 | 二十八 | 法律學系四年級 | 本校收發課轉
| 劉清晨 | 直隸新樂 | 二十七 | 法律學系三年級 | 第一宿舍
| 劉希武 | 四川江安 | 二十二 | 經濟學系二年級 | 安定門內大三條八號
| 劉冠明 | 江蘇南通 | 二十五 | 經濟學系三年級 | 第一宿舍
| 劉郁周 | 河南滑縣 | 二十四 | 法律學系四年級 | 騎河樓二十三號集賢公寓

甘肅省立第三中學校轉
直隸饒陽縣城內隆盛店
奉天霍邱顧家店劉奉材轉
安徽霍邱顧家店劉奉材轉
奉天北鎭縣大東關三道溝胡同劉廷斌轉
奉天北鎭縣春育永劉慶春轉
奉天遼陽浪子山劉乃言轉
京漢路長壽車站天成美劉振邦轉
四川江安柴家渡劉禮儀轉
南通縣永昌林莊劉仲澤轉
河南滑縣自治籌備處劉榮卿轉
東安門北河沿六十三號

劉榮文	山西晉城	二十六	法律學系四年級	東安門外康家胡同澤州內館轉山西晉城高都鎮劉漢臣轉
劉榮陞	奉天遼陽	二十六	法律學系四年級	第一宿舍 奉天遼陽三合成劉寶珩轉
劉重修	直隸威縣	二十五	中國文學系二年級	妞妞房五號 直隸威縣雲台鎮轉掌使村劉本長轉
劉重慶	直隸滄縣	二十四	法律學系三年級	北池子井兒胡同二號 直隸倉縣王寺鎮集北頭莊
劉承祚	山東鄒城	二十六	政治學系四年級	亮果廠五號 山東鄒城馬頭鎮和鄧號劉承祚轉
劉裕孚	奉天遼陽	二十四	法律學系二年級	銀閘十九號興隆公寓 奉天省遼陽縣西大沙嶺郵局轉徐公堡劉善一轉
劉崇正	湖北黃安	二十六	經濟學系一年級	前門內後紅井十三號
劉崇年	江蘇如皋	二十七	經濟學系四年級	第二宿舍八號 江蘇如皋許家巷
劉誼壽	安徽巢縣	二十七	地質學系三年級	第二宿舍 安徽巢縣年豐米廠劉純如轉
劉揄英	山東益都	二十六	政治學系二年級	北河沿四十一號吉陞公寓 山東益都衛街天增益轉
劉雲漢	陝西高陵	二十九	化學系四年級	第二宿舍 陝西涇陽文昌閣劉杰轉
劉祖彝	湖南甯鄉	二十四	地質學系一年級	西老胡同集成公寓 天津英界華寶里十四號

百三十二

劉德榮	江西新建	二四	俄國文學系二年級	第二宿舍 南昌文孝廟街源盛隆號
劉德澤	直隸南宮	二九	法國文學系四年級	東皇城根達教胡同六號 棗強縣大營鎮楊老連轉馬家屯
劉德成	奉天蓋平	二六	中國文學系三年級	宣外亞東報館 奉天蓋平福泰盛
劉德華	湖北天門	二三	法律學系四年級	西四牌樓兵馬司中間 湖北沔陽脈旺嘴裕源當玉帶胡同十七號交劉先登轉
劉國增	奉天昌圖	二七	政治學系三年級	第三宿舍
劉淑泰	山東曹縣	二七	物理學系三年級	弓弦胡同南華學舍
劉愷悌	江西雩都	二七	英國文學系三年級	第二宿舍 江西雩都小溪口台昌富記紙棧內劉鵬搏轉瑞轉 19, Laurel Lane Newrastle N.S.W. Australia
劉振雄	廣東香山	二八	政治學系四年級	東城翠花胡同外皇城根三十號 山東曹縣城皇廟西劉鳳
劉儒林	直隸甯晉	二九	史學系四年級	景山東中老胡同甲三十三號 直隸甯普城內同裕厚轉
劉曉玉	四川銅梁	二十	預科乙部二年級	第一宿舍 四川銅梁舊縣場交
劉紹蒼	奉天遼陽	二十三	預科乙部一年級	第一宿舍八號 奉天遼陽劉二堡世興隆
劉會澤	山東沂水	二十六	預科乙部二年級	騎河樓集賢公寓 山東省沂水縣梁莊

百三十三

姓名	籍貫	年齡	系級	住址
劉錫五	河南鞏縣	二十五	中國文學系四年級	景山東西老胡同一號 河南鞏縣東站興長轉
劉錫愈	山東郯城	二十三	預科乙部二年級	內府庫宴賓公寓 山東郯城馬頭東永昌轉
劉廣鈞	江蘇銅山	二十八	政治學系四年級	第一宿舍 江蘇徐州府東門外夏家舖交劉德昭轉
劉廣洽	山東濮縣	二十七	政治學系二年級	後局大院二十號 山東菏澤魁樓街劉宅
劉慕唐	湖南衡陽	十九	預科乙部二年級	第一宿舍 湖南衡陽南鄉車江同仁義號轉交
劉尊一	四川合江	十九	預科乙部一年級	第五寄宿舍 四川省合江縣知事公署劉美唐收
劉觀海	直隸臨榆	十九	預科甲部一年級	號 山東關城內東三條胡同劉川臨轉
劉運禎	廣西博白	二十九	中國文學系三年級	松公府夾道一號 廣西博白縣東墟同安押
劉策安	直隸樂亭	二十五	預科乙部二年級	銀閘胡同十二號 奉天省大連市寺內通德合永
劉樹杞	直隸柏鄉	二十三	法律學系二年級	東城迺茲府二十五號 直隸柏鄉縣集義銀號
劉繼烯	奉天昌圖	二十七	數學系四年級	馬神廟西老胡同十五號 奉天昌圖縣廣成車舖
劉鍾藩	直隸大城	二十五	物理學系四年級	大石作三十一號 直隸大城縣城內劉啓東轉

百三十四

劉顯熾	雲南景東	二十	數學系一年級	第一宿舍	雲南景東城內正街
劉聲繹	廣東潮安	二十九	物理學系二年級		潮州義井營興號劉家桑轉
劉鴻遠	直隸蠡縣	二十六	法律學系一年級	東安門外丁字街萬興紙舖	直隸蠡縣官道李鎮德祥號劉世倫轉
劉憲朋	廣東信宜	二十六	經濟學系三年級	潘家河沿高州會館	廣東縣信宜鎮墟利和號劉重明轉
劉懋勤	江西南康	二十四	哲學系二年級	宜外南安會館	江西南康縣春濟號劉懋功轉
劉禮瓊	湖北漢陽	二十六	經濟學系二年級	東城多福巷十三號	漢口張美之中二巷三十六號
劉慶瑄	廣東興甯	二十七	史學系二年級	潘家河沿興甯邑館	汕頭興甯羅岡應和昌
劉澤逵	四川納溪	二十六	中國文學系三年級	第一宿舍	四川納溪縣渠壩驛劉金山收
劉獻功	湖南茶陵	二十三	預科乙部二年級	第一宿舍	湖南茶陵郭吉慶轉雲棟
劉鳳岐	直隸獲鹿	二十六	地質學系三年級	三眼井大隆公寓	枕頭鎮轉西里村俊德堂
蔣元新	浙江蕭山	二十五	經濟學系三年級	第二宿舍	浙江臨浦轉邐遊鎮
蔣宗宇	江蘇江陰	二十六	法律學系三年級	松公府瑞祥公寓	江蘇江陰城內西大街

百三十五

蔣圭貞	浙江東陽	二十一 預科甲部二年級	鐘鼓寺十四號胡宅 浙江桐廬(蔣子香)轉
蔣致中	山東泗水	二十六 中國文學系三年級	中老胡同二十五號 山東兗州城內南集
蔣炯華	湖南武岡	二十三 預科乙部一年級	中老胡同九號 湖南武岡三合號蔣智彬轉
蔣復璁	浙江海寧	二十六 哲學系四年級	西單牌樓石虎胡同七號 浙江硤石鎮吳家廊下
蔣詠曾	湖南湘鄉	二十一 預科甲部二年級	第一宿舍 福建廈門集美學校蔣希曾收
蔣睦修	江西泰和	二十八 經濟學系三年級	前門外抄手胡同十二號轉 江西泰和早禾市裕茂盛轉
閻朴	河南孟縣	二十八 法律學系一年級	前門外興隆街慶生堂轉 天津河北二馬路十六號
閻塘	直隸涿縣	二十九 經濟學系三年級	沙灘二十四號 直隸涿鹿桃花堡具順長閻福文轉
閻書紳	山東濮縣	二十八 政治學系三年級	弓弦胡同南華學舍 山東王堌堆北十二里閻莊
閻奎麟	奉天金縣	二十九 經濟學系四年級	第二宿舍 奉天省金州城內北街福泰永閻獻廷轉
閻寶蕖	河南淅川	二十五 法律學系四年級	北池子門雞坑十二號 河南淅川東街閻宅
樊弘	四川江津	二十四 政治學系三年級	第一宿舍 四川江津縣朱家沱三益號轉

百三十六

樊希智	山西夏縣	三十 政治學系四年級	沙灘新開路同升公寓 轉山西夏縣城內祥盛亨號
樊盛芹	安徽舒城	二十六 數學系二年級	中老胡同九號 安徽舒城桃鎮合泰行
臧玉海	直隸完縣	二十二 哲學系一年級	第一宿舍 完縣聚和號轉
臧玉淦	直隸完縣	二十四 哲學系四年級	第一宿舍 本京西單舊刑部街長安公寓交陽各庄
樂森璕	貴州貴陽	二十六 地質學系四年級	第二宿舍 本京西單舊刑部街長安公寓樂采臣轉
賓鶴翔	湖南衡山	二十四 政治學系三年級	銀閘東全陞公寓 湖南衡山沙泉市賓鳳陽收
蔡仁	浙江慈谿	二十七 經濟學系三年級	小甜水井甯波會館 餘姚元公巷上首蔡復興莊蔡上治收
蔡化民	湖北黃陂	二十五 地質學系二年級	第一宿舍 漢口六度橋蔡萬興轉
蔡正梗	湖北黃陂	二十七 經濟學系二年級	第二宿舍 漢口六度橋蔡萬興轉
蔡石瑜	浙江松陽	二十五 法律學系四年級	西磚胡同六號 浙江松陽縣城東閣街
蔡奇峯	河南杞縣	二十一 預科乙部一年級	第四宿舍 河南蘭封縣白圻集義聚坊轉
蔡孝寬	江蘇吳江	二十四 法律學系四年級	西城北沈篦子二號 北京西城沈篦子胡同二號

百三十七

姓名	籍貫	年齡	學系	住址
蔡奉章	黑龍江大賚	二十八	法律學系三年級	黑龍江大賚縣本街蔡景新轉
廣安	奉天瀋陽	二十四	物理學系四年級	本京西單絨線胡同八十五號
潘桃	廣東梅縣	二十五	政治學系四年級	西單絨線八十五號泗水潘遠達公司潘定初轉
潘文生	廣東順德	二十一	預科甲部一年級	第五宿舍 廣東順德城內西街五十號
潘丹杰	直隸束鹿	二十三	地質學系二年級	第一宿舍 直隸束鹿舊城永興聚
潘世燊	廣東三水	二十四	經濟學系二年級	第二宿舍 廣州濠畔街恆泰號潘明瀚轉
潘昌試	江蘇如皋	二十三	法律學系四年級	萬成公寓 江蘇如皋縣豐利市潘肇元
潘敬所	江蘇丹陽	二十五	英國文學系三年級	銀閘四號 江蘇丹陽潘宗墳
潘景周	奉天瀋陽	二十六	政治學系四年級	第一宿舍 奉天大北小金橋潘福收
潘傳霖	江蘇溧陽	二十五	法律學系三年級	弓弦胡同北大公寓 開封傳橋三十九號
潘德霖	江蘇溧陽	二十六	法國文學系四年級	第一宿舍 京兆通縣白將胡同一號
潘爾雅	京兆大興	十九	預科乙部一年級	北新橋財神廟六號 北新橋財神廟六號

百三十八

潘墨卿	浙江諸暨	二十三	法律學系一年級	騎河樓廟兒胡同振興公寓	浙江諸暨姚公埠潘家村
潘麟祥	直隸正定	二十七	法律學系四年級	慈慧寺	正定東權城
潘龍霖	湖北蔴城	三十	化學系四年級	第一宿舍	湖北蔴城縣北鄉十鄉樓閔恒大轉交潘詁堂
歐宗祐	廣東東莞	二十九	政治學系四年級	宣外上斜街東莞新館	宣外上斜街東莞新館
歐陽蘭	江西龍南	二十一	預科乙部二年級	騎河樓二十三號	江西龍南裕豐隆歐陽昇
遲浚莛	直隸滄縣	二十	預科甲部一年級	第四宿舍	津浦滄州縣小集鎮大遲莊
盧翊	廣東東莞	二十六	政治學系一年級	上斜街東莞新館	廣東東莞縣城內寶積一號
盧宗護	京兆涿縣	二十三	哲學系二年級	第三宿舍	山東濟南省立女子中學盧宗藩轉
盧政鑑	廣東南海	二十六	史學系三年級	第二宿舍	廣州河南蒙聖里永安街五十號
盧金章	奉天海城	二十七	法律學系四年級	黃化門內東板橋十三號	奉天海城華西藥房
盧部經	山西文水	三十一	史學系四年級	馬神廟二十六號	山西文水縣石侯鎮盧少仝轉
盧逮曾	山東萊蕪	二十五	哲學系四年級	亮果廠五號	山東泰安官店街五十二號

百三十九

盧植琦	陝西安康	二十七	史學系四年級	陝西安康縣王彪杏盧植瑞轉
盧鴻藻	浙江餘姚	二十七	法律學系四年級	銀閘十九號
盧輝玉	浙江東陽	二十六	英國文學系二年級	浙江東陽城內盧純源轉
賴法元	廣東信宜	二十八	化學系四年級	廣東信宜縣懷鄉爐鄧政分局轉
賴振聲	四川鄰水	二十八	哲學系二年級	四川鄰水張西園轉
賴道純	廣東梅縣	二十二	哲學系一年級	廣東梅縣賴安昌號賴寶衡收
鮑文蔚	江蘇宜興	二十三	英國文學系二年級	江蘇宜興丁山鮑芝蘭轉
鮑靜庵	京兆大興	二十三	經濟學系三年級	東四四條三十五號
衞景周	直隸廣宗	二十八	法國文學系四年級	後門外羊房胡同二十五號直隸廣宗縣城內東街
錢卓升	江蘇常熟	十八	預科乙部一年級	黃化門吉安所東夾道三號西城錦什坊街王府倉六號
錢肇基	浙江嘉興	二十六	中國文學系三年級	王府倉六號韶九胡同東安公寓
謝詩	浙江溫嶺	二十五	法律學系二年級	銀閘十二號韶九胡同東安客寓浙江溫嶺大溪謝升菴轉

百四十

謝汝鎮	安徽青陽	二十六	數學系二年級	第二宿舍
謝先庚	江西雩都	二十七	政治學系三年級	江西雩都水頭墟
謝邦鉞	四川開縣	二十三	預科乙部二年級	西珠市口贛寧館
謝承炯	江蘇靖江	二十六	法律學系三年級	沙灘孟家大院四號
謝承垣	江蘇靖江	二十六	經濟學系三年級	成都德勝街四號轉江蘇靖江西來鎮謝維周
謝祚莖	江蘇靖江	二十三	預科乙部一年級	草梁胡同三號轉江蘇靖江西來鎮柴家圩
謝起鵬	湖南新化	二十八	預科甲部一年級	草梁胡同三號
謝星朗	江蘇松江	二十五	哲學系三年級	第五宿舍轉長沙碧湘街織布工廠謝翰青轉
謝家鎧	四川梓潼	二十三	預科乙部一年級	北河沿四十一號轉江蘇松江新橋鎮謝鹿萃轉
謝壽鵬	安徽合肥	二十五	預科乙部一年級	第一宿舍轉四川梓潼縣復興鄉謝仁記
謝家錯	江蘇松江	二十八	經濟學系三年級	粉房琉璃街龍綿會館
謝廣明	廣東平遠		經濟學系一年級	北河沿四十一號轉江蘇松江新橋鎮謝鹿萃轉
謝蒼崖	四川璧山	十八	預科乙部一年級	第一宿舍轉合肥愷泰祥布莊轉汕頭平遠石正義豐商謝仲皋轉

百四十一

姓名	籍貫	年齡	科系	住址
謝卿璽	四川隆昌	二十三	預科甲部一年級	第一宿舍 四川隆昌老街同心祥號謝君劍轉
霍玉厚	奉天遼陽	二十六	中國文學系四年級	大學夾道十號毓升公廎 奉天遼陽城內廂紅旗胡同吳廎轉
蕭永凱	奉天遼陽	二十五	經濟學系三年級	騎河樓馬圈胡同華忠公寓 奉天遼陽西北沈旦堡廣春茂轉
蕭世鄉	廣東潮陽	三十	哲學系四年級	第一宿舍 汕頭朝陽西門耐軒蕭世蓁轉
蕭忠貞	湖南石門	二十四	預科乙部二年級	第一宿舍 湖南石門縣沿市郵局轉
蕭貞昌	湖北黃陂	二十六	經濟學系三年級	西什庫東夾道二十二號 西什庫夾道二十二號
蕭承慈	江西泰和	二十二	預科乙部二年級	第二宿舍 江蘇揚州南河下蕭學銓轉
蕭逢蔚	湖南龍山	二十九	哲學系四年級	(第二宿舍)或永光寺中街永靖會館 湖南龍山縣縣議會蕭炳南轉
蕭從方	山東清平	二十一	預科乙部一年級	第四宿舍 山東清平松林鎮蕭來慶轉
蕭涵恩	江蘇鹽城	二十三	預科乙部二年級	第一宿舍 江蘇鹽城順昌號轉
蕭盛疑	湖南寧遠	二十三	中國文學系二年級	前門外草廠十條上湖南館 寧遠北門外仁義合號轉
蕭桂森	江蘇銅山	二十三	政治學系三年級	馬圈胡同華忠公寓 徐州西關蕭雅宗轉

姓名	籍貫	年齡	系級	住址
蕭學睿	江西雩都	二三	中國文學系四年級	第二宿舍 江西雩都潭頭墟王怡森轉
蕭滌吾	京兆武清	二二	法律學系二年法	鼓樓西二十號
蕭韞輝	江西泰和	二五	中國文學系二年級	前外蔣家胡同吉安館 江西吉安新墟恒聚號轉石陂
興振民	奉天撫順	二十	預科乙部一年級	東安門河沿大梁公寓 吉林濱江警察廳與今
冀桂馥	直隸完縣	二一	預科乙部一年級	第四宿舍 直隸完縣常莊南店村
燕壬培	山東萊蕪	二三	預科乙部二年級	北河沿十三號 山東萊蕪水北鎮
鍾鳴	浙江富陽	二五	法律學系二年級	北池子六十五號 富陽沈家塢
鍾之瑛	陝西南鄭	二五	法律學系三年級	爛縵胡同漢中會館 爛縵胡同漢中會館
鍾生瑞	四川蓬安	二七	法國文學系二年級	銀閘胡同四號 四川省蓬安縣斜溪劉文泰轉
鍾廷樞	廣東新會	二八	經濟學系四年級	東城雙蓳胡同二十六號 北京東城雙蓳胡同二十六號鍾廷振轉
鍾汝中	廣東五華	二二	英國文學系二年級	北池子騎河樓華成公寓 廣州易興街十三號
鍾作猷	四川雙流	二十一	預科乙部二年級	第一宿舍 四川流河縣南門外鍾宅

百四十三

姓名	籍貫	年齡	系級	住址
鍾振儒	四川內江	二十九	哲學系一年級	新開路同升公寓
鍾喜廣	廣東合浦	二十四	中國文學系二年級	四川內江縣學院街衡興和轉朝贊
鍾爾強	山東臨清	二十五	哲學系三年級	廣東合浦縣南康墟珠江學校
鍾㬢耀	廣東東莞	二十四	化學系三年級	三眼井八號
鍾繼璜	湖南瀏陽	二十三	法律學系二年級	第二宿舍 廣州麥欄街協成公司鍾寶華轉
鍾顯春	廣東合浦	二十八	法律學系二年級	銀閘二十八號 湖南瀏陽永和市
龍文治	四川涪陵	二十三	政治學系二年級	粉房琉璃街廉欽會館 廣東合浦南康常珍號鍾炎光轉
龍文光	四川秀山	二十五	經濟學系三年級	第三宿舍 四川涪陵縣鑫利祥轉
龍業鼎	廣西賀縣	二十五	英國文學系三年級	第一宿舍黃字七號 四川秀山東街龍長深
關迪忱	奉天遼陽	二十四	法律學系三年級	東安門馬圈胡同八號 廣州豪賢街九十一號
關崇寅	直隸臨榆	二十六	物理學系三年級	第二宿舍 奉天遼陽北大路煙台郵局關哲保轉
關蔚華	河南溫縣	二十三	預科乙部二年級	第一宿舍 山海關北街關年端轉 河南溫縣德聚四關紹周轉

薛保恆	安徽霍邱	二十二	政治學系二年級	銀閘全陞公寓	安徽潁上灄河集薛家西樓薛礪若收
薛保仁	直隸新采	二十四	經濟學系二年級	北池子門雞坑志和公寓	直隸新采縣東關後泰恒薛光宸轉
繆廷鉞	江蘇溧陽	二十一	預科乙部一年級	第四宿舍	直隸清苑城內穿行樓東二十四號
繆金源	江蘇常熟	二十七	中國文學系三年級	中老胡同二十五號	江蘇常熟會元坊
繆啓悟	江蘇東臺	二十六	哲學系四年級	新開路新一春	江蘇如皋角斜繆貴麟轉
戴郇	浙江義烏	二十六	數學系四年級	沙灘東萬成公寓	浙江義烏沈和興轉
戴續	江蘇丹徒	二十三	政治學系三年級	第二宿舍	江蘇江都南河下街戴冠瀛收
戴有昌	直隸定縣	二十一	預科甲部一年級	第四宿舍	河南湯陰車站新記公司
戴明揚	奉天遼陽	二十六	英國文學系四年級	府右街䜱䜪房北京學院	奉天省城南李大人屯
戴祥驥	四川隆昌	二十一	預科乙部二年級	第一宿舍	四川隆昌龍市鄉戴福成轉
戴敦智	江蘇清浦	三十二	法律學系四年級	東皇城根亮果廠五號	上海白鶴江
戴敦智	河南光山	十九	預科乙部一年級	第一宿舍	河南開封隆軍測量局

百四十五

姓名	籍貫	年齡	系級	住址
戴朝震	湖南瀏陽	二十四	政治學系二年級	第二宿舍 長沙西牌樓萬美東南號戴恕僧轉
戴景雲	山西徐溝	二十三	經濟學系二年級	騎河樓大有公寓 山西歸化城合誠公轉運公司戴聯祥收
戴錫祉	直隸定縣	二十三	預科甲部二年級	第一宿舍八號 京漢路塞西店慶泰煤廠
戴謹聞	江蘇鹽城	二十九	預科乙部一年級	第一宿舍八號 江蘇鹽城湖梁夏莊
戴寶瑞	奉天興京	二十七	中國文學系二年級	沙灘雲升公寓 奉天撫順東八家鎮慶源長
應餘慶	湖北黃陂	二十四	數學系三年級	中老胡同七號 湖北黃陂縣大西門外應豐恒
甄墨山	直隸定縣	二十	預科乙等一年級	第四宿舍 定縣南街蒼門口甄待後轉
韓醇	河南沁陽	二十六	經濟學系三年級	後局大院二號 河南焦作照料所
韓薰	湖北黃安	二十五	法國文學系四年級	中老胡同一號 馬神廟中老胡同一號
韓克溫	山西曲沃	三十	化學系四年級	崇外北五老胡同北京覺民學院 山西曲沃德慶聯轉
韓修德	山西定襄	二十六	地質學系四年級	王府大街二十四號 山西定襄城內業和祥
韓珍彝	廣東文昌	二十七	化學系四年級	第二宿舍 廣東文昌北六區水北市

一四六

韓國治	奉天開原	二十四	經濟學系一年級	第一宿舍	奉天開原糧集市南頭路西
韓國泰	直隸懷來	二十三	英國文學系二年級	第一宿舍	直隸懷來縣內三元街韓宅
韓萬禧	直隸靜海	三十	數學系四年級		天津河北大胡同德華馨
韓鳳池	直隸武強	二十四	法律學系二年級	第三宿舍	直隸武德強縣小範鎮恒興號
韓靜遠	奉天本溪	二十二	哲學系二年級	第三宿舍地字四號	奉天本溪城廠
韓儒林	河南舞陽	二十	預科乙部一年級	第四宿舍	河南舞陽北舞渡雙槐昌
韓樹淼	甘肅貴德	二十六	政治學系三年級	宣外東椿樹胡同十四號	甘肅西甯城內中營營房韓宅
韓權華	直隸天津	二十二	預科乙部二年級	北池子箭扞胡同會文學社	宣外東椿樹胡同十四號
魏文柄	吉林農安	二十三	預科乙部二年級	北箭亭五號	黑龍江豐樂鎮羲源魏書銘轉
魏江楓	陝西咸陽	二十五	史學系三年級	第一宿舍	陝西咸陽壽仁堂魏文華轉
魏建功	江蘇如皋	二十四	中國文學系三年級	第一宿舍	江蘇如皋西塲魏恒順號
魏春芝	河南汝南	二十四	預科乙部一年級	第四宿舍	河南汝南南華門魏永修

百四十七

姓名	籍貫	年齡	科系	住址
魏崢峨	福建晉江	二十七	地質學系三年級	第一宿舍 南洋爪哇三寶壠班地廊錦茂棧魏永沂轉
魏運純	江西贛縣	二十六	經濟學系二年級	江西贛州荷色塘魏宅
魏德慶	奉天海城	二十七	數學系四年級	第二院號房轉 奉天海城縣牛馬莊北關
魏鍾璧	奉天瀋陽	二十六	經濟學系四年級	第二宿舍 奉天東關郭宅後胡同魏福錫轉
魏開維	奉天蓋平	二十七	史學系四年級	馬神廟三眼井泉興公厫 奉天蓋平同合利鋪嘏臣轉
聶炳圻	貴州婺川	二十	預科乙部二年級	第二宿舍袁世斌轉 貴陽福德街聱吾收
聶恩敬	江西高安	二十四	英國文學系四年級	第一宿舍 江西高安聶忠成號
聶從鐸	甘肅天水	二十八	中國文學系四年級	騎河樓華成公寓 甘肅天水縣關公巷
顏彥駒	江西臨川	二十七	預科甲部二年級	第一宿舍 江西臨川與魯坊節孝祠前面顏宅
顏蔚圃	湖南湘鄉	二十一	預科乙部二年級	第一宿舍 湖南湘鄉蔞底轉洞口天心愛斯公司顏希文交
顏慶倬	廣東崖縣	二十二	物理學系一年級	多福巷八號 多福巷八號顏任光轉
羅廷蕖	山西崞縣	二十八	史學系一年級	王府大街二十四號廣豐木廠 山西崞縣恆盛和收轉

羅志儒	四川江津	二十七	英國文學系二年級	北池子尙志公寓
羅芳坰	四川江津	二十七	英國文學系二年級	四川汪津班竹巷沈家院子羅海泉轉
羅守頤	湖南衡山	二十八	英國文學系二年級	湖南衡山南門外羅氏祠羅建勷轉
羅宗煒	廣東高明	三十一	法律學系四年級	第三宿舍 廣東高明縣城內正街永和堂
羅春華	廣東南海	二十五	物理學系四年級	第一宿舍 北京德外第二監獄署羅翊侯轉
羅偉漢	浙江建德	三十二	物理學系四年級	第一宿舍 浙江建德牌樓前羅會堃轉
羅振福	廣東興甯	二十五	哲學系三年級	西老胡同十六號 汕頭興甯大坪魁昌羅沅遙轉
羅從豫	江西萍鄉	二十一	化學系一年級	江西萍鄉安源新街羅餘善轉
羅紹徽	江蘇江浦	二十四	經濟學系三年級	後門內三眼井七號 江蘇江浦中街羅潤齋轉
羅象翥	廣西昭平	二十四	政治學系二年級	銀閘二號 廣西昭平城內羅廣生寓
羅敦偉	四川內江	二十六	經濟學系四年級	第二宿舍 四川成都府方地街三十八號
羅詩珍	湖南長沙	二十六	政治學系四年級	第一宿舍 長沙劉正街平民大學校羅敏轉
	四川江北	二十一	預科乙部一年級	東華門南池子十七號 東華門南池子十七號

百四十九

姓名	籍貫	年齡	科系	宿舍	通訊處
羅愛林	安徽合肥	二十三	預科乙部一年級	第一宿舍	安徽廬江南門丁家池
羅璣階	湖南瀏陽	二十九	哲學系四年級	第一宿舍	湖南瀏陽永和市
羅繩武	貴州貴陽	二十六	地質學系三年級	第二宿舍	貴州省城田家巷羅念慈轉
羅鎮藩	廣東興甯	二十九	哲學系四年級	第二宿舍	汕頭興甯龍田永吉當羅泰周轉
譚廷英	直隸灤縣	二十七	英國文學系二年級	第二宿舍	潘家河沿二十號
譚克敏	貴州平越	二十八	哲學系四年級	第二宿舍	直隸開平譚子九轉
譚杏蓀	廣東新會	二十六	經濟學系二年級	第二宿舍	貴州貴陽後新街譚德驤
譚榮葵	四川三台	二十二	預科乙部二年級	第一宿舍	廣東新會城宜民橋譚宅
譚慕愚	湖南長沙	二十二	預科乙部一年級	第五宿舍	四川蓬溪縣西鄉石板灘
譚聯鏞	廣東東莞	二十六	經濟學系三年級	沙灘二十二號	湖南二門外興仁里五號
譚華國	湖南鄞縣	二十二	預科乙部一年級	第一宿舍	香港蘇杭街五十五號成記譚敬如轉
譚壽林	廣西貴縣	二十七	中國文學系一年級	第一宿舍	湖南鄞縣王家渡譚夢銘轉 廣西貴縣橋墟義昌轉

百五十

譚樹樾	貴州桐梓	二十五	政治學系三年級	銀閘振業公寓	貴州桐梓北街
龐善守	山西大同	二十三	預科乙部二年級	馬圈胡同二十號	山西大同西油店巷湧盆成轉
薄芝畬	河南葦縣	二十三	法律學系一年級	沙灘十三號	漢口江埈丹水池福中公司薄均清轉
藍續業	江西高安	二十五	物理學系四年級	景山西板橋二十號	江西高安大昌號藍灃收
藺傳珊	湖南瀏陽	二十七	法律學系一年級	銀閘七號	湖南瀏陽文家市楊益元堂轉
蘇芬	江西貴溪	二十四	經濟學系三年級	第三宿舍	江西貴溪城內蘇宅
蘇斌	廣西靈川	二十三	預科甲部二年級	馬神廟第一宿舍	廣西桂林後庫街永泰豐蘇繼軾轉
蘇天命	山西陽城	二十四	法律學系三年級	東安門外康家胡同六號澤州內館	山西陽城縣城內南街
蘇文德	直隸廣宗	二十六	俄文學系二年級	北池子北口牆角胡同三號	直隸廣宗李懷鎮
蘇廷銓	廣東合浦	二十四	哲學系二年級	第二宿舍	廣東合浦縣城沙街中約普益按
蘇康甲	廣西靈明	二十二	預科乙部一年級	買家胡同廣西南館	廣東省靈明縣東街
蘇馭羣	江蘇興化	二十三	經濟學系三年級	西四受壁胡同十號	西四受壁胡同十號

百五十一

姓名	籍貫	年齡	科系年級	校內住址	通訊處
蘇榮先	吉林長春	二十二	預科甲部一年級	操場大院萬成公寓	吉林西春西北門外蘇向陽轉
蘇瑞修	山東濮縣	二十四	預科甲部二年級	第一宿舍	山東濮縣城內裕生東號蘇明信轉
蘇蔭棠	甘肅會甯	二十六	政治學系三年級	後門內黃化門碾兒胡同四十三號	後門內黃化門碾兒胡同四十三號
蘇繼業	直隸邯鄲	二十七	數學系四年級	慈慧寺	直隸邯鄲縣北五里鋪
嚴源瀣	湖南平江	二十二	預科乙部二年級	第一宿舍	江蘇高等檢察聽嚴博鈞轉
嚴繼畬	福建福州	二十三	政治學系二年級	東四北魏家胡同十七號	北京東四北魏家胡同十七號
饒鋏鳴	江西臨川	二十八	德國文學系三年級	第二宿舍	江西省立第一中學校饒鐸鳴轉
顧紹炎	江蘇武進	二十六	經濟學系四年級	第二宿舍	常州西下塘大水關顧尹圻轉
顧曾宏	江蘇無錫	二十一	預科乙部一年級	石駙馬後宅西口二十四號顧寓	北京石駙馬後宅西口二十四號顧寓
顧德涵	浙江象山	二十九	法律學系四年級	銀閘胡同四號德華公寓	浙江象山縣石浦萬全堂轉山根
顧謹詁	江蘇鹽城	二十九	法律學系四年級	銀閘七號	江蘇鹽城樓王庄轉丁馬港
龔至仁	四川江津	二十六	政治學系三年級	西安門內酒醋局剪子巷十六號	西安門內酒醋局剪子巷十六號

龔理哲	安徽合肥	二十六	化學系二年級	謝家胡同八號	謝家胡同八號
續玉琥	直隸高陽	二十四	中國文學系一年級	地安門內慈慧寺	地安門內慈慧寺
續如榮	山西崞縣	二十六	經濟學系三年級	沙灘新開路五號	山西崞縣宏道續憲章轉
欒維垣	奉天台安	二十八	法律學系四年級	第二宿舍	奉天台安小高麗房福蔭堂
王仲堅	四川渠縣	二十三	美國文學系二年級	第一宿舍	四川渠縣湧興鎮
張榮福	四川新都	二十六	政治系二年級	第一宿舍	四川新都南街五經魁
傅世璋	湖北江陵	三十	俄國文學系二年級	北箭亭	本京北箭亭

百五十三

華僑旁聽生

目錄

王	一頁
田	一頁
白	一頁
丘	一至二頁
伍	二頁
車	二頁
李	二至三頁
吳	三頁
何	三頁
汪	三頁
宋	三頁
沈	三頁
余	四頁
周	四頁
林	四頁
孟	四頁
胡	四頁
姚	四頁
范	五頁
南	五頁
陳	五頁
徐	五頁
袁	五頁
凌	六頁
容	六頁
侯	六頁
張	六至七頁
梁	七頁
崔	七頁
黃	七頁
曾	七頁
溫	八頁
游	八頁
超	八頁
楊	八頁
鄧	八頁

一

目錄

華僑	旁聽生	
鄭 八頁	蕭 九頁	
劉 八頁	謝 九頁	
潘 八頁	鍾 九頁	
盧 九頁	韓 九頁	
賴 九頁	羅 九頁	
	譚 九至十頁	
	蘇 十頁	

鐵 十頁

華僑傍聽生

姓名	籍貫	年歲	科級	臨時通訊處	永久通訊處
王世欽	福建海澄	二十六	經濟學系三年級	煤市街漳州西館	廈門鼓浪嶼龍坑井下六十六號
王長裕	台灣海山	二十一	預科乙部一年級	銀閘十七號	台灣台北州海山郡鴬歌庄石頭溪
王信我	廣東平遠	二十三	預科乙部一年級	前門外冰窖胡同平鎮會館	汕頭平遠石正郵局王師吉轉
王峯翔	廣東文昌	二十五	預科乙部二年級	騎河樓妞妞房十號	騎河樓妞妞房十號
王桂齡	河南汲縣	二十四	史學系三年級	馬圈胡同	汲縣柳衛同興合轉
王榮佳	廣東東莞	二十七	國文學系三年級	第一宿舍	廣州東莞縣厚街鄉大有店
王鴻德	廣東文昌	二十九	史學系二年級	第二宿舍	文昌縣冠南市郵局轉
田家杰	廣東大埔	二十四	法律學系二年級	第三宿舍	汕頭銀溪口銀潭
白雄濟	朝鮮平北定州	二十三	預科乙部一年級	北河沿震東公寓	朝鮮平北定州南面南陽
丘捷	廣東梅縣	二十一	地質學系一年級	第二宿舍	梅縣丙村恒裕泰轉

丘漢興	廣東梅縣	二十一 預科乙部一年級	梅縣西陽丘宜記號轉
伍堅志	廣東台山	二十六 預科乙部二年級	廣東台山縣東門外合源
車應俊	朝鮮慶北	二十八 預科乙部一年級	朝鮮永川郡
李英	廣東蕉嶺	二十 預科乙部二年級	銀閘東口三十九號
李皜	河南鎮平	三十一 中國文學系三年級	汕頭松口叟樂李天源
李居端	廣東新會	二十七 法律學系三年級	第一宿舍
李挺超	廣東五華	二十三 預科乙部一年級	鎮平縣泰興恒轉潘庄西
李珊如	廣東興寧	二十 預科乙部一年級	騎河樓華成公寓
李清周	台灣台南	二十一 預科乙部一年級	銀閘振業公寓
李國魁	湖北廣濟	二十五 法文學系一年級	棗林大院十二號
李琬冰	廣東番禺	二十三 預科乙部一年級	西板橋二十號
李榮燊	廣東梅縣	二十三 預科乙部二年級	銀閘七號

二

	銀閘七號
	北河沿震東公寓
	興寧縣城西門聯合
	汕頭畬坑錫坑
	台灣台南州嘉義街
	棗林大院十二號
	緬甸達歪中學李晉鎬轉
	汕頭松口松源橋市濟和堂

姓名	籍貫	年齡	科系	住址
李嘉典	廣東台山	二十二	預科乙部一年級	沙灘二十二號 台山斛李辛村
李韶清	廣東豐順	二十二	預科乙部一年級	第二宿舍李滄萍轉
李勳哲	韓國黃海道松禾郡	二十四	預科乙部一年級	緬甸達歪中學李明甫轉 朝鮮黃海道信川
吳仁光	廣東瓊東	二十三	預科乙部一年級	翠花胡同十六號 廣東瓊東縣長坡市郵局
吳墩禮	台灣台中州	二十	預科乙部一年級	第一宿舍 吳澤瓊東轉 台中州大甲街
何紹周	廣東梅縣	二十三	法律學系一年級	北河沿震東公寓 汕頭松源堡老墟廣育堂
何功博	廣東梅縣	二十三	法律學系一年級	馬圈胡同華忠公寓 汕頭松源堡老墟廣育堂
何紹周	廣東興甯	二十六	法律學系三年級	騎河樓廟兒胡同五號 汕頭興甯金帶街廣益成轉
何龍章	廣東新會	二十六	預科乙部二年級	第三宿舍 廣東江門舊柳街萬安隆轉
汪學驥	浙江富陽	二十七	法律學系二年級	北池子尚志公寓 浙江富陽東梓關
宋英	江蘇崇明	二十五	法律學系二年級	東安門河沿六十三號 杭州裏龍舌嘴七十三號
宋韻冰	廣東新會	二十三	預科乙部一年級	宣武門永光寺新會新館譚宅轉 安南海防清人街順泰號轉
沈達壽	廣東梅縣	二十	預科乙部一年級	嘉應會館 汕頭松口僑興號

三

姓名	籍貫	年齡	系級	住址
余 皙	廣東台山	二十三	預科乙部一年級	弓弦胡同北大公寓
余 熹	廣東台山	二十一	預科甲部一年級	台山縣新安圩源來號
余維明	廣東台山	二十四	預科乙部一年級	第一宿舍
周志祿	江蘇丹徒	二十五	法文學系三年級	廣東新會城南隅合興隆
周後映	廣東僑縣	二十四	預科乙部一年級	漢花園一號愛蘭學舍
林炳坤	台灣台北	二十四	預科乙部二年級	霹靂太平埠都巴街普盆
林樹松	海山郡	二十三	哲學系二年級	宣內關才胡同八十號
林瀛輯	福建東山	二十六	預科乙部一年級、	大學夾道千祥公寓
孟定亞	廣東文昌	二十四	經濟學系一年級	關才胡同八十號
胡賢瑞	蒙古呼倫貝爾	二十九	法律學系一年級	儋縣王五市
姚宇光	安徽含山	二十五	英國文學系二年級	第二宿舍
范本梁	廣東平遠	二十六	哲學系一年級	福建東山縣後
	台灣茨城			廣東瓊州文昌白延市和美號轉
				呼倫貝爾皮毛公司
				東城東四大興公寓
				東城亮果廠大日中學
				豫王府西夾道五號
				汕頭平遠超竹昌泰號
				火藥局三條二號
				台灣嘉義街東門內二十七號

四

姓名	籍貫	年齡	系級	住址
南徹祐	朝鮮元山府	二十三	預科乙部一年級	騎河樓妞妞房北大公寓
陳同				吉林延吉鋼佛寺中立堂
陳鐸	湖南桂陽	二十二	法文學系三年級	西鐵匠胡同八號 鐵匠胡同
陳方綏	廣東興寧	二十四	法律學系三年級	潘家河沿興寧邑館 金 廣東興寧西門大街廣泰
陳造時	廣東梅縣	二十	法律學系二年級	第三宿舍
陳梓芳	廣東雲浮	二十一	預科乙部一年級	騎河樓馬圈胡同七號 廣東汕頭十八甫陳連記
陳偉霖	廣山興寧	二十二	預科乙部一年級	公寓 汕頭平遠陳大興號轉
陳景霖	廣東瓊山	二十二	預科乙部一年級	騎河樓馬圈胡同華通公寓 廣東汕頭西洋陳應隆轉
陳繼烈	廣東文昌	二十二	預科乙部一年級	銀閘振興公寓 廣東興寧泥波裕泉號轉
徐公輔	廣東蕉嶺	二十五	預科乙部一年級	北池子二條妞妞房十號 新嘉坡米芝律瓊源豐
袁侃如	廣東興寧	二十三	預科乙部一年級	前門外冰窖胡同平鎮會館 緬甸仰光葛仝白坑煙焗
袁蔭庭	廣東興寧	二十一	經濟學系一年級	第三宿舍 廣東興寧羅岡 潘家河沿興寧邑館 汕頭興寧羅岡新民學校袁石泉轉

五

凌一匡	廣東平遠	二十六	經濟學系二年級	前門外冰窖胡同平鎮會館	汕頭平遠石正郵局轉
凌少荃	廣東平遠	二十四	預科乙部一年級		汕頭平遠石正鴻昌泰號
容天量	廣東新會	二十七	政治學系四年級	沙灘二十四號	乾麵胡同中國紅十字總會容卓璋轉
侯慕彝	廣東新會	二十四	政治學系三年級	地安門內雪池五號	汕頭梅縣崇豐當轉
侯錫禎	廣東梅縣	十八	預科乙部一年級	韶九胡同東安客寓	汕頭梅縣三角地保和堂轉
張 寬	廣東梅縣	二十六	預科乙部一年級	東城沙灘二十二號	香港上環大馬路合元門牌一九四號
張文正	廣東博羅	二十二	預科乙部一年級	騎河樓集賢公寓	廣州文德路賢思街一百一十五號西軒家塾轉
張其升	廣東梅縣	二十一	預科甲部一年級	騎河樓集賢公寓	汕頭松口海源號轉張國成再轉
張華煥	廣東新會	二十四	經濟學系二年級	新會新館譚宅轉	安南堤岸蒸酒街普濟醫院張弼卿轉
張榮元	廣東梅縣	二十一	預科甲部一年級	宣武門外永光寺西街	汕頭松口饒塘永信隆
張震歐	廣東梅縣	二十二	預科乙部一年級	銀閘七號集賢公寓	廣東梅縣乾源德
張翼詒	廣東開平	二十四	預科乙部二年級	銀閘集賢公寓十號	南洋荷屬日裡棉蘭埠（Medan Deli）十五間北風口門牌六十六號

六

張競明	廣東梅縣	二十	預科乙部一年級	騎河樓集賢公寓
梁明	朝鮮慶南道	二十五	哲學系一年級	銀閘胡同二十七號宏升公寓
梁侶堯	廣東台山	二十三	預科乙部二年級	東城裕連坑三十八號
崔元	朝鮮平北	二十二	預科甲部一年級	安內法通寺三十一號
黃耿	廣東蕉嶺	二十二	預科乙部二年級	冰窖胡同平鎮會館
黃仲琪	廣東台山	二十三	預科乙部一年級	銀閘胡同十七號
黃守勤	廣東文昌	十九	預科乙部一年級	騎河樓馬圈胡同九號
黃伯軒	廣東台山	二十六	經濟學系一年級	仝京佳址
黃恩輝	廣東梅縣	二十五	法律學系二年級	第三宿舍
黃培汴	廣東順德	二十五	政治學系一年級	馬神廟操場大院五號
黃鈞祥	廣東梅縣	二十五	法律學系二年級	馬圈胡同八號
曾桓希	廣東梅縣	二十	預科乙部一年級	北河沿震東公寓

汕頭致安街廣萬山轉
朝鮮慶南道總營郡沙等
廣東台山麥巷車站
安內法通寺三十一號
廣東台山東坑車站黃琳家轉
廣東台山鎮口墟美源
汕頭蕉嶺新市振華號轉
廣州永漢馬路太平沙二十四號之四
汕頭梅縣悅來圩郵局轉
汕頭梅縣井頭街會福興

七

姓名	籍貫	年齡	班級	住址
溫炘文	廣東梅縣	二十三	預科乙部一年級	中一區井兒胡同華通公寓
溫克威	廣東梅縣	二十二	預科乙部一年級	中一區井兒胡同華通公寓 汕頭致寶街長茂源
游祥耀	廣東梅縣	二十二	預科乙部二年級	汕頭梅縣南口圩至興泰號
超克竹們斯喇	台灣台北州羅東郡	二十三	預科乙部二年級	第二宿舍黃字六號 台灣台北州羅東郡羅東街八五番
超克竹們斯喇	內蒙卓盟客喇沁	二十四	預科乙部二年級	第一宿舍郭安萬轉 西城蒙藏專門學校管理室吳紹元轉
楊廣存	廣東梅縣	二十四	經濟學系二年級	寓 銀閘胡同七號集賢公 汕頭梅縣太生銀莊轉
鄧敬	廣東梅縣	二十二	預科甲部二年級	西老胡同集成公寓 梅縣藪昌泰
鄭榮鈺	台灣新竹	二十四	預科乙部二年級	北池子馬圈胡同八號 台灣新竹州留栗郡苑裡莊
鄭明祿	朝鮮全北井邑郡	二十四	預科乙部一年級	第四宿舍 朝鮮全北邑郡井邑內
劉正言	直隸阜城	二十四	法律學系一年級	號東四魏家胡同三十九 魏家胡同三十九號
劉汝昌	廣東興甯	二十二	經濟學系一年級	潘家河沿興甯邑館 汕頭興甯維浮司開源學校劉熾君轉
劉韞山	廣東平遠	二十五	哲學系一年級	第一宿舍 汕頭平遠壩頭劉培生轉
潘德宏	廣東梅縣	二十二	經濟學系一年級	井兒胡同華通公寓 香港德輔道中瓖萬通安記轉

八

姓名	籍貫	年齡	學系年級	住址
盧振英	廣東大埔	二十五	經濟學系一年級	汕頭大埔萬德號轉
盧嶺先	廣東梅縣	二十一	預科乙部一年級	銀閘集賢公寓 檳榔嶼吧錫街恒益興轉
賴維種	廣東員林郡	二十二	經濟學系一年級	新開路同升公寓 台中州員林郡大村庄大村九二一號
謝其湘	廣東蕉嶺	二十四	法律學系一年級	翠花胡同口大福公寓 南洋三巴冷謝利通號轉
謝樹榮	廣東開平	二十六	經濟學系三年級	廣東開平赤塱
蕭奠川	廣東平遠	二十二	預科乙部二年級	第三宿舍 汕頭平遠八尺漢盛隆號轉
鍾公弼	廣東梅縣	二十五	經濟學系四年級	第一宿舍 汕頭崇正學校鍾士藻轉
鍾少梅	江蘇上海	二十六	預科乙部二年級	弓弦胡同北大公寓 石家莊正太鐵路局轉交
鍾資富	廣東梅縣	二十七	法律學系一年級	馬圈胡同華忠公寓 瓜哇干冬圩祝安堂鍾爵廷轉
韓甲光	廣東文昌	二十五	經濟學系一年級	大外郎營瓊州會館 新嘉坡小坡錦泰隆號轉
羅振歐	廣東興甯	二十一	預科乙部一年級	銀閘振業公寓 廣東興甯大坪魁昌號轉
譚坤	廣東新會	二十二	法律學系三年級	宣外大街四十六號 永光寺西街一號

九

姓名	籍貫	年齡	年級	住址
譚遇富	廣東台山	二十二	預科乙部二年級	銀閘集賢公寓
蘇完奎	朝鮮全北益山郡	二十三	預科乙部一年級	Sam's Cafe 137 W Front. st, missoula, mont. U.S.A. 朝鮮全北益山郡八峯蘇輝昌轉
蘇炎坤	台灣新竹州	二十二	預科乙部一年級	第四宿舍 台灣新竹街北門三三二番地
蘇維霖	福建同安	二十三	預科乙部二年級	第二宿舍 台灣新竹街字沙崙蘇守釗轉
鐵木爾巴根	內蒙卓索圖二十四		預科乙部一年級	西城北魏兒胡同九號 北京錦什坊街王府倉六號

普通旁聽生

目錄

丁 一頁	沈 三頁	孫 五頁
王 一頁	吳 三頁	秦 五頁
日 一頁	孟 三頁	陳 五頁
丹 一頁	周 三至四頁	張 五頁
白 二頁	胡 四頁	黃 五至六頁
石 二頁	武 四頁	許 六頁
伍 二頁	林 四頁	畢 六頁
李 二至三頁	尙 四頁	馮 六頁
汪 三頁	姚 四頁	程 六頁
宋 三頁	姜 四頁	彭 六頁
邱 三頁	梁 四頁	楊 六頁
何 三頁	唐 四頁	雲 六頁

一

目錄

普通

萬 六頁
路 六頁
細 七頁
鈴 七頁
董 七頁
趙 七頁
葛 七頁
翟 七頁
熊 七頁
葉 七頁
劉 七頁
臺 八頁

旁聽生

薛 八頁
羅 八頁
關 八頁
鄭 八頁
韓 八頁
潘 八頁
譚 八頁
蘇 八頁
龔 八頁

二

普通旁聽生

姓名	籍貫	年歲	科級	臨時通訊處
于濤	山東苔縣	二十三	物理系	馬圈胡同華忠公寓
于恩黻	京兆大興	四十	國文系	北京協和醫學校國文部
王錚	湖南劉陽	二十一	英文系	後門東夾道五號
王守梅	浙江義烏	二十四	史學系	羅家大院十號
王世傑	廣西永福	三十	哲學系	鐵獅子胡同洪興公寓
王盛英	安徽合肥	二十七	國文系	第二宿舍
王享豫	山東泰安		哲學系	東老胡同十二號
王鴻賓	廣東瓊州	二十四	國文系	南池子飛龍橋胡同銓桐院
日田次郎	日本	三十八		東城隆福寺街大東公寓
丹那德大郎	日本	二十四	英文系	

一

姓名	籍貫	年齡	系別	住址
白鎭瀛	北京	二十五	國文系	宣內絨線胡同公立第七小學
石峮			哲文系	
石錦忠	河南南陽	二十五	國文系	馬神廟十號
伍經燁	湖南石門	二十九	國文系	北京海北寺街澧陽會館
李英	廣東番禺	二十	國文系	後門內東板橋火藥局六號
李靜	江蘇江都	二十七	哲學系	西老胡同十九號
李兆憲	朝鮮	二十五	經濟系	第二寄宿舍
李世藩	四川古藺	二十六	哲學系	
李昌民	朝鮮		英文系	
李永焜	湖北漢川	二十七	德文系	沙灘二十號大德公寓
李秀山	廣東台山	二十二	國文系	第五寄宿舍
李恆道	山東肥城	三十九	國文系	崇內滙文神學

李鴻儒	河南南陽 二十九	哲國系	後門內三眼井二號
李韻笙	浙江金華 二十五	國文系	西城後老來街甲三號
汪仲熙	安徽廬江 二十七	國文系	報子街大德公寓
宋克欽	湖南瀏陽 二十八	哲學系	銀閘二十八號
邱正元	福建龍溪 二十三	國文系	沙灘雲陞公寓
何士驥	浙江諸暨 二十八	國文系	銀閘二號
何廷述	四川江北 二十二	政治系	中老胡同三號
何孟雄	湖南酃縣 二十五	政治系	
沈大玉	江蘇松江	國文系	銀閘十三號
吳毅	四川鄰水 二十四	英文系	
孟定仕	蒙古呼倫貝爾	俄文系	
周紹成	江蘇江都 二十七	哲學系	西老胡同十九號

三

姓名	籍貫	年齡	系別	地址
周敦祜	湖南長沙	二十一	哲學系	教育部街首善公寓龔炅轉
周錫琪	直隸高陽	二十五	經濟系	本校職員王樹春先生轉
周贊襄	湖南岳陽	二十五	英文系	井兒胡同華通公寓
胡永龍	四川大邑	二十三	國文系	宣外大吉巷四十號
武止戈	陝西渭南	二十三	英文系	吉安所左巷六號
林熙傑	廣東文昌	二十二	英文系	宣外大吉巷四十號
尚獻生	四川雙流	二十六	國文系	漢花園愛蘭學舍
姚驥	四川敍永	二十一	政治系	南長街五十四號梁公館轉
姚鍾壽	江蘇青浦	二十四	經濟系	松公府夾道七號
姜文櫟	四川平武	二十四	英文系	大學夾道五號
梁尚志	四川宜賓	二十一	地質系	大學夾道五號
唐懋達	雲南大關	二十七	國文系	亮果廠五號怡廬

四

孫　毅	直隸易縣	三十二	哲學系
孫壺東	四川黔江	二十二	史學系	井兒胡同十六號
孫緯坤	四川南溪	二十八	國文系	騎河樓馬圈胡同十二號
秦樹勛	江蘇銅山	二十三	英文系	西老胡同十九號
陳　穎	廣東文昌	二十一	哲學系
陳賢鼎	浙江鄞縣	二十五	法文系	李閣老胡同八號
張季良	四川石柱		國文系	沙灘同陞公寓
張含清	山東齊東		哲學系	後局大院二十號
張清琪	湖南南陽	二十四	國文系	馬圈胡同十三號
張樹榮	湖南劉陽	二十八	哲學系
黃孝徵	湖南長沙	二十五	國文系	第五寄宿舍
黃錦源	廣東興甯	二十三	國文系	西老胡同一號

五

黃履夷	四川南川	二十三	化學系	沙灘同隆公寓
許襄	河南南陽	三十	國文系	第一寄宿舍
畢會	湖北		英文系	第一寄宿舍
畢肇繩	江蘇無錫	二十三	英文系	第五寄宿舍
馮叔蘭	河南沘源	二十三	國文系	鐘鼓寺十四號
程憬	安徽績溪	二十二	英文系	西老胡同十九號
程國華	江蘇溧陽	二十八	哲學系	第一寄宿舍
彭基相	安徽和縣	二十六	哲學系	西老胡同一號
楊壽璧	貴州貴陽	二十二	法律系	沙灘二十四號
雲開源	湖南石門	二十九	數學系	燕京大學第三院
萬振華	河南汝南	二十六	英文系	銀閘六號
路汝悌	山東諸城	二十九		

六

細井芳平	日本	二十六	哲學系	船板胡同華北正報
鈴木擇郎	日本			
董作賓	河南南陽		國文系	亮果廠九號
趙毅成	廣東台山	二十二	國文系	
葛浙榮	福建建甌	二十四	英文系	手帕胡同
翟寒松	安徽涇縣	三十一	英文系	史家胡同十九號
熊永安	四川合川	二十五	哲學系	第一宿舍
熊訓古	四川江安	二十六	國文系	火藥局五條胡同三號
熊野正平	日本	二十七	國文系	鐵匠營一號
葉錫衡	浙江金華	二十四	哲學系	銀閘集賢公寓
劉苗芳	直隸保定	二十八	國文系	第五宿舍
劉範祥	湖北鄂城	二十七	法文系	沙灘同陞公寓

姓名	籍貫	系別	住址
臺靜農	安徽	國文系	
薛培山	直隸臨城 二十四	經濟系	東高房七號
薛俊升	江蘇崇明 二十七	英文系	銀閘二十七號
羅東杰	廣東興甯 二十七	哲學系	潘家河沿二十號
關肇淞	廣東南海 二十二	英文系	北河沿五十八號
鄭孝觀	四川酉陽 二十五	國文系	
韓愷	湖南	哲學系	第二宿舍李世藩轉
潘從理	四川古藺	哲學系	
譚榕	廣東開平 二十六	經濟系	李鐵拐斜街肇慶會館
蘇鑑	湖南新化 二十六	英文系	
龔明德	湖南臨澧 二十六	法文系	京漢鐵路管理局

八

（實價大洋壹毛六分）

國立北京大學十三年畢業同學錄（一九二四）

本同學錄全名「國立北京大學十三年畢業同學錄」，即民國十三年（1924）的北京大學畢業同學錄。

本同學錄扉頁有贈書題記：「十三年畢業同人贈于化學閱覽室。」例言及目錄頁鈐有「國立京師大學，是1927年張作霖統治北京時，將北京大學與其他八所國立大專學校合併之後的名稱。此同學錄應是原屬北京大學圖書館化學閱覽室，後改歸國立京師大學理科圖書館。

本同學錄「例言」說：「各系主任及教員以最近交像片者爲準，所有未交片及職員概不列入。」可見其收錄各系主任及教員不全，而職員則不予收錄。而同學錄部分則將未交「銅版」者「均按學系列後」。排序方面，「各系學員及教員姓名均按姓字筆畫多少編次」。

與上年畢業同學錄相比，本年同學錄增加了校史、各系教員兩部分內容。

目錄之後是時任北京大學總務長蔣夢麟的「臨別贈言」。贈言開篇說：「諸位同學在我們所愛的北大的大家庭裏共同過了六學年的生活」，所謂六年，預科和本科的年限如何？在贈言之後的《國立北京大學略史》中我們可以找到答案：「六年教育部改訂學制，大學預科二年畢業，分科四年畢業。」而民國初年的大學學制則是預科和本科各三年，因此我們在《北京大學民國三年同學錄》中可以發現預科三年級學生名單。

另據1921年的《北大生活》中的「入學指南」，「本校今年招考預科一年級生，及本科英文學，法文學，德

文學，俄文學四系一年級生」，可知當時北京大學的本科生不全爲預科畢業後升入者，蔣夢麟的贈言中說的「六年」，大致應是概指。蔣氏在「臨別贈言」中提出希望：「諸位同學各人有各人的懷抱，各人有各人的宗旨和使命，只要抱定宗旨，向前奮鬥，不要稍經挫折，就生灰心，遇着誘惑（「惑」）原作「感」，誤），便受同化，一經惡勢力壓迫，便即屈服。」贈言的最後一句頗耐人尋味：「若大學畢業後，自己尚無懷抱，沒宗旨，不明白自己的使命，我也無言可贈，只好說大學教育失敗罷了。」

「臨別贈言」後的《國立北京大學略史》滿滿四頁，雖不算長，所包含的北大校史信息還是非常豐富的，特別是民國之前京師大學堂的分分合合，交代得很清楚，其中不乏重要史實。如京師大學堂成立之初，「僅將原設官書局及新設譯書局併入，置仕學院，令舉人、進士出身之各京曹入院學習」。又如 1902 年京師大學堂重新開辦時，「先設高等學堂爲開辦分科大學之預備。一，當時擬設之分科大學有八：即經學科，法政科，文學科，醫學科，格致科，農科，工科，商科是也。二，並設速成科。分仕學，師範兩館。外交部之同文館亦歸併本校，後改爲翻譯科」。再如「宣統元年本校委任經科，法科，文科，醫科，格致科，（民國成立後改稱理科）農科，工科，商科，八科大學監督，爲開辦各該大學之籌備。……次年二月舉行分科大學開學禮式，其中僅醫科大學未能開辦」。

此外，從中我們還可以知道，民國初年的幾所國立專門學校，多源自京師大學堂或北京大學。如「三十年仕學館併入進士館。後該館學生或畢業或被資送出洋留學，遂於三十二年停辦。將原有堂舍改設法政學堂，即今之法政專門也。三十一年醫學實業館改稱爲醫學館，與施醫局合併，即今之醫學專門也」。

「民國三年農科大學改爲農業專門學校，遂離本校獨立」。

本年畢業同學錄也刊登有第一、二、三院照片，只是第一、三院爲大門照片，而非全景。

學校管理層照片，仍爲校長蔡元培、總務長蔣夢麟、教務長顧孟餘三人。因蔡元培校長於1923年7月請假游歐，由蔣夢麟代理校長，而1923年同學錄出版於7月之前，相關信息到本年同學錄才得以更新。此外，顧孟餘除了兼任經濟系主任，還兼任俄文系主任。系主任方面，與上年相比的變動是：政治系主任改爲周覽（鯁生），法律系主任改爲王世杰。刊登教員43人，除了照片，還包括姓名、字號、籍貫、畢業學校、講授課程等信息，他們多爲當時或後來的著名學者，如王烈、吳虞、何育杰、李書華、李宗侗、李煜瀛、杜國庠、沈兼士、胡濬濟、林玉堂（即林語堂）、馬衡、馬叙倫、陳啓修、陳漢章、梁漱溟、黃節、黃右昌、樊際昌、錢玄同、劉廷芳、燕樹棠等。

教員之後，刊登了「十三年北大畢業同學會籌備會各系代表」13位代表的名單和照片。

同學錄部分，刊登各系畢業生照片321人，附有姓名、字號、年齡、所在系、籍貫、通訊處等信息。其中，數學系13人，物理系23人，化學系28人，地質系16人，哲學系28人，國文系12人，英文系21人，法文系3人，俄文系3人，史學系21人，法律系72人，政治系26人，經濟學系43人。畢業生照片中間穿插有一院和二院全景照片，北大附近的北河沿和景山照片，學生軍訓照片等。最後，畢業同學錄以「餘錄」的形式刊登了各系未交照片銅版的畢業同學的名字和原籍通信處，共計80人，其中數學系1人，物理系7人，化學系9人，地質系9人，哲學系14人，國文系6人，英文系2人，法文系3人，德文系2人，史學系1人，法律系11人，政治系9人，經濟學系6人。而哲學系蔣復璁已在有照片的同學中，這樣，去掉重複1人，本年北京大學畢業生總計400人。

本年畢業生中，我們依例選取幾位略作介紹。

地質系樂森璕（1899—1989），古生物學家，地層學家。1924年畢業後入前農商部地質調查所。1927—

1934年任職於兩廣地質調查所。1934年赴德國哥廷根大學和馬堡大學進修地質古生物學，1936年獲博士學位。回國後歷任貴州礦產測勘團主任，貴州省地質調查所所長。1955年任北京大學地質系教授，後兼任系主任。

哲學系藏玉淦（1901—1964），神經解剖學家。1929年赴美國芝加哥大學留學，改學神經解剖學，獲博士學位。1936年回國，歷任清華大學心理系教授，協和醫學院、北京醫學院解剖科教授。

哲學系蔣復璁（1898—1990），圖書館學家。蔣百里之侄。1926年任北京圖書館編纂，1930年赴德留學，1932年回國。1933年任國立中央圖書館籌備委員會委員，籌備處主任。1940年任國立中央圖書館首任館長。1954年任臺灣「國立中央圖書館」館長。

英文系黃日葵（1899—1930），早期中共北京黨組織成員。1918年入北京大學預科，參與創辦國民社、北京大學平民教育講演團，爲五四運動的領導者之一。1921年11月17日，與鄧中夏等19人在《北京大學日刊》發布《發起馬克斯學説研究會啓事》，並於1921年加入中國共產黨。北伐戰争期間任李宗仁所部國民革命軍第七軍政治部副主任。1927年參加南昌起義。1930年在上海病逝。

法文系常惠（1894—1985），民俗學家。1922—1925年負責北京大學《歌謡週刊》編輯。後任職於古物保管會、北平研究院史學研究會。抗戰期間到四川樂山故宫博物院負責内遷文物保管工作，抗戰勝利後在故宫博物院主管展出事宜。

國文系安文溥（1897—1976），史學家。曾任東北大學文學系教授，武昌育杰中學校長，《奉天通志》纂修。新中國成立後，先後任東北文物管理處研究員，遼寧圖書館研究員，遼寧省文史館副館長。

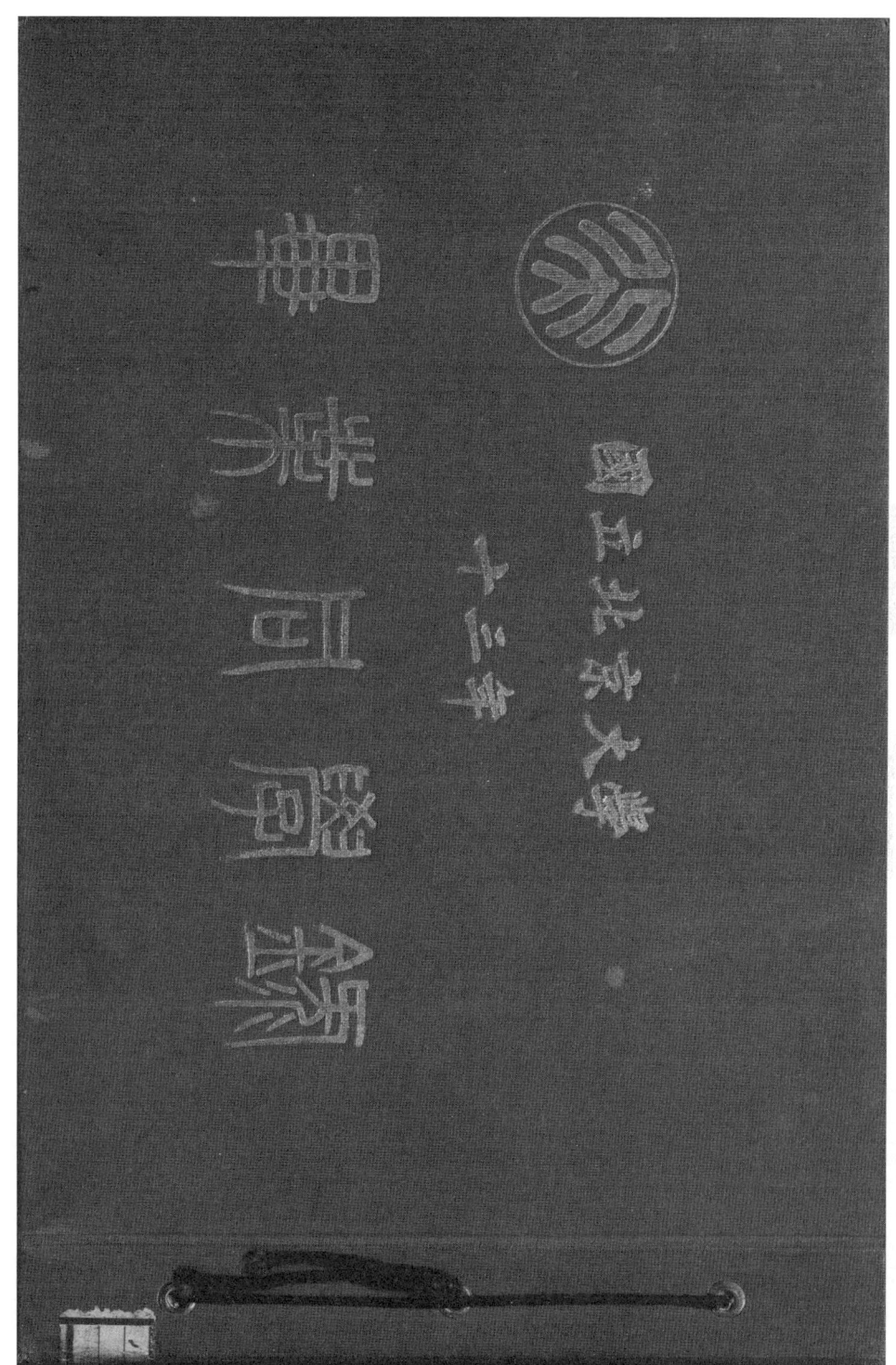

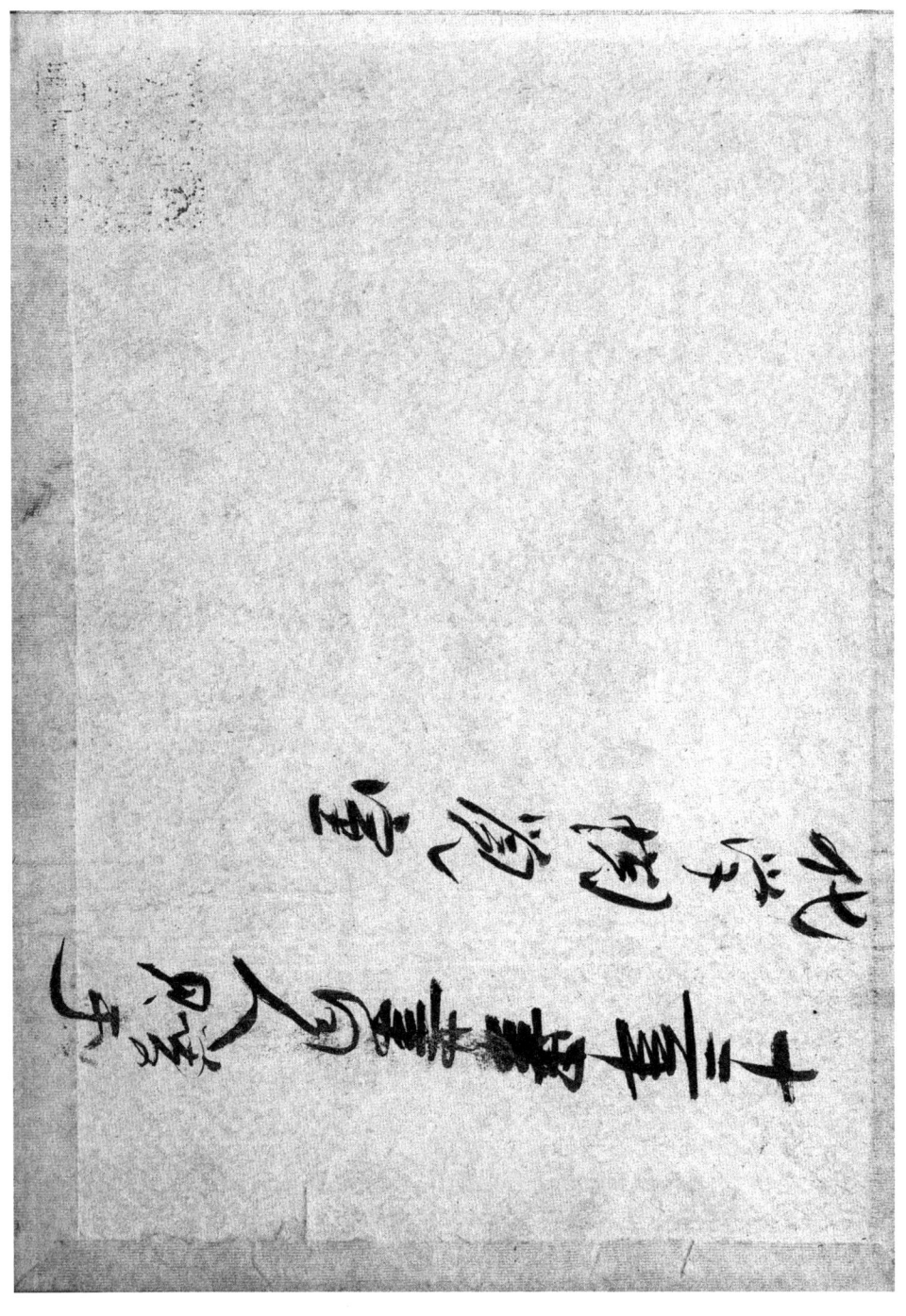

國立北京大學十三年畢業同學錄

凡例

1. 本錄列入各學系學員以本年全校四年級畢業者為準凡未支銅版像片者所有姓名通信處均未編入
2. 各學系主任及本校職員鋼版像者最近攝影
3. 此次列印插畫及教員校長各影均由本校製圖處酌量鋼印
4. 各學系學員錄以次列有銅版者為一組「十三年畢業同學錄」
5. 各學系同學錄按以姓名筆畫多少編次排列
6. 錯誤之處，尚祈原諒，由各系代表及編輯員書記憚於辦理難免遺漏

目錄

1. 校史
2. 校旗
3. 校長
4. 校務長
5. 教務長
6. 各院大門
7. 各系主任
8. 各系教員
9. 各系代表
10. 數學系
11. 物理學系
12. 化學系
13. 地質學系
14. 哲學系
15. 國文學系
16. 英文學系
17. 法文學系
18. 德文學系

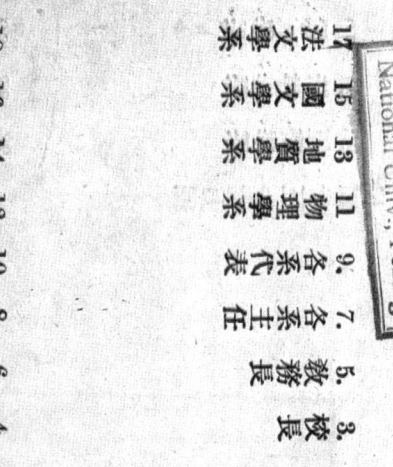

民國二十七年七月編

23 經濟學系
21 法律學系
19 俄文學系
24 餘錄
22 政治學系
20 史學系

臨別贈言

諸位同學：臨別贈言就從此分散了。大學四年所變的生活現在畢業了！大家庭裏

別贈言也是照例的事，各人從各人的懷抱應有各人的事。

就同過了大學生涯。我們在北

命只要各人抱著各人的宗旨向前奮鬪，不要受人的誘惑便是。

我自己尚無這是我受同化——總而言之一句話：諸位同學畢業了！大家要抱定宗旨，經挫折和各種惡勢力

學畢業迫使命便即屈服，也無可贈。只懷抱希望於諸位的若努力

已的使命也自己就好說不明白失敗罷了。大

十三年七月北京

蔣夢麟

國立北京大學略史

光緒甲午中日之役，吾國戰敗，知非新學不足以圖強。二十一年，康有為上書請變法，不報。二十四年正月，御史王鵬運奏請開辦學堂。時德宗銳意變法，遂於是年五月諭立大學於京師，派孫家鼐為管學大臣。衛門提調黃紹箕、梁啟超等贊新政。又為籌備學府月稅而未果。七月初，請疏請興學，以籌備學府之計。

孫家鼐由軍機處兼管學務。經濟特科分內政、外交、理財、經武、格物、考工六門。擬具章程呈進。八月政變，仍舊之諭迭下，學堂停辦，但因學堂已成之故，僅將原設學堂，十餘條照舊舉辦，始於二十四年十一月開辦，校舍擇馬神廟孫公主府舊址（即今北京師範大學第一院即其地也。先是廷議大學設於城外。因信陰陽家言，謂城外大學堂，未開辦而遭國變，不祥，遂改設城內。此地者由二十六年拳匪之亂，八國聯軍入京師，校舍被佔，學堂因而停廢。二十八年十二月，復派張百熙為管學大臣，繼續辦學。即令新進士肄業之同文館併入，分科同前此各科，即有人學者，擬分大學七科、農工商各科、經學、法律、文學、格致、政治、醫學、農學之預備也。（二）譯學館，即同文館也。（三）醫學實業館，課夏學館，三十一年改設譯學館，是年二月校舍建立，譯學館本校即為今北大第三院也。譯學館本校建設新校舍，譯學館俊速成科。

本校教育部暫設以國立醫科、工科、音班附設博物實業。範習起見，開辦三十一年停辦。進士館事務，頒發教授中西醫學全國學程，並行管理，是年混同，派學生出洋留學，三十年改為醫學館。原設譯學館有學生畢業後，該館事宜則另設於是年停辦，俟本校大學堂通則之中。本校經設國立京師大學堂師大學、商科、文科、格致科、農科、法科、音樂班此附設之初，是年實業館舍改設大學堂。此後學館改辦為京師優級師範學館，及附屬小學實施政法學校送資銀行之用，即今合併。遂於民國三年開辦簡易科及其高等小學各所。二十二年停辦，本校奉改為高等師範學館，即今北京師範大學堂改為商科、醫科，亦停辦。民國成立後本校奉改名預科分科各有之，本校於三十三年九月本校分班外次年遂停辦。民國元年次月經費之所修，即政局合併，遂於三十四年九月

其預備科為民國三年劃歸大學校。民國成立改稱工科、商科、文科。各分科大學及預科、方本校改稱師範科、農科、法科、農科（即高等）

併文俊以「國立京師大學冠以中華民國京師大學堂，大學堂立國京師大學堂仍照舊辦理。

本校六年遷離部改設文科二門字能開辦。均定新訂大學制十年五月十一日任命大學院，民國三年分科大學及預科各科合稱其他各科方本校改稱分科大學，公元培為校長。四年分科為高等專門學校。

書五評議會。代表留電各校講會。民氣沸騰，山東各教授廣廣之用公司政治經濟月刊均成立。是年有改究所門事

新定試大學分之改行章程內部組織之一。章程出草，內部組織起見，十一月集法、醫、工各學長，呈校長職員會議，於七月三日分科辦理招生回校不分科辦理事宜，並議次組織協助校長蔣夢麟教授回校。總務處組織已成立。但九月蔣校長以政府拘蓉行政委員十三月會蒙互

選定代表到電促歸赴會，民氣沸騰。同月九日各校教員罷課聯合會，組織委員會，以不得已因山東問題對校長山東問題對校長與教授并將逮捕危險十餘人本校學生被捕三人、因政府對聯數十餘人為學生。五月四日北京各校學生運動，即是年之「五四」運動。本校學生被捕者三十餘人，蔡校長蔡出席赴會與教員聯合，本校派人五月七日北京全國教職合會抵制不合國體

改為文科、法科、理科。文科教室即今之第一院宿舍。其次建築各科教授英、法、德、日、俄五國文，增出版「理物理數學七於二年秋落成德國文哲研究所附設於文研所。各科設地質社會

國立北京大學十三年畢業同學錄（一九二四）

309

設立財務會議決現校長蔣夢麟因政府積累軍事赴法國考察過多辭勞教授采行授與典禮本校兼夢麟成立，本校教授

十二月新學期開學，本校部及財務部會議決定，教職員恢復原狀。十月蔣校長回國銷假，九月註冊部成立俄文班，儲懋國民大學博士學位，本年夏

秋後為問題解決，國立教授代理，校長蔡元培蒞任。十二月，蔡校長復職講課。十年上半年蔡校長顧孟餘代理。十月，自由講演會章程及各組設立。原附屬音樂傳習所音樂研究所成立。

十一年上學期，蔡校長此因政府停頓而中輟，十二月，音樂研究會組織改組研究所，九月至秋後經費

秋後各教員薪俸亦均辭職，此次校長蔣夢麟代理校長蔡校長遊歷歸來，本校教務職員薪津各采現，教務會議議決附則校務會議決，成立。十月自司法獨立而頒佈各組織成立。十一月冬審計委員會組織之决議，會議設立禮儀審查委員會，並校長，蔡校長特護而得以維持不墜。

部長將夢麟辭職，本年各教員薪俸不發，教授仍照舊教授代理校長遊歷假歸期辭職，本校教員會計制設校長職務現歐理出納事宜。會辦理十月校務由新職員講演會次推舉蔡校長薦財務會議照例蔡校長日臻完善明

部長不載。

國立北京大學十三年畢業同學錄(一九二四)

第一院大門攝影

第二院攝影

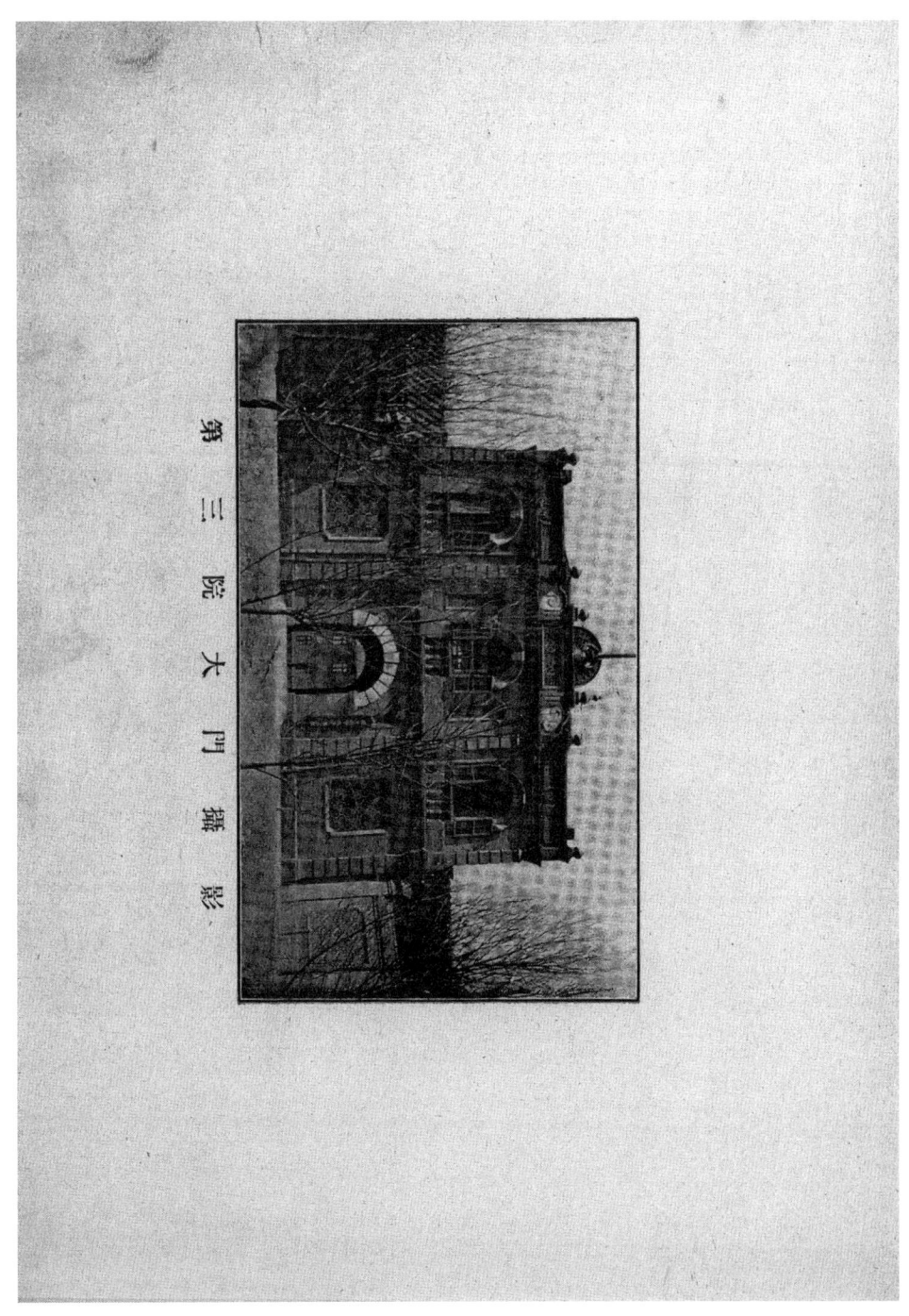

第三院大門攝影

民國十三年北京大學畢業同學錄

校長蔡元培先生

民國十三年北京大學畢業同學錄

總務長代理校長蔣夢麟先生

民國十三年北京大學畢業同學錄

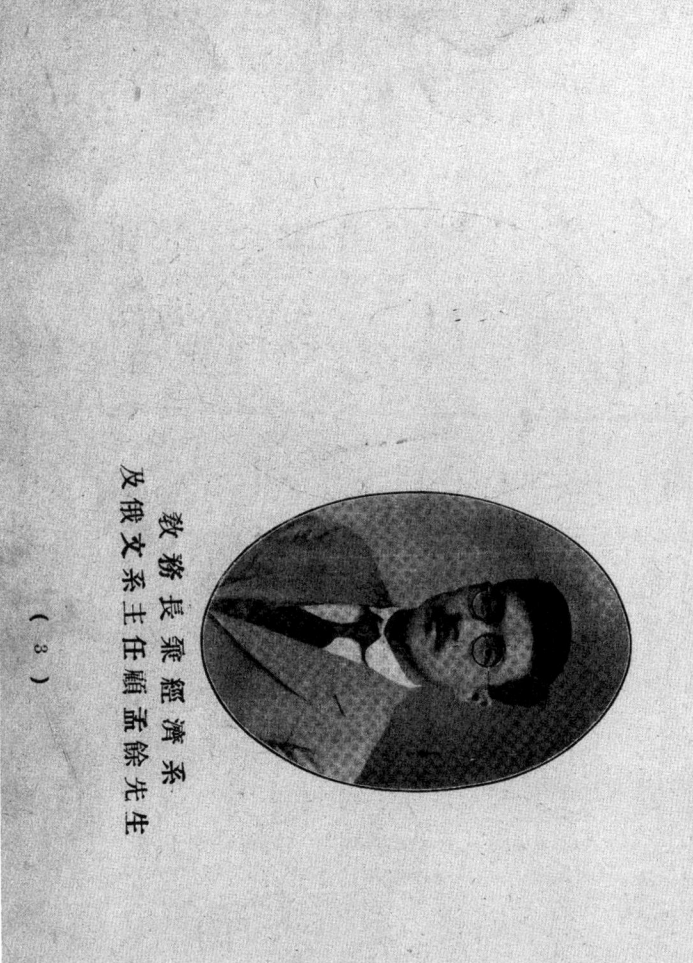

教務長兼經濟系
及俄文系主任顧孟餘先生

民國十三年北京大學畢業同學錄

物理系主任
顏任光先生

數學系主任
馮祖荀先生

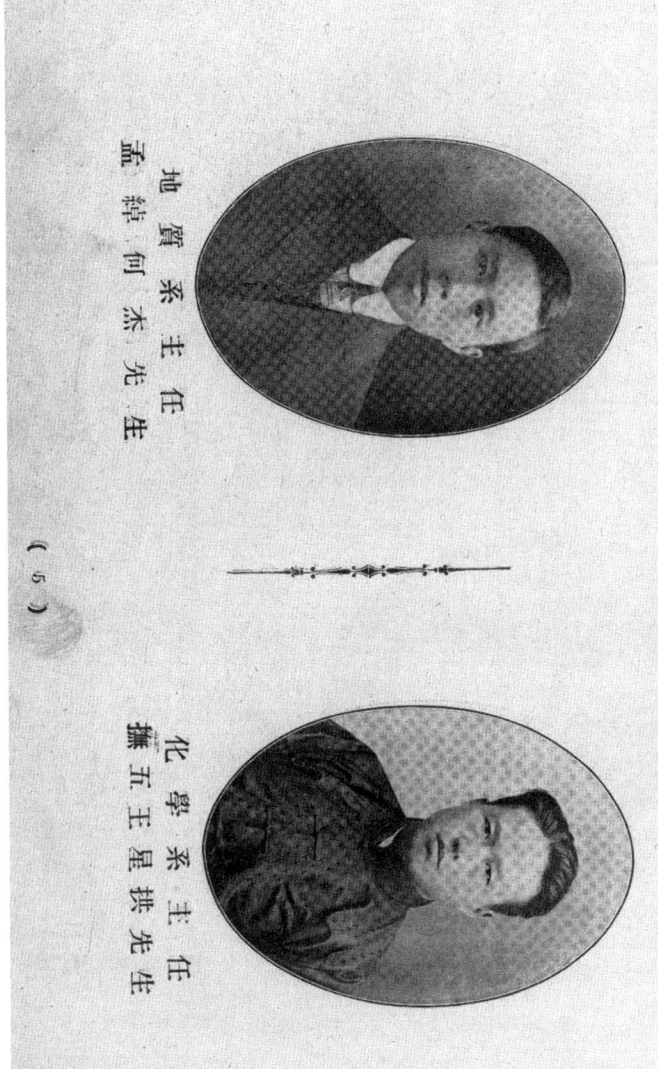

民國十三年北京大學畢業同學錄

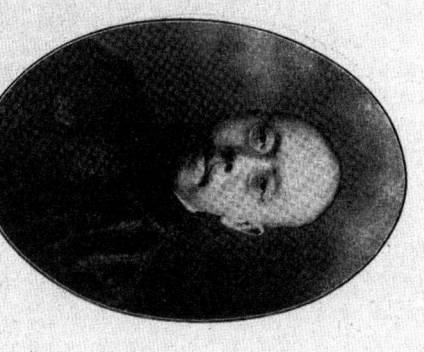

國文系主任
幼漁馬裕藻先生

哲學系主任
百年陳大齊先生

民國十三年北京大學畢業同學錄

德文系主任
丙辰楊震文先生

(7)

英文系主任
適之胡適先生

民國十三年北京大學畢業同學錄

史學系主任
邊先朱希祖先生

法文系主任
法任李景忠先生

民國十三年北京大學畢業同學錄

政治系主任
顧孟餘先生

法律系主任
王世杰先生

民國十三年北京大學畢業同學錄

王仁輔 先生
江蘇崑山
美國哈佛大學碩士
數學教授

王烈 先生
浙江蕭山
德國勿闌堡大學畢業
礦物學教授

民國十三年北京大學畢業同學錄

朱錫齡先生
江蘇江甯
美國愛丁堡大學畢業碩士
交通經濟及工業經濟敎授

于捷左德敏先生
湖北應城
德國柏林大學畢業
破產法敎授

民國十三年北京大學畢業同學錄

文陵吳陵先生
四川成都
日本法政大學畢業
晚周諸子教授

吟晉向育杰先生
浙江慈谿
英國孟哲斯脫大學畢業
電磁學教授

民國十三年北京大學畢業同學錄

潤章李書華先生
直隸昌黎
法國理學師士
物理學教授

蔚剛吳文潚先生
江西宜黃
法國巴黎龐悌耶大學畢業
數學史教授

(13)

民國十三年北京大學畢業同學錄

靜波李浦先生
直隸鹽縣
日本明治大學學士
商法教授

亦順李芳先生
江蘇南通
本校經濟系畢業
經濟原理教授

民國十三年北京大學畢業同學錄

支秉淵先生
直隸高陽
法國文學巴黎經

石曾李煜瀛先生
直隸高陽
中法大學籌備員
生物學教授

(15)

民國十三年北京大學畢業同學錄

守業杜國庠先生
廣東澄海
日本西京帝國大學學士
商法市政論教授

沈兼士先生
浙江吳興
日本留學
文字學教授

(16)

民國十三年北京大學畢業同學錄

沅叔胡濬濟先生
浙江慈谿
日本東京大學
函數論教授

林玉霆先生
福祖龍溪
德國米比錫大學哲學
博士
英文詩歌之練習及研
究教授

民國十三年北京大學畢業同學錄

叔平 馬 衡 先生
浙江鄞縣
南洋公學畢業
金石學教授

夷初 馬叙倫 先生
浙江杭縣
前教育次長
老莊哲學教授

民國十三年北京大學畢業同學錄

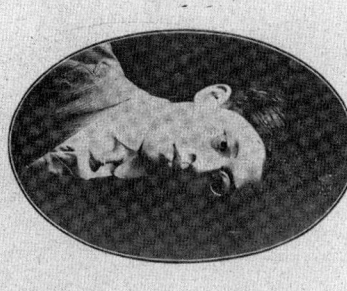

欽民夏勤先生
江蘇泰縣
日本中央大學學士
刑事訴訟法教授

(19)

柴思義先生
(Chase)
美國人
英文詩與劇學教授

民國十三年北京大學畢業同學錄

倪應陳啓修先生
四川中江
日本東京帝國大學學士
憲法教授

仲騰陳映璜先生
湖北黃陂
教育部前任審定員
人類學教授

民國十三年北京大學畢業同學錄

克生陳瑾昆先生
湖南常德
日本東京帝國大學學士
民邢惠法教授

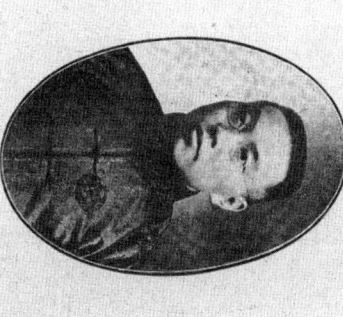

叔諟陳漢章先生
浙江象山
清光緖戊子舉人
中國通史敎授

民國十三年北京大學畢業同學錄

梁漱溟先生
廣西桂陵
順天高等學校畢業
孔家哲學教授

楊棟林先生
貴州畢節
日本留學
歐洲訓育變遷史教授

民國十三年北京大學畢業同學錄

穌廷濯苓年先生
浙江吳興
日本慶應義塾政治科
日本亞此史教授

(23)

仲琳濯健先生
湖北
美國麥丁谷大學碩士
西洋史敎授

民國十三年北京大學畢業同學錄

湘生汲澤霓先生
江西
美國化學博士
高等分析教授

伊法爾先生
畢業在 Ecole Nationale des Langues Orientales a Paris
政論家莫斯科北方研究學院研究員　俄文教授

(24)

民國十三年北京大學畢業同學錄

晦聞黃節先生
廣東順德
前廣東全省教育總會會
長
澳總六朝詩文教授

樸生張孝栘先生
湖北鄂城
日本早稻田大學政治經
濟科畢業
刑法總則及分則教授

民國十三年北京大學畢業同學錄

洪劫郗宗孟先生
湖北隕縣
日本京都帝國大學學士
前商業政策教授

賴馨黃右昌先生
湖南臨灃
日本法政大學學士
羅馬法教授

民國十三年北京大學畢業同學錄

漢丞葉秉衡先生
江蘇南匯
食物化學教授

畢奢切先生
(Bevan)
英國人
英作文教授

民國十三年北京大學畢業同學錄

逸羽樊際昌先生
浙江杭縣
美國華盛頓大學
心理學教授

知軒熊遂先生
江西南昌
美國柏林士頓大學碩士
西洋文化史教授

民國十三年北京大學畢業同學錄

錢 ?同 先生
浙江吳興
日本早稻田大學畢業
晉哲學教授

劉廷芳 先生
浙江永嘉
美哥倫比亞大學哲學
博士
教育心理教授

民國十三年北京大學畢業同學錄

鐵捷克先生
(Tretiakov)
俄國人
前俄國遠東大學敎授
育才屋
俄國文學史敎授

召亭溎樹棠先生
直隸定縣
美耶魯大學法學博士
國際公法法律哲學敎授

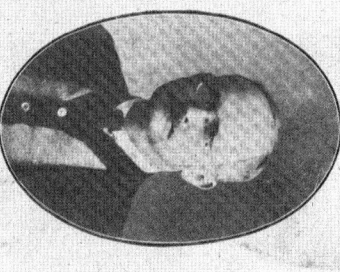

葡爾德生先生
(Dr. F. Ote)
德國人
經濟博士
工廠管理及統計會計簿
記敎授

十三年北大畢業同學會籌備會各系代表

數學系施歐明君
物理系祝慰黎君
化學系時錫鎧君
地質系劉元斗君
國文系張鴻瑞君
英文系董德芳君

十三年北大畢業同學會籌備會各系代表

法文系常惠君 俄文系任國楨君 哲學系寅繼文君 史學系何九君

法律系周爾偓君 政治系張法權君 經濟系吳士瀠君

民國十三年北京大學畢業同學錄

高 佩 玉
字夏旗年三十一數學系
直隸井陘人
通信處：直隸井陘買莊鎮
東泰昌

施 啟 明
字吾衆年二十五數學系
江蘇崇明人
通信處：江蘇崇明城內齋
民街

武 崇 林
字孟群年二十五數學系
安徽鳳陽人
通信處：安徽鳳陽府西
街

民國十三年北京大學畢業同學錄

崔 頌 殷
字岳民年二十三數學系
江蘇鹽城人
通信處：江蘇鹽城湖垛
大崔莊

連 作 恭
字寅蓀年二十六數學系
江西鄞都人
通信處：江西鄞都城東
容波門內運宗臺同

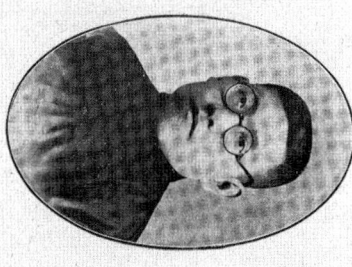

荊 恩 楓
字丹庭年三十一數學系
山東蓬萊人
通信處：山東萊州府城
萬壽宮街

民國十三年北京大學畢業同學錄

劉繼焴
字競炎年二十七數學系
奉天昌圖人
通信處：奉天昌圖北街鷺
鷥衚衕自立堂凱宅

趙國昌
字榮周年二十八數學系
江蘇南通人
通信處：江蘇南通示湖市
四十里

黃祇三
字頌垂年二十七數學系
江蘇南通人
通信處：江蘇南通小梅鎮

民國十三年北京大學畢業同學錄

韓 葛 菁
字集涵 年三十歲 學系
直隸靜海人
通信處：天津南獨流鎮

穆 敘 倫
字逢生 年二十六歲 數學系
浙江義烏人
通信處：浙江義烏沈和
興鞠

民國十三年北京大學畢業同學錄

蘇 繼 業
字拄昌年二十七數學系
直隸邢鄲人
通信處：直隸邢鄲北五里舖

魏 德 慶
字佩修年二十七數學系
奉天海城人
通信處：奉天海城牛莊北關

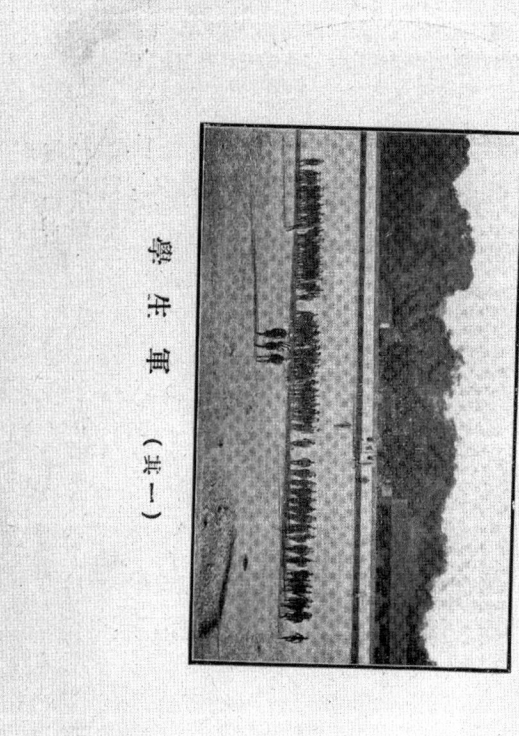

學生軍（其一）

民國十三年北京大學畢業同學錄

李 禮 耕
年二十六物理學系
河南葉縣人
通信處：河南葉縣同
昇元鋪

李 毓 秀
字蘊甫年三十物理學系
山西崞縣人
通信處：山西崞縣原平
鎮永合泉鋪

史 學 俠
字譽公年二十七物理學系
山西洪洞人
通信處：山西洪洞縣署

民國十三年北京大學畢業同學錄

邸鳳桐
字鳴陽年二十七物理學系
奉天遼陽人
通信處：奉天遼陽二道街洪宅轉

沈倫
字敘五年二十六物理學系
浙江臨海人
通信處：浙江臨海順發坊

李銓衡
字效峯年二十五物理學系
河南延津人
通信處：河南延津西街

民國十三年北京大學畢業同學錄

秦 承 周
字孜郁年二十八物理學系
山東東阿人
通信處：山東東阿東南門內

祝 慰 黎
年二十五物理學系
安徽舒城人
通信處：安徽南港鎮

何 鍚 潘
字綽臣年二十四物理學系
河南滑縣人
通信處：河南滑縣牛市街鹹

民國十三年北京大學畢業同學錄

張 全 裕
字冊春年三十物理學系
奉天諸陽人
通信處：奉天瀋陽北七
鄉造化屯

陳 維 德
字威一年二十八物理學系
奉天復縣人
通信處：奉天復縣鹽順德

胥 永 昶
字東谷年三十物理學系
湖北松滋人
通信處：湖北松滋新江
口永儀祥轉

(42)

民國十三年北京大學畢業同學錄

馮　兆　驎
字書閣年二十四物理學系
奉天鐵嶺人
通信處：奉天鐵嶺山頭堡

黃　佰　珍
字子龢年二十七物理學系
奉天鳳城人
通信處：奉天鳳城東定豐源

黃　宜　家
字紹廷年二十五物理學系
安徽當塗人
通信處：安徽當塗西街

(43)

民國十三年北京大學畢業同學錄

趙 廷 璧
字爾璞年二十九物理學系
河南鄧縣人
通信處：河南鄧縣車站
福壽街太和堂側

解 九 箴
字箴三年二十八物理學系
山西芮城人
通信處：山西芮城胡家街

楊 兆 楨
字徵三年二十八物理學系
山西太谷人
通信處：山西太谷縣巴鋪

民國十三年北京大學畢業同學錄

劉 鏞 潘
字屏周年二十五物理學系
直隸大城人
通信處：直隸大城縣城內

廣 安
字安一年二十四物理學系
奉天瀋陽人
通信處：北京絨線胡同
八十五號

鄂 偉
字澄學年二十七物理學系
江蘇江寧人
通信處：蘇州閭門裡樞
閶焦三十號

(45)

民國十三年北京大學畢業同學錄

藍 纓 業
字沇恭年二十五物理學系
江西高安人
通信處：江西高安大昌號

羅 春 華
字楊生年三十二物理學系
浙江建德人
通信處：浙江建德障棲前
羅會啟轉

民國十三年北京大學畢業同學錄

牟 譔
字贊岡年二十五化學系
浙江黃巖人
通信處：浙江黃巖西鄉牟奧

石 錫璋
字蓬武年二十五化學系
江蘇崇明人
通信處：江蘇崇明城內西街

尹 致中
字命之年二十八化學系
湖南武岡人
通信處：湖南武岡南沙鎮正前街榮順隆隔壁

民國十三年北京大學畢業同學錄

郡 恩 泓
字頌博年二十九化學系
廣東東莞人
通信處：廣東東莞城外
魚圖街聚利

邸 國 幹
字子貞年三十一化學系
山西崞縣人
通信處：山西崞縣原平
鎮慶福號

李 嘉 梁
字巍之年二十六化學系
湖北夏口人
通信處：武昌豆腐巷九號

(48)

民國十三年北京大學畢業同學錄

周 順 山
字瀅亭年二十七化學系
直隸灤縣人
通信處：直隸灤縣滦上鎮

周 洪 範
字篤友年二十七化學系
山東黃縣人
通信處：山東黃縣李家疃

周 恕
字心如年二十七化學系
河南商城人
通信處：河南商城後學

民國十三年北京大學畢業同學錄

凌 歐 美
字遐儿年二十七化學系
廣東中遠人
通信處：汕頭石正郵局

郭 青 紳
字紹燕年二十八化學系
河南襄縣人
通信處：河南襄縣東站
復興區

宮 國 棟
字澤華年二十七化學系
熱河承德人
通信處：熱河街西車市

(50)

民國十三年北京大學畢業同學錄

時錫箴
字榮亭年二十六化學系
直隸遵化人
通信處：直隸遵化駐署西

陳焕新
字廻明年二十八化學系
廣西桂平人
通信處：廣西江口順祥
號轉

席文燦
字繼生年二十七化學系
河南濟源人
通信處：河南濟源中王
村局轉郭莊

民國十三年北京大學畢業同學錄

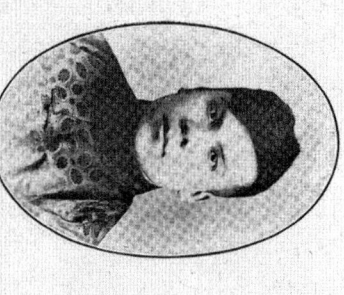

曹福保
字永昌年二十六化學系
直隸天津人
通信處：天津特別二區
耀店街巽益號

張燮友
字輔軒年二十九化學系
山西忻縣人
通信處：山西忻縣聚源
義號

畢大昭
字瀛園年二十三化學系
河南孟縣人
通信處：河南孟縣北街

民國十三年北京大學畢業同學錄

葉 鳳 虎
字嘯谷年二十三化學系
浙江永嘉人
通信處：溫州廠前鑛兩湖

楊 重 熙
字鴻初年二十八化學系
湖北鄂縣人
通信處：湖北鄂縣鳳山
吉男仁記

童 永 慶
字濟民年二十六化學系
江西南昌人
通信處：江西南昌城內
毛家橋

(53)

民國十三年北京大學畢業同學錄

鄭 猷
字毅浩年二十六化學系
直隸天津人
通信處：北京新街口小
七條胡同甲一號

逯 麟
字叔游年二十四化學系
河南宜陽人
通信處：河南洛陽南關
聊倉長巷號轉

黎 英
字振明年二十四化學系
廣東番禺人
通信處：廣東番禺新造
墟黎叔儀堂

民國十三年北京大學畢業同學錄

韋 克 溫
字布聖年二十八化學系
山西曲沃人
通信處：山西曲沃德鑲
順轉

賴 法 元
字仁如年二十六化學系
廣東信宜人
通信處：廣東信宜濃鄉
堡郵局

潘 龍 森
字作之年二十六化學系
湖北麻城人
通信處：湖北麻城鄉十
鄉樓閣囗大凝轉雙橋關亲

(55)

民國十三年北京大學畢業同學錄

學生軍 (其三)

韓 珍

字士奇年二十七化學系
廣東文昌人
通信處：廣東文昌北六
原水北市

民國十三年北京大學畢業同學錄

王 貽 樑
字獻廷年二十八地質系
（經濟地質學組）
河南安陽人
通信處：河南安陽水冶
鎭郵局收轉

王 嘉 猷
字壯奇年二十八地質系
（經濟地質學組）
安徽合肥人
通信處：合肥六家畈仁
壽堂轉山西王宋村

(57)

王 慶 昌
字闓同年二十五地質系
（古生物學組）
直隸新鹿人
通信處：直隸鉅鹿縣栁
管亭轉王家莊

民國十三年北京大學畢業同學錄

俞　建　章
字端甫年二十六地質系
（古生物學組）
安徽蕪湖人
通信處：安徽和縣烏江鎮和公號

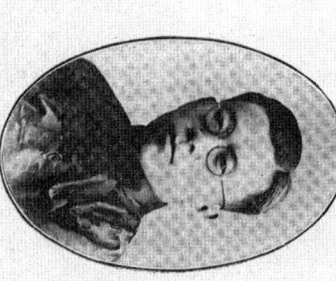

李　希　程
字溪伯年二十八地質系
（經濟地質學組）
山西忻縣人
通信處：直隸行唐永和公號

白　景　澂
字君屏年二十六地質系
（經濟地質學組）
直隸文安人
通信處：直隸天津西馬路芳鈺河西鎮臺帳

民國十三年北京大學畢業同學錄

沈 競 擇
字仰欽年二十四地質系
（經濟地質學組）
奉天開原人
通信處：奉天咸鏡東關
義和盛轉

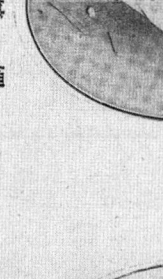

袁 熙 毅
字顯亨年二十五地質系
（礦物岩石學組）
重慶玉田人
通信處：北京南柳巷四
十六號李觀博轉

馬 數 夫
字肅庭年二十八地質系
（礦物岩石學組）
山東臨陶人
通信處：山東臨淄焦集
莊轉劉塔即片

民國十三年北京大學畢業同學錄

舒 文 博
字玉壓年二十五地質系
(鄉物岩石學組)
湖北崇陽人
通信處：湖北咸甯伯墩
呂太和騂

程 殿 壽
字叔仁年二十四地質系
(經濟地質學組)
安徽合肥人
通信處：合肥西門仁和巷

盛 紹 齡
字慶生年二十七地質系
(經濟地質學組)
四川華陽人
通信處：四川成都西城禰
夏街一百六十五號莊宅

民國十三年北京大學畢業同學錄

樂森璕
字季純年二十六地質系
（古生物學組）
貴州貴陽人
通信處：貴陽縣北門外普
定街四十八號

劉元斗
字劍文年二十八地質系
（古生物學組）
安徽合肥人
通信處：安徽合肥西門

趙保大
字可久年二十六地質系
（鐵礦地質學組）
安徽舒城人
通信處：安徽合肥三河
鎮俞得大與公棧找

民國十三年北京大學畢業同學錄

北河沿風景

韓 修 德

字敬廉年二十六地質系
（礦物岩石學組）
山西定襄人
通信處：山西定襄城內
棗和祥

民國十三年北京大學畢業同學錄

田 潤 霖
字雨辭年二十八教育學系
山西汾陽人
通信處：山西汾陽西街鎮

王 文 彬
字建文年三十哲學系
湖南劉陽人
通信處：湖南劉陽北鄉
上洪

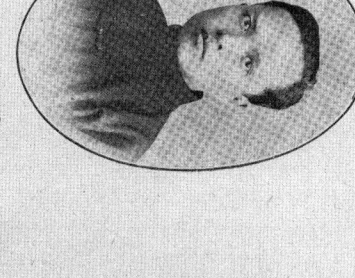

方 克 誠
字數俟年三十哲學系
江蘇溧陽人
通信處：江蘇太伊山

民國十三年北京大學畢業同學錄

吳秦安
字秦安年二十六哲學系
四川江津人
通信處：四川江津新街
子榮利薛號

李　溶
字若泉年三十哲學系
浙江鄞縣人
通信處：浙江鄞縣水亭

李　興
字甫一年二十九哲學系
山東峻縣人
通信處：濟南兴城根前
口路北

(64)

民國十三年北京大學畢業同學錄

姚 華
字卿堯年二十九哲學系
廣東朝陽人
通信處：汕頭朝陽西門
四腳亭

胡 明 柏
字仲為年二十九哲學系
江蘇宿遷人
通信處：江蘇宿遷祥河
鎖竹杆巷

金 公 亮
字少美年二十六哲學系
浙江紹興人
通信處：浙江臨浦石保坂

民國十三年北京大學畢業同學錄

陶 玉 貴
年二十六哲學系
廣西泰戲人
通信處：廣西泰議田州
裁縫街同泉號

郭 向 都
字晉山年三十七哲學系
山西崞縣人
通信處：山西崞縣原平
復聲和

姚 鑾
字倉均年二十七哲學系
貴州貴陽人
通信處：北京細緯的同
蓮花寺

民國十三年北京大學畢業同學錄

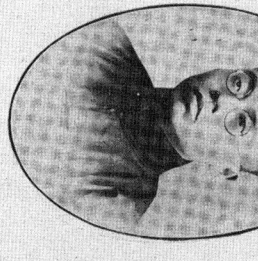

張彥升
字徂揚年二十九哲學系
山東濟甯人
通信處：山東濟甯王家
柴莊臧佛寺

張硯農
字硯農年二十八哲學系
山東泰安人
通信處：山東泰安東向

陸炳經
字冰園年三十哲學系
江蘇宿遷人
通信處：江蘇宿遷陸隆溝
鎮祥雲號

(67)

民國十三年北京大學畢業同學錄

賈 繼 文
字崇周年三十哲學系
山東陳示人
通信處：山東蒙邑門限
王屯送貢莊

隋 星 源
字曜西年二十七哲學系
山東滕縣人
通信處：山東滕縣北門
裡路西

莊 侗 嚴
字更生一字憑陸年二十
六哲學系
東北大奧人
通信處：哈爾濱道里砲
段街三百八十二號

(68)

民國十三年北京大學畢業同學錄

蔣 俊 穩
字愚臺年二十六哲學系
浙江海寧人
通信處：浙江硤石鎮吳
紫廳下

劉 同 鼎
字甲任年二十六哲學系
浙江開縣人
通信處：浙江開縣洲上
裕盈恒滙

劉 奇
字子行年二十五哲學系
江西彭澤人
通信處：江西湖口洗湖
稻頭迳恒順洗功

(69)

民國十三年北京大學畢業同學錄

蕭　世　鄉
字幼渠年三十哲學系
廣東朝陽人
通信處：汕頭朝陽西門
翻軒蕭世榮轉

盧　逖　曾
字吉忱年二十三哲學系
山東萊蕪人
通信處：山東泰安官店
街五十二號

臧　　　泫
字伯濤年二十四哲學系
直隸完縣人
通信處：直隸完縣北街
聚和號轉鄉名莊

民國十三年北京大學畢業同學錄

羅鏡潘
字鏡軍年二十九哲學系
廣東興寧人
通信處：汕頭興寧龍田
永吉當羅泰周轉

穆 金 源
字金源年二十四哲學系
江蘇泗合人
通信處：江蘇如皋角斜鎮

蕭 逢 蔚
字青如年二十九哲學系
湖南龍山人
通信處：湖南龍山勸學
所轉

(71)

民國十三年北京大學畢業同學錄

譚　克　敏

學時鈇年二十八哲學系
貴州平越人
通信處：貴州平越城內
東大街譚德馨轉

民國十三年北京大學畢業同學錄

班 興 文
字奉升年二十八國文系
奉天盖平人
通信處：奉天盖平城東閻店

李 海 瀛
字東玄年二十八國文系
江西星子人
通信處：鐵北吳城牛欄口瑞和棧

李 朐 拾
字少楓年三十國文系
安徽繁昌人
通信處：蕪湖荻港縣鑛

民國十三年北京大學畢業同學錄

倪 鴻 瑞
字友吾年二十九國文系
河南安陽人
通信處：河南安陽西冠
帶巷

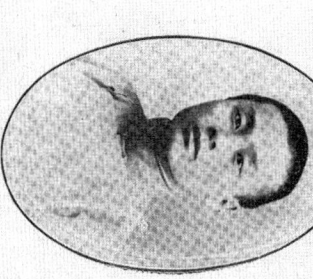

張 其 偉
字梧亭年二十八國文系
吉林扶餘人
通信處：吉林扶餘城內
徐家園子

張 世 學
字六加年二十八國文系
浙江浦江人
通信處：浙江浦江岩頭
韓理頭

(74)

民國十三年北京大學畢業同學錄

楊樹枬
字小棠年三十國文系
雲南河西人
通信處：雲南省城平政
街三十七號李顧如轉

彭榮圖
字岱雲年三十一國文系
湖南永順人
通信處：湖南永順城內
彭氏自治會轉

許詡
字正誼年三十國文系
河南淮陽人
通信處：河南上蔡周橋
集鴻茂布莊

（75）

民國十三年北京大學畢業同學錄

劉 錫 五
字鍚五年二十五國文系
河南蔡縣人
通信處：河南蔡縣東站
同閱民牌

蕭 學 睿
字迪凡年二十三國文系
江西零都人
通信處：江西零都灘頭
壩王炸永聘

霍 玉 厚
字仲漢年二十六國文系
奉天遼陽人
通信處：奉天遼陽城內
租紅旗扣同吳屬聘

(76)

民國十三年北京大學畢業同學錄

田鋪秀
字水亭年三十英文系
山西稷山人
通信處：山西稷山協盛公

王果珪
字子珍年二十七英文系
浙江蘭谿人
通信處：浙江蘭谿父塲壽松堂

王道全
字士局年二十七英文系
甫綠安新人
通信處：甫綠安新同口鎮郵局轉北瑪村

(77)

民國十三年北京大學畢業同學錄

李　方　玉
字潤叔年二十五英文系
山西晉陽人
通信處：北京宣外老牆
根二十八號東乃文君轉

李　有　度
字君常年二十七英文系
四川江油人
通信處：北京內城武定
侯西口三十八號

白　受　采
字邑臣年二十七英文系
山西渾源人
通信處：山西渾源東甫
天元號

民國十三年北京大學畢業同學錄

汪　開　模
字獻少年二十五英文系
安徽全椒人
通信處：安徽全椒大南門

李　畫　雲
字春帶年二十九英文系
河南萊縣人
通信處：河南萊縣恆茂號

李　鍾　賢
字卯恩年二十六英文系
直隸天津人
通信處：天津法界豐裕
銀行李襄理啓轉

民國十三年北京大學畢業同學錄

馬 廣 達
字鬥膽年二十八英文系
奉天遼陽人
通信處：奉天遼陽西劉
三堡當有鄰

孫 俊 才
字師冷年二十九英文系
陝西榆林人
通信處：陝西榆林永泰
解布店

陳 用 才
字子毅年二十四英文系
湖北漢川人
通信處：湖北漢川縣馬
口閘聚昌

民國十三年北京大學畢業同學錄

張 慰 廷
字論春年二十六英文系
直隸天津人
通信處：北京西四牌樓
繁子胡同二十三號

崔 培 仁
字偉三年二十六英文系
直隸定縣人
通信處：直隸定縣明月
店聚盛花店轉

高 鴻 壽
字羽豐年二十八英文系
山東霑化人
通信處：山東霑化南八
里庄

民國十三年北京大學畢業同學錄

褚 保 衡
年二十六英文系
浙江餘杭人
通信處：北京乾麵胡同
十四號

黃 日 葵
年二十五英文系
廣西桂平人
通信處：廣西桂平鎮隆
坊黃宅

淚 書 紳
字恕生年二十六英文系
湖北漢川人
通信處：湖北縈房口和
泰義號

(82)

民國十三年北京大學畢業同學錄

聶 思 敬
字勉莊年二十五柔文系
江西高安人
通信處：江西高安乱忠成

戴 有 昌
字光遠年二十六柔文系
奉天遼陽人
通信處：奉天城東李大人屯

董 德 芳
字馨山年二十九柔文系
奉天安東人
通信處：奉天安東縣泰利

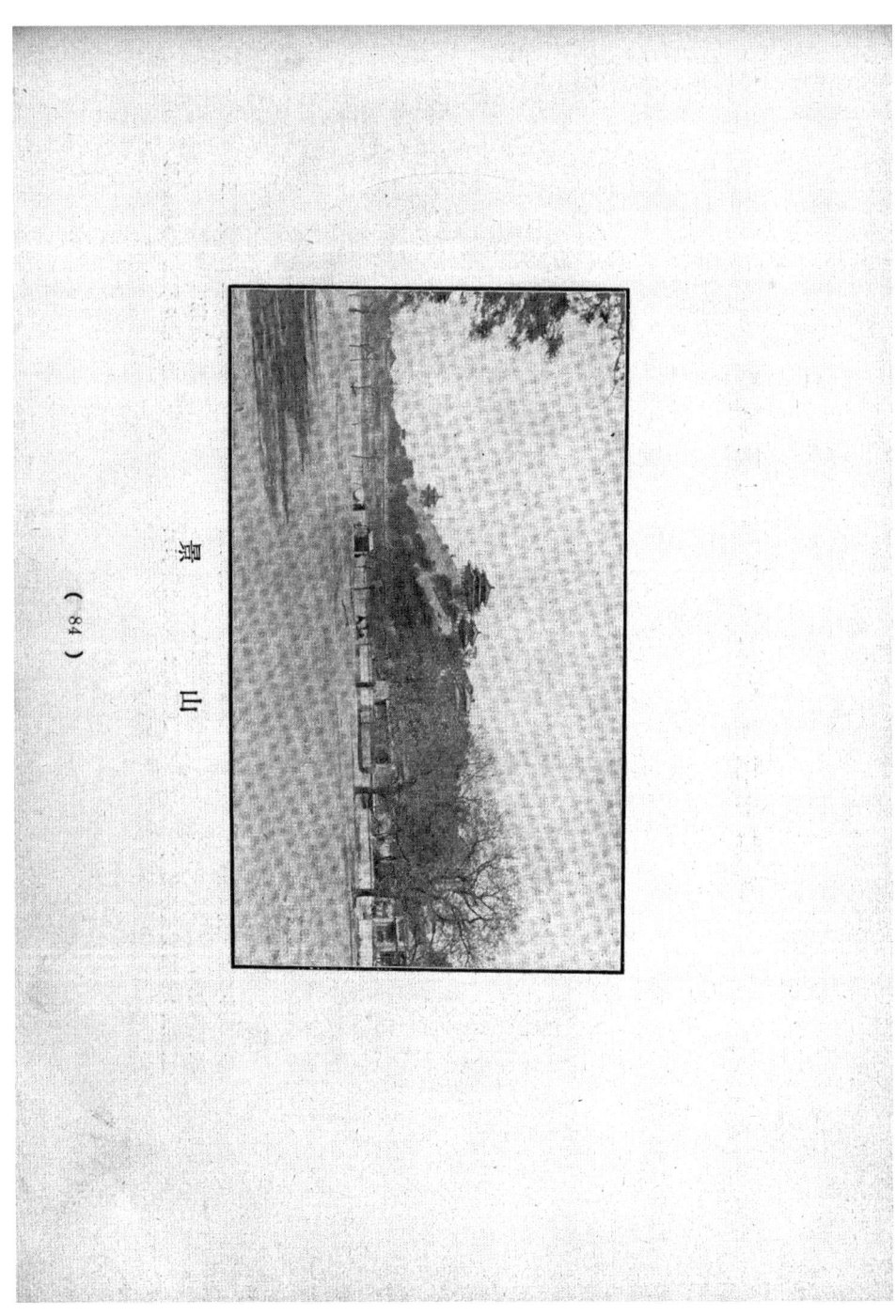

景山

民國十三年北京大學畢業同學錄

吳　郁　文
字蔚洲年二十八法文系
奉天撫順人
通信處：奉天城東鈕兒
胡衕

吳　宗　周
字國棻年二十六法文系
浙江紹興人
通信處：上浦柴生堂轉
浦霞

王　覯
字獻廷年二十九法文系
河南林縣人
通信處：河南林縣靛水
鎮源盛頉

民國十三年北京大學畢業同學錄

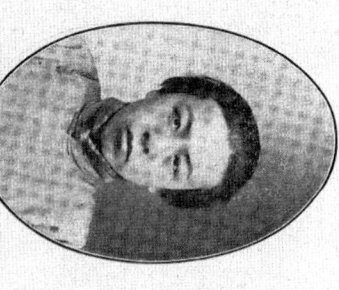

常 惠
字維鈞年二十九法文系
京兆宛平人
通信處：北京富貴街五號

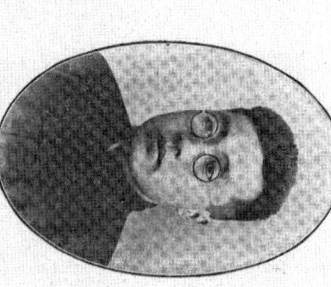

苗 文
字彬如年二十八法文系
京兆宛平人
通信處：京南舊各莊頋

李 漢 卿
字翰之年二十八法文系
陝西南鄭人
通信處：陝西南鄭縣城內南街全成永號轉

民國十三年北京大學畢業同學錄

郭　慶　全
字穎三年二十七法文系
河南新鄭人
通信處：河南新鄭永豐銀號

黃　德　澄
字月波年二十六法文系
浙江金華人
通信處：浙江金華後白塔

曹　天　頤
字水臧年二十八法文系
江西九江人
通信處：九江沙河鎮

民國十三年北京大學畢業同學錄

萬　紹　衣
字仲衿年二十五法文系
河南汝南人
通信處：河南汝南縣南
門裏本宅

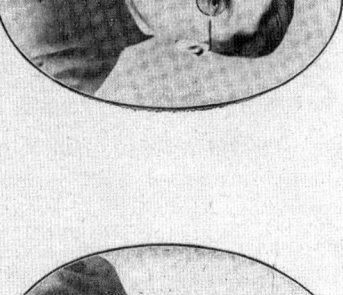

靳　思　洵
字允之年二十六法文系
河南沁陽人
通信處：河南焦作礦記
公司

陳　　慥
字鴻乙年二十八法文系
河南濟源人
通信處：北京北長街百
○六號

民國十三年北京大學畢業同學錄

衛景周
字韶文年二十八法文系
山西襄陵人
通信處：襄陵城內

潘德棨
字伯明年二十六法文系
江蘇無錫人
通信處：直隸通縣城內

劉德澤
字溥仁年二十九法文系
直隸南宮人
通信處：直隸束鹿大營
鎮楊澤卿轉馬家屯

民國十三年北京大學畢業同學錄

胡 歊
字欣才年二十七俄文系
浙江龍游人
通信處：浙江龍游裕榕昌號

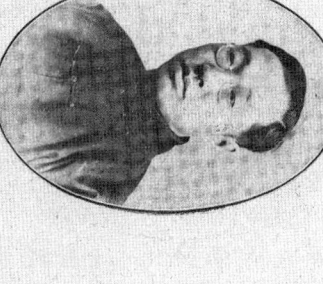

李 芳 華
字春圃年三十俄文系
山東招遠人
通信處：山東招口福增益號

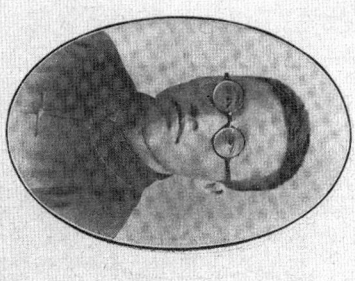

任 國 楨
年三十一俄文系
奉天安東人
通信處：奉天安東裕豐泰號

民國十三年北京大學畢業同學錄

安 作 武
字子洌年二十八史學系
山東曹縣人
通信處：山東曹縣城裏
案南安寨樓

王 遁 謹
字小隱年三十史學系
山東嶧縣人
通信處：天津日界吉野街

王 嘉 珍
字鴻乙年三十史學系
山西五台人
通信處：山西五台縣子
坡村

民國十三年北京大學畢業同學錄

李 振 鄭
字亮山年二十九史學系
山西新絳人
通信處：山西新絳北街
旗杆門

呂 晉 翼
字文鄧年二十四史學系
河南新鄉人
通信處：河南新鄉七里
營呂晉鑒轉

邢 壽
字霖源年二十七史學系
直隸深澤人
通信處：直隸深澤個贇
藥局轉

民國十三年北京大學畢業同學錄

郭 犟
字藎忱年三十二史學系
直隸辛集縣人
通信處：山西廣靈縣西
關外恒興隆

李 道 桓
字貞武年二十八史學系
山東福山人
通信處：山東煙台大街
仁和永晦

何 尤
字頌雅年二十八史學系
河南新安人
通信處：河南新安縣正

民國十三年北京大學畢業同學錄

張　步　武
字庞峰年三十二史學系
山西臨晉人
通信處：山西臨晉復盛
永傳

韋　奮　鷹
字衮鹰年三十史學系
廣西容縣人
通信處：廣西容縣松山墟

秦　樹　棠
字蔭亭年二十九史學系
河南陝縣人
通信處：河南陝縣久成
醉博

民國十三年北京大學畢業同學錄

馮 文 猷
字篤恩年三十六史學系
廣西桂平人
通信處：廣西大安論記
轉頭芳坡

張 庚 乾
字建伯年三十八史學系
陝西邰陽人
通信處：陝西三原樹德爾

張 松 濤
字鬆源年三十一史學系
河南鄭縣人
通信處：河南鄭縣北街

民國十三年北京大學畢業同學錄

劉 溥
字漣波年二十六史學系
河南温氏人
通信處：河南温氏范蠡鎮

趙 維 楨

字祚章年二十五史學系
河南孟津人
通信處：河南孟津卯局村

楊 東 澤

字潤生年三十三史學系
山西安邑人
通信處：山西安邑北街下條巷

(96)

民國十三年北京大學畢業同學錄

盧 經
字子剛年三十一史學系
山西水縣人
通信處：山西水縣

盧 植 琦
字友芳年二十七史學系
陝西安康人
通信處：陝西安康王家店

黎 傑
字子泛年二十七史學系
廣東羅岡人
通信處：廣東羅岡新造
羅黎氏鎮堂

民國十三年北京大學畢業同學錄

第一院教室全面

民國十三年北京大學畢業同學錄

王　汝　毅
字儞于年二十五法律系
奉天錦縣人
通信處：本縣北街銷鋪
井胡同本宅

牛　煥　辰
字星舫年三十法律系
山西昔城人
通信處：本縣巴公鎮協
泰湖轉

丁　效　禹
字乃又年二十七法律系
山西交城人
通信處：本縣東關街天
順永轉

民國十三年北京大學畢業同學錄

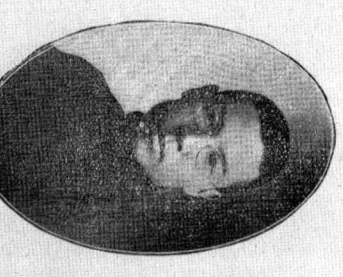

王第春
字靜軒年二十七法律系
山西臨晉人
通信處：縣城內永生鈺

王東陽
字應乾年二十七法律系
奉天諸陽人
通信處：奉天省城北財
落垛本宅

王來第
字溢卿年二十九法律系
山西臨晉人
通信處：本縣礦順昌興

(100)

民國十三年北京大學畢業同學錄

邱念祖
字鑑臣年二十六法律系
山西解縣人
通信處：本縣城內南街本宅

朱國屏
字菱臣年二十五法律系
浙江義烏人
通信處：浙江義烏縣城益生

石毓松
字鶴年年二十八法律系
京兆武清人
通信處：本縣柳殿鎮弘案莊

民國十三年北京大學畢業同學錄

李 維 藩
字瀚生年二十七法律系
廣東番禺人
通信處：廣州漿欄街七十四號

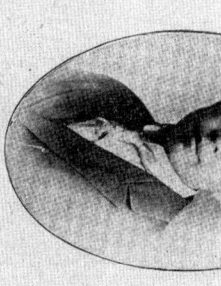

李 紹 華
字秀賢年二十八法律系
奉天海城人
通信處：木廠兩元胡同本宅

李 重 華
字協卿年二十六法律系
河南鄭縣人
通信處：鄭州城北園茄屯

民國十三年北京大學畢業同學錄

吳 獻 猷
字厲謙年三十一法律系
湖北咸寧人
通信處：漢口陶定兩裕
天生碼號轉交

吳 世 晉
字長庚年二十六法律系
福建海澄人
通信處：福建廈門老萊
有諳美祥行轉

吳 淘
字濟西年二十六法律系
江蘇宜興人
通信處：江蘇常州和橋
梅永和號轉

民國十三年北京大學畢業同學錄

金　平　萩
字仲灝年二十五法律系
浙江金華人
通信處：金華縣城內酒
坊巷

周　爾　偲
字樂君年二十九法律系
江蘇南通人
通信處：本縣東門北街

何　錫　珍
字珣之年二十五法律系
河南滑縣人
通信處：本縣牛屯集德
聚公號

民國十三年北京大學畢業同學錄

來 煥 文
字季惠年三十八法律系
浙江蕭山人
通信處：浙江蕭山襄七
莊

武 靖 洲
字平甫年二十七法律系
河南嵩縣人
通信處：河南嵩縣城武
候街

李 忠 琢
字硯波年二十八法律系
江蘇如皋人
通信處：如皋豆飯

民國十三年北京大學畢業同學錄

姜紹謨
字次漁年二十八法律系
浙江江山人
通信處：本縣鱲口鎮姜宅

施宜忠
字孝侯年二十七法律系
京兆大興人
通信處：地安門外鼓樓後櫻大街大石橋雙寺廟

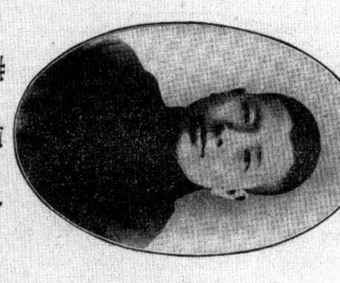

范炳文
字郁如年二十六法律系
山西晉城人
通信處：本縣馬村鎮聚興同

民國十三年北京大學畢業同學錄

陳 泌
字北鲁年三十法律系
湖北枝江人
通信處：湖北宜市輛興
聚布號

陳 占 甲
字冠一年三十三法律系
奉天遼陽人
通信處：奉天遼陽大街
三成合轉

邾 立 奥
字靖壁年二十七法律系
江蘇醫城人
通信處：江蘇泰州謝巷
建勘

(107)

民國十三年北京大學畢業同學錄

馬龍章
字作孚年二十九法律系
直隸欒縣人
通信處：欒縣右治灤存莊

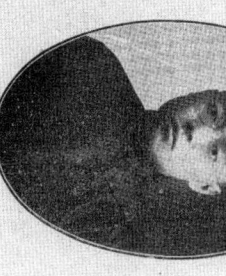

陳桓永
字潛齋年二十四法律系
直隸易縣人
信處通：本縣三道街

陳樹倫
字鑒超年二十六法律系
浙江會稽人
通信處：北京朝門外共
順頭條

(108)

民國十三年北京大學畢業同學錄

荆學麟
字涯志年二十五法律系
河南汜水人
通信處：河南汜水上街
鑽榮正中學洲明臨轉

倪品眞
字源泉年三十法律系
湖南衡陽人
通信處：泳河朔山舺倪祠

郭天錫
字蘷卿年二十八法律系
奉天開原人
通信處：奉天鐵嶺東災
川台茱公會轉

(109)

民國十三年北京大學畢業同學錄

張 保 盈
字康侯年三十法律系
安徽定遠人
通信處：定遠縣福河鎮

張 在 鏡
字靜軒年三十二法律系
河南固鄉人
通信處：河南固鄉大宇營顏本宅

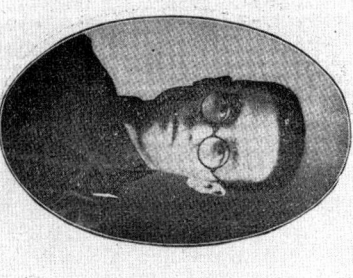

張 文 選
字擇卿年二十五法律系
直隸深縣人
通信處：本縣衙榆科鎮張家鄭莊

(110)

民國十三年北京大學畢業同學錄

張耀光
字榮甫年二十六法律系
河南洛寧縣人
通信處：洛縣城內五里河本宅

張棨勳
字勵庵年二十七法律系
奉天撫順人
通信處：本縣北門裏邱棚胡同

張振岳
字岱東年二十七法律系
京兆房山人
通信處：房山南街榮昌德轉夏村交

(111)

民國十三年北京大學畢業同學錄

麥 恭 允
字浩緜年二十八法律系
廣東台山人
通信處：廣州城東圓鏡
糖坊前約十四號

梅 壁 新
字佐漢年二十九法律系
廣東台山人
通信處：北京遂花園甲
一號

康 殿 潘
字治軒年二十七法律系
京兆沿平人
通信處：京西長辛店

民國十三年北京大學畢業同學錄

單德元
字潤生年三十一法律系
河南湯陰人
通信處：河南彰德東流
瑉莊郵分局轉

儻廉臣
字讓三年三十五法律系
直隸行唐人
通信處：本縣天吾永

魚鳳池
字潤卅年二十九法律系
江蘇鹽城人
通信處：本縣秦街倉來
家旺

(113)

民國十三年北京大學畢業同學錄

賈裕堃
字厚安年二十七法律系
奉天遼陽人
通信處：奉天南大路砲
台郡局轉土佳屯

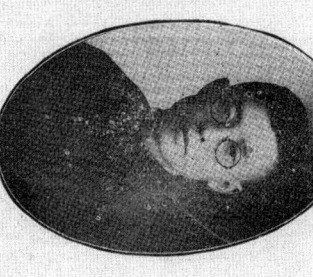

賈公任
字肩一年二十八法律系
山西沮城人
通信處：山西沮城萬寶
泉

楊文通
字子逢年三十法律系
山西夷城人
通信處：本縣營兒村頭
豐當

(114)

民國十三年北京大學畢業同學錄

趙 炳 文
字殤伯年二十七法律系
湖北麻城人
通信處：漢口轉宋埠鄒
原記

遲 恩 謨
字謀之年二十六法律系
山西晉城人
通信處：本縣西村鑽磚

葛 棟
青
年二十七法律系
江蘇淮安人
通信處：江蘇淮安西長
街

民國十三年北京大學畢業同學錄

劉　光　銳
字晉章年二十七法律系
奉天北鎮人
通信處：奉天北鎮鴻泰昌

邵　學　淵
字文湖年二十九法律系
湖北臨湘人
通信處：漢口轉枝江縣和典

趙　時　雅
字穆於年二十法律系
山西稻坡人
通信處：斗縣一心栗店

民國十三年北京大學畢業同學錄

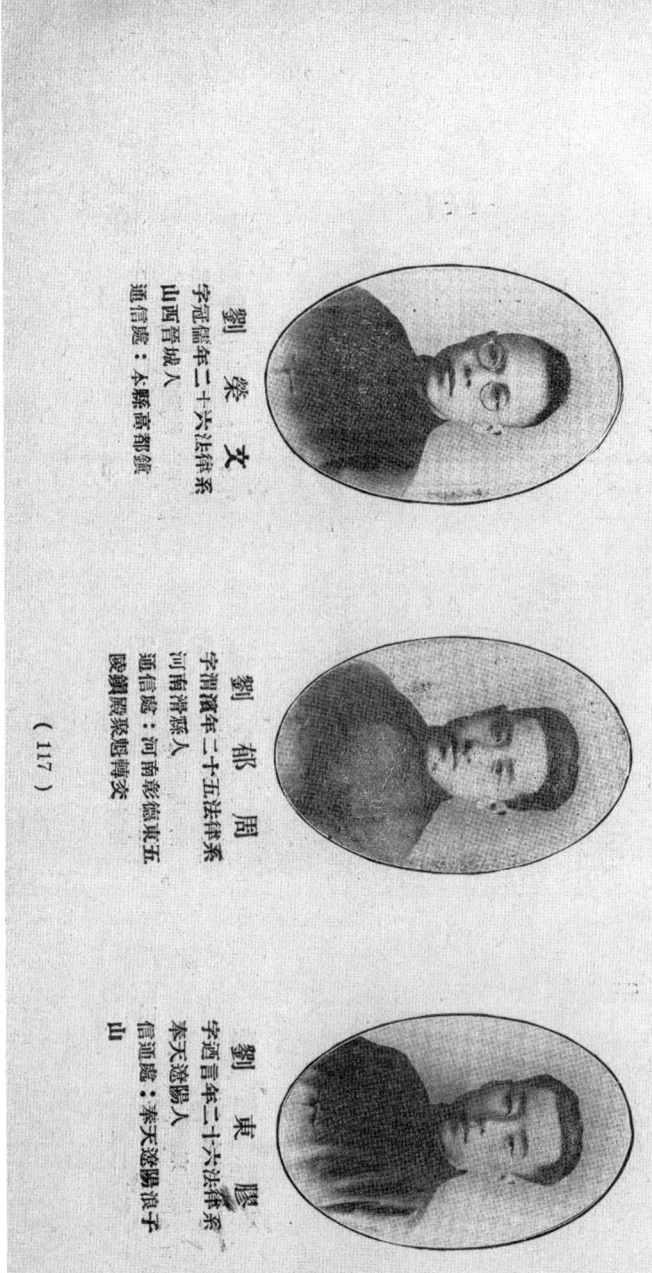

劉　榮　文
字冠儒年二十六法律系
山西晉城人
通信處：本縣高都鎮

劉　郁　周
字滑濱年二十五法律系
河南滑縣人
通信處：河南彰德東五
段鋼陳聚慶轉交

劉　東　腾
字酒昌年二十六法律系
奉天遼陽人
信通處：奉天遼陽流子
山

(117)

民國十三年北京大學畢業同學錄

鄧國泰
字靖壹年二十八法律系
廣東東莞人
通信處：東莞城北門五
巷十三號

劉德華
字文圃年二十五法律系
湖北天門人
通信處：漢口轉脈正隆
裕源當鋪

劉榮壂
字晉鑒年二十六法律系
奉天遼陽人
臨通信：遼陽大街三成
合棧

民國十三年北京大學畢業同學錄

蔡　寬
字孟容年二十四法律系
江蘇吳江人
通信處：蘇州蔡玉西巷

蔡石瑜
字錫余年二十五法律系
浙江松陽人
通信處：松陽城東關街

閻寶蓀
字溎楠年二十五法律系
河南淅川人
通信處：河南淅川襄荷園宅

(119)

民國十三年北京大學畢業同學錄

盧 鴻 漢
字壽水年三十四法律系
浙江餘姚人
通信處：渡口鮑家巷俊
小葉棧

盧 金 章
字百亞年三十七法律系
奉天海城人
通信處：奉天海城華西
藥局

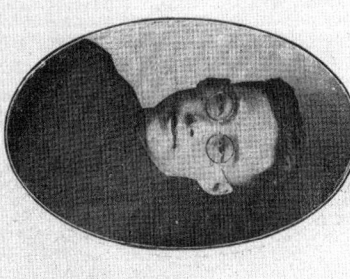

潘 昌 武
字引辰年二十三法律系
江蘇如皐人
通信處：如皐豐利市

民國十三年北京大學畢業同學錄

壽　振　夏
字體乃年二十四法律系
浙江諸暨人
通信處：浙江諸暨姚公埠轉楓橋

羅　守　頤
字伯期年三十一法律系
廣東高明人
通信處：廣東高明城內正街永和堂轉

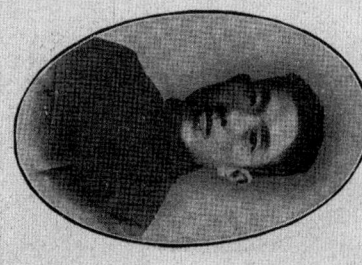

戴　群　驥
字毅羣年三十二法律系
江蘇南通人
通信處：上海白鵝江

民國十三年北京大學畢業同學錄

樊維垣
字變克年二十八法律系
奉天台安人
通信處：奉天台安縣小
高麗房

顧諟詰
字翼業年二十九法律系
江蘇鹽城人
通信處：江蘇興化沙溝
丁馬港

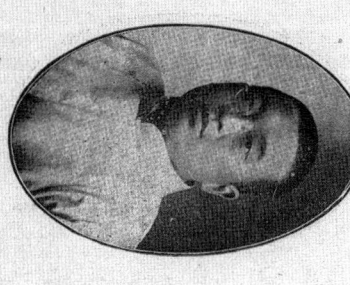

顧德涵
字一天年二十九法律系
浙江象山人
通信處：浙江象山縣石
浦新福鎮鄢倓代感轉希
山根

(122)

民國十三年北京大學畢業同學錄

史 記 言
字卓如年二十八政治系
奉天海城人
通信處：奉天安東官電局

王 東
字應安年二十九政治系
江蘇淮安人
通信處：江蘇城內南門夏楊西

王 玑
字亦振年二十六政治系
廣東東莞人
通信處：廣東東莞後街富貴巷

民國十三年北京大學畢業同學錄

何作梁
字夢嚴年二十五政治系
廣東東莞人
通信處：廣東東莞下市
有心堂

李椿齡
字伯修年二十七政治系
奉天昌圖人
通信處：奉天昌圖縣中
稻郵局轉

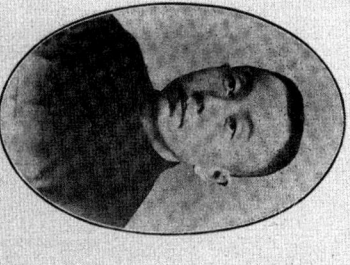

白湘漢
字楠如年二十七政治系
陝西褒城人
通信處：陝西褒城協紀
鄉公所轉政號

民國十三年北京大學畢業同學錄

段　灝
字躬浚年二十六政治系
江西零都人
通信處：江西零都梓山
塘鵬昌號

周　羮
字煥文年二十七政治系
山東泰安人
通信處：山東北集鎮郵
局轉泉上莊

周　雲　溪
字雲浚年二十三政治系
奉天新民人
通信處：奉天新民匹合
義號

(125)

民國十三年北京大學畢業同學錄

崔 學 信
字季昌年二十四政治系
山東平原人
通信處：山東平原城內
顧南街

容 天 畺
字蔭鎏年二十七政治系
廣東新會人
通信處：廣州杉木欄榮和
布店

林 國 棠
字香甫年二十六政治系
廣東澄邁人
通信處：廣東澄邁縣音化
街林蔭桂堂

民國十三年北京大學畢業同學錄

徐　美　鑑
字寅孫年二十三政治系
浙江建德人
通信處：上海新開路六
九二號

張　法　權
字次六年二十七政治系
江西宜春人
通信處：江西萍鄉慈化
信誠堂轉

曾　青　雲
字助學年二十六政治系
江西高安人
通信處：江西高安西門
外曾洪春轉

(127)

民國十三年北京大學畢業同學錄

鄭鶴年
年二十九 政治系
廣東東莞人
通信處：廣州虎門西鬧坊

楊蔭潭
年二十九 政治系
山西保德人
通信處：保德縣義政館

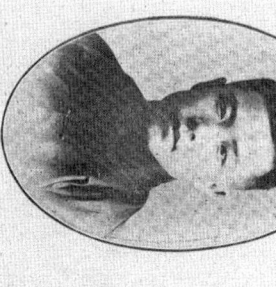

傅毅桂
字毅自 年二十五 政治系
吉林扶餘人
通信處：吉林扶餘南關傾心一堂

民國十三年北京大學畢業同學錄

劉　承　祚
字幼亭年三十六政治系
山東鄄城人
通信處：山東鄄城馬頭
鎮旬豊號

潘　桃
字承汕年二十五政治系
廣東梅縣人
通信處：廣東汕水滿邊
達公司譚定和轉

趙　冠　青
字劍華年二十五政治系
江蘇丹徙人
通信處：江蘇鎮鎮哈爾
港

（129）

民國十三年北京大學畢業同學錄

樊 希 智
字明軒年三十政治系
山西夏縣人
通信處：山西夏縣城內
榮慶亨跳鋪

潘 景 周
字紹文年二十六政治系
奉天潘陽人
通信處：奉天大北小金
橋潘爾元收

劉 振 雄
字振雄年二十六政治系
廣東香山人
通信處：廣東香山縣都
龍頭鄉鄧沅號

民國十三年北京大學畢業同學錄

楊　安宅
字仁卷政治系
山東高車人
通信處：高車城

鄧　維華
字孔騄年二十七政治系
廣東三水人
通信處：北京石駙馬大
街汕田醫院鄧宅轉漢

(131)

第二院全景

民國十三年北京大學畢業同學錄

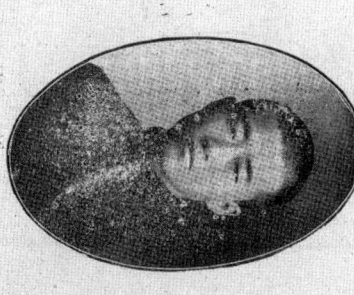

王溥玖
字謙生年二十八經濟學
系天鎮中人
通信處：奉天鎮中巫城
內祐于葆俊胡同

王汝楠
字致彬年二十七經濟學
系陝西朝邑人
通信處：陝西朝邑學務
局轉

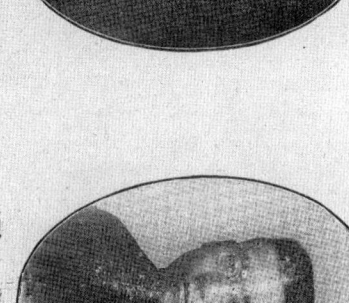

王世銅
字莘眉年二十五經濟學
系山東濰縣人
通信處：北京西城絨線
胡同二十一號或山東濰縣
南關前巷

(133)

民國十三年北京大學畢業同學錄

何 炳 序
字履五年二十七經濟學
系
安徽鳳陽人
通信處：天津特別二區
大馬路四十三號

朱 樹 莖
字志澄年二十四經濟學
系
浙江紹興人
通信處：北京西單報刊
部街六十九號

左 其 龍
字雲飛年二十八經濟學
系
江蘇阜寧人
通信處：江蘇阜寧縣北
榮橋

（134）

民國十三年北京大學畢業同學錄

吳士瑜
字雅符年二十五江蘇淸浦
系
江蘇淸浦人
通信處：北京西城校場水
河二十二號或江蘇淸浦
板浦市東街

李 常 楠
字衡沅年二十八瀋陽學
系
奉天遼陽人
通信處：奉天遼陽西劉
二堡北西地

李 耿 源
字勛泉年二十七瀋陽學
系
湖南湘鄉人
通信處：北京東城木司胡
同東花園二十八號或湖南
湘鄉夏祥橋李崇仁堂

(135)

民國十三年北京大學畢業同學錄

林　湘　北
年三十總務學系
四川資中人
通信處：四川資中水南鎮下街靈慶長號

林　公　頔
年二十六經濟學系
廣東平遠人
通信處：汕頭平遠東石

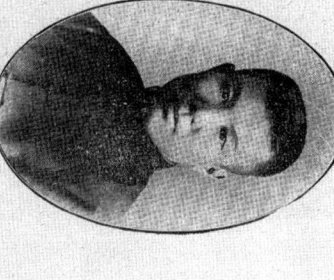

沈　項　齡
字韻文年二十五經濟學系
浙江吳興人
通信處：蘇州烏鵲橋西十五號

民國十三年北京大學畢業同學錄

金 崇 俊
字戒腥年三十九經濟學系
安徽鳳陽人
通信處：安徽鳳陽城內火巷

金 美 鈞
字維琴年二十九經濟學系
浙江金華人
通信處：浙江金華四牌坊褔大號轉雅芳堂

(137)

孟 律
字濟卿年二十八經濟學系
江蘇泰縣人
通信處：江蘇泰縣姜堰洪義和轉

民國十三年北京大學畢業同學錄

姚 道 洪
字鈞民年二十四歲讀濟學
系
安徽合肥人
通信處：北京觀門七十
三號

禹 成 美
字仲仁年二十七歲讀濟學
系
安徽和縣人
通信處：安徽和縣關灣
街

周 鈞 樑
年二十五歲經濟學系
廣東茂名人
通信處：北京宋新甲
字玉十八號或香港大道
西廣益公司

(138)

民國十三年北京大學畢業同學錄

夏廷正
字靈俊年三十六經濟學系
浙江桐鄉人
通信處：北京景山西門
小石作一號或浙江嘉興濮院

陸家剛
字健秋年二十七經濟學系
江蘇鹽城人
通信處：江蘇鹽城龍岡

凌普
字同甫年二十六經濟學系
江蘇泰縣人
通信處：北京西城澄水
河九號

(139)

民國十三年北京大學畢業同學錄

郭 毓 棻
字潤廷年二十四經濟學系
直隸束鹿人
通信處：直隸束鹿張岔鎮轉井村

眭 侃
字密陶年二十八經濟學系
江蘇丹陽人
通信處：江蘇丹陽縣城

梁 駒 寧
字仁甫年二十八經濟學系
直隸滿城人
通信處：北京府右街一號或保定西街福興藥局

民國十三年北京大學畢業同學錄

孫爲震
字雨民年二十八醫預科
系
江蘇六合人
通信處：江蘇六合專門

孫成吾
字魯仑年二十六醫預學
系
奉天諸儘人
通信處：奉天南端渌棧
范家屯銅郵政局轉

袁鋪琪
字迪襄年二十五醫預學
系
奉天遼陽人
通信處：奉天省城大南
關下頭胡衕已胡同一
七號

(141)

民國十三年北京大學畢業同學錄

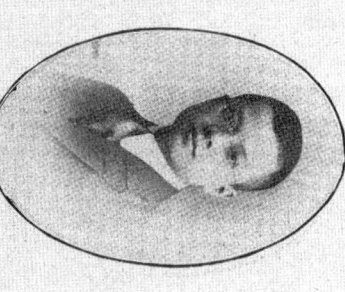

陳鍾毓
年二十七籍經濟學系
廣東潮安人
通信處：汕頭潮安揆德
富巷十七號

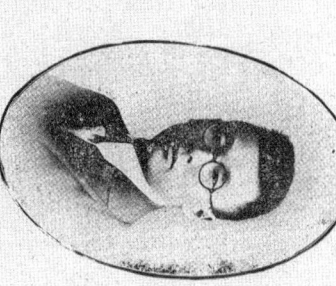

陳方毅
年二十八籍經濟學系
江西靖江人
通信處：汕頭示遠

孫樹棠
字蔭伯年二十七籍經濟學
系
浙江紹興人
通信處：北京崇文門外
南五老胡同十六號

(142)

民國十三年北京大學畢業同學錄

張　學　翰
字墨生年二十九歲讀學
系
陝西朝邑人
通信處：陝西朝邑苔頭
村郵局轉倉西村東漆

張　振　鈞
字秉衡年二十八歲讀學
系
陝西咨陽人
通信處：北京東四牌樓
什氣花園六號

陳　麟　雲
字紹侯年二十八歲讀學
系
湖南初陽人
通信處：北京乾棉胡同
九十三號

(143)

民國十三年北京大學畢業同學錄

劉 學 年
字髯先年二十七經濟學
系
江蘇如皋人
通信處：江蘇如皋丁堰
巷

馮 振 亞
字儀夫年三十經濟學系
江蘇宜興人
通信處：常州和橋

莊 頌 聲
年二十六經濟學系
江蘇吳江人
通信處：江蘇吳江城內
下塘街

（144）

民國十三年北京大學畢業同學錄

饒廷樞
年二十六經濟學系
廣東新會人
通信處：北京東城雙柰胡同二十六號或香港德輔道中二九七廣記

饒公諤
年二十六經濟學系
廣東梅縣人
通信處：汕頭內市領協昌

閻李楹
年齡五十 年二十八經濟學系
奉天金州人
通信處：奉天金州城內北街爾泰永

（145）

民國十三年北京大學畢業同學錄

羅 象 萄
字龢勛年二十五經濟學
系
四川內江人
通信處：成都少城方池
街三十八號

魏 鯤 堊
字圍章年二十六經濟學
系
奉天滿陽人
通信處：奉天省城大東
關郭宅後胡同

(146)

民國十三年北京大學畢業同學錄

顏 紹 炎
字怡亭年二十六經濟學系
江蘇常州人
通信處：常州青雲坊顏
伯鈞岡

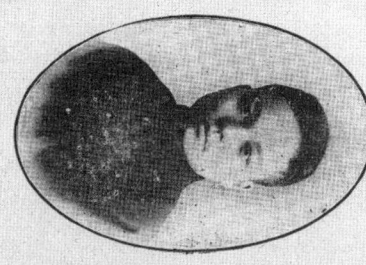

譚 榕
字穎秀年二十六經濟學系
廣東開平人
通信處：香港皇刊街八
十號裕韻群

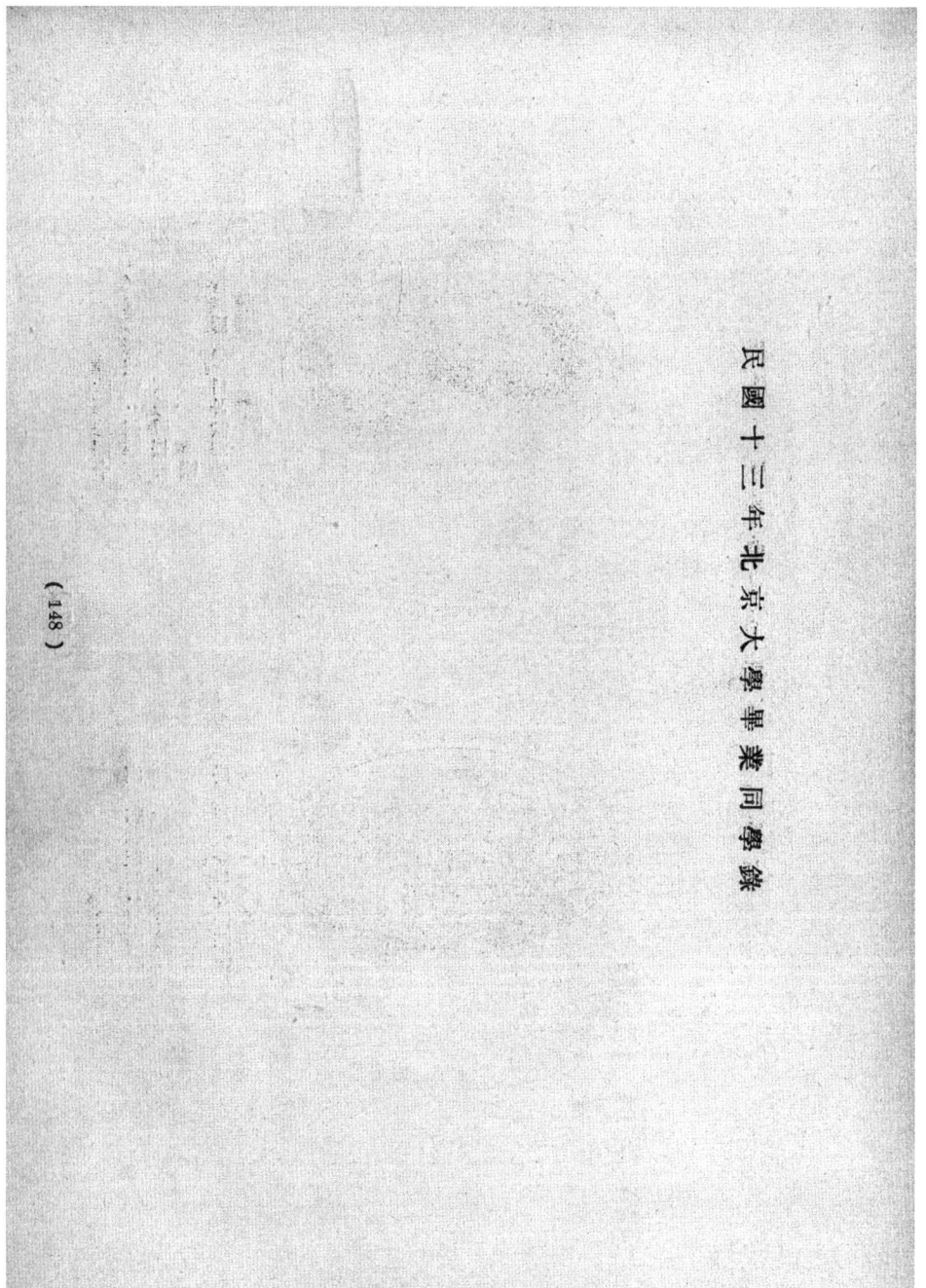
民國十三年北京大學畢業同學錄

餘錄

本年畢業未交照片者姓名以後列於此處備閱覽

姓名	原籍通信處	姓名	原籍通信處

數學系

崔宗燧　河北大和莊
宋　介　江蘇銅山縣北門里

物理系

白天和　山西醫源縣大羅莊
羅仲桂　浙江諸暨縣楓橋小東門
張毓秀　山西醫源縣大羅莊
鄭崇煒　廈門鼓浪嶼筆架山北京力行
李毓秀　和山西泉西院

化學系

王之齒　陝西城固縣
李景勱　安徽天長縣天柱觀中街
唐本明　陝西合陽縣圓堡鎮
劉庭璋　安徽合肥縣合肥中鎮
程家璋　陝西高陵縣
陳徑圻　河北高陽縣
馬鳴峨　山西翼城縣岱里
王顯珠　山西翼城縣
張永壽　保定永華大街十號
趙宗壽　

地質系

王鈞漢　陝西高陵縣
郭繼熙　安徽鳳陽臨淮關
張宗海　安徽清陽苑望都縣城
趙文壽　江蘇鎮江大營南魚巷大街
宋鈞霆　源水京正陽門內
孫俊智　浙江紹興縣
張子明　江蘇永嘉縣南魚巷伯椿
白家瑋　
林震鴻　浙江永嘉縣大鐘村
蔣俊聰　河南新城白濟河
蔣在濂　

哲學系

周兼保　
鄭原純　
姚毓鵬　山東莒縣
袁汝鵬　安慶呂八街本毛
程家熹　山東新安縣
羅敦聖　河南羅店鎮小街
黃振濤　河南新城白濟河
馬震禮　下浙江金華冷江縣石鎮美

經濟系

章隆起	陸培良 江蘇崇明	劉廣鈞	趙鑑瑩	張熙競
孟自成 北平民國大學山東	劉正衡 甘肅臨潭			

(姓名及籍貫，按原文排列)

章隆起
孟自成　北平民國大學山東
陸培良　江蘇崇明
劉正衡　甘肅臨潭
劉廣鈞
趙鑑瑩
張熙競　湖北鋼城發黃安
(續)

政治系

張志忠　江蘇八埇郵鄉十五里置口村
歐崇祐　廣東東莞
臺振丹　浙江嘉興
陳做倫　山東臨沂
郝紹謨　浙江紹興縣城內西四鄉
劉儁棠　河南臨潁

法律系

邢韓受之　河北黃安
覃曲耀　利山東縣旺文縣同陽
劉紹藏　金魚胡同
呂世昌　天津潘陽
張世從錄　甘肅天水教育會館
周達覺　安徽天水教育會館
李漢聲　廣東江門蒲江潤

史學系

德文系

英文系

國文系

陳鎮銘　江蘇江陰東
羅數偉　湖南長沙
趙冠華　江蘇長安鹽湖
潘承祖　天津正潘縣
馬龍章　重慶
鄭立忠　內江北京外雙
施㺀蒻　未詳
（末行）黃起昌　新疆迪化和南汕頭
張充聖　門廈建昌外

國立北京大學畢業同學紀念冊（一九二五）

本紀念冊封面所寫題名分爲三行：「畢業同學紀念册／民國十四年／國立北京大學。」按照一般的邏輯順序和之前的寫法，應爲《國立北京大學民國十四年畢業同學紀念册》。而書內頁眉的題名則作「民國十四年北京大學畢業同學錄」。

「國立北京大學民國十四年畢業同學錄例言」第一條說：「本同學錄以本屆畢業同學爲限，其未交銅版及印刷費者，衹將姓名通信處列後。」可見當年北大畢業同學錄的印製經費至少有一部分來自畢業生交費與之前的畢業同學錄相比，本年增加了各系主任的臨別贈言。此外，「例言」鈐有「國立北京大學研究所國學門」藍色橢圓印，可知本書原爲北京大學研究所國學門舊藏，後入藏北京大學圖書館。

目錄之前，刊登有「由景山俯瞰本校全景」照片一幅。

與上年紀念册相比，本年關於北京大學概況介紹部分，除了「本校略史」外，還增加了「現行組織」「圖書館」「研究所國學門」等內容。其中「本校略史」與上年內容完全一致。「現行組織」占四頁半篇幅，介紹當時北京大學組織設置較詳，各組織主要職責則可從下面引文瞭解：「全校組織，現分四部：（一）評議會，司立法；（二）行政會議及各行政委員會，司行政；（三）全校教務會議教務處各組，各學系教授會預科委員會，及研究所，體育部等，司教務；（四）總務處，司事務。」

「圖書館」部分則介紹圖書館的成立及發展，重要捐贈，館藏統計，館舍和機構設置，分類編目，閱

覽室設置，購書程式等。其中重要捐贈，如方大登、周慕西、阪谷郎男爵、亞當士、黃樹因等捐贈，均有具體冊數，可補其他資料之不足。此外，從中還可以瞭解當時的藏書數量：「截至民國十二年九月三十日，合本校自置者與捐贈者，漢文書一共約十四萬冊，西文書，共有二萬六千三百五十六本，日文書，共有二千四百八十本，雜誌，東西文及中文，共有一萬五千一百七十二本，總計有十八萬四千零零八本。」研究所國學門是北京大學當年最重要且成績最大的研究機構，本部分介紹了國學門自創辦以來在研究生、編輯室、考古學研究室、古蹟古物調查會、歌謠研究會、風俗調查會、整理檔案會等方面的進展與成績。

此外，本年畢業紀念冊還介紹了「附設音樂傳習所」的情況。

此後是總務長、代理校長蔣夢麟和教務長顧孟餘的臨別贈言。蔣夢麟的臨別贈言頗動感情：「本屆畢業諸君，和我同年到北京大學來的。那時正在『五四』運動的一年，我代蔡先生來北京大學，辦理校中各事，那年的入學試驗，是我代蔡先生主持的，所以諸君畢業離校的時候，引起了我無限的感情。在此六年中，我們可算是患難之交了。在此期內於前四年中，學生罷學，教員罷教，鬧了沒一日安寧，諸君犧牲的光陰和學業真是不少。」贈言中說，雖然因爲政府欠款，「物質上的痛苦」一言難盡，在校的人「仍當本奮鬪的精神，向前進行」，希望畢業生也「本着本校奮鬪的精神，向前進行！」

不同於蔣夢麟的充滿感情的白話文，顧孟餘的臨別贈言用文言寫成，其中不乏警醒鼓勵之語。顧氏希望畢業生「奮勉不息，精益求精，以求異日貢獻於社會造功於後世」，畢業後不要停止學問上的追求，因為「事業當求之學問之中，學問即存乎事業之內，知與行非殊途也」。在「國事亟矣，民痛深矣」的情況下，希望畢業生努力奮鬪，解民倒懸。

本年刊登的校景部分，第一、三院大門與上年相同，第二院風景拍攝角度不同。

教職員部分，仍是蔡元培校長、蔣夢麟總務長、顧孟餘教務長之後，刊登各系主任照片，與上年相比，各系主任的變化是：數學系主任改為王仁輔，地質系主任改為王烈，法文系主任改為楊芳，德文系主任改為朱家驊。教員方面，共收錄68人，其中哲學系教授鄧以蟄、譚熙鴻，哲學系講師鋼和泰，國文系教授黃節，史學系教授李大釗、陳翰笙，法律系教員程樹德，經濟系教授皮宗石、余文燦，都屬於照片比較少見者。

教員之後，刊登有「十四年畢業同學錄籌備員」全體合影。

根據「例言」，各系畢業生照片和簡歷之前，有各系主任的「臨別贈言」。但實際上只有數學系主任王仁輔、物理系主任顏任光、法文系主任楊芳、法律系主任王世杰寫了臨別贈言。其中楊芳的贈言頗耐人尋味：「中國的病源，並不在政治紊亂，實業幼稚，而在於一般民眾缺乏高尚的精神，豐富的道德，故要改良中國，根本須從革新文化，洗滌思想着手。」王世杰在贈言中則指出，北京大學雖然最近六七年改造有所進步，但「至今仍不敢説是具備了一個現代大學最小限度的條件」。他還提醒畢業生，「學問是終身的工作，學校儘管有所謂畢業，學問是永遠不會畢業的」。此外，經濟系畢業生之前，還用蔡元培為原計劃擬出席而未出席的北京大學經濟系畢業級友會的題詞代系主任的臨別贈言，是蔡元培手跡影印件，頗為珍貴。

本年收錄的畢業生，刊登照片者，數學系9人，物理系15人，化學系24人，地質系30人，哲學系15人，國文系36人，英文系20人，法文系5人，史學系14人，法律系80人，政治系57人，經濟系124人。再據「未交銅版畢業同學名錄」，數學系1人，化學系1人，物理系5人，地質系1人，哲學系6人，國文系4人，英文系16人，德文系6人，法律系13人，政治系14人，經濟系6人，其中德文系全部未交

照片。兩者相加，各系人數爲：數學系10人，物理系20人，化學系25人，地質系31人，哲學系21人，國文系40人，英文系36人，德文系6人，法文系5人，史學系14人，法律系93人，政治系71人，經濟系130人。可以看出，原屬於法科的政治、經濟、法律人數較多，其中經濟系最多，130人，一般印象中當時的「顯學」史學系，不過14人。本年畢業生總計502人。

同學照片之後，列有「教員姓名錄」，收錄從蔡校長到一般教員166人，列出姓名、字號、籍貫、職務等基本信息，也屬於較上年畢業紀念冊增加的內容。

國立北京大學民國十四年畢業同學錄例言

民國十四年北京大學畢業同學錄

1. 本同學錄以本屆畢業同學為限其未交銅版及印製費者祇將姓名通信處列後
2. 各系教員以交銅版者為限
3. 校長總務長教務長各系主任及教員之姓名均列卷末以備查閱
4. 本同學錄按本校新制十三采次序排列
5. 各系教員及同學均按姓字筆畫多少編次
6. 各系主任臨別贈言刊於各系之首頁
7. 各院風景酌量插印於卷中
8. 此大刊印同學錄雖由各系代表員責盡慮排理恐終難免無遺漏編錯誤之處祈諸同學原諒為幸

民國十四年北京大學畢業同學錄

由景山俯瞰本校全景

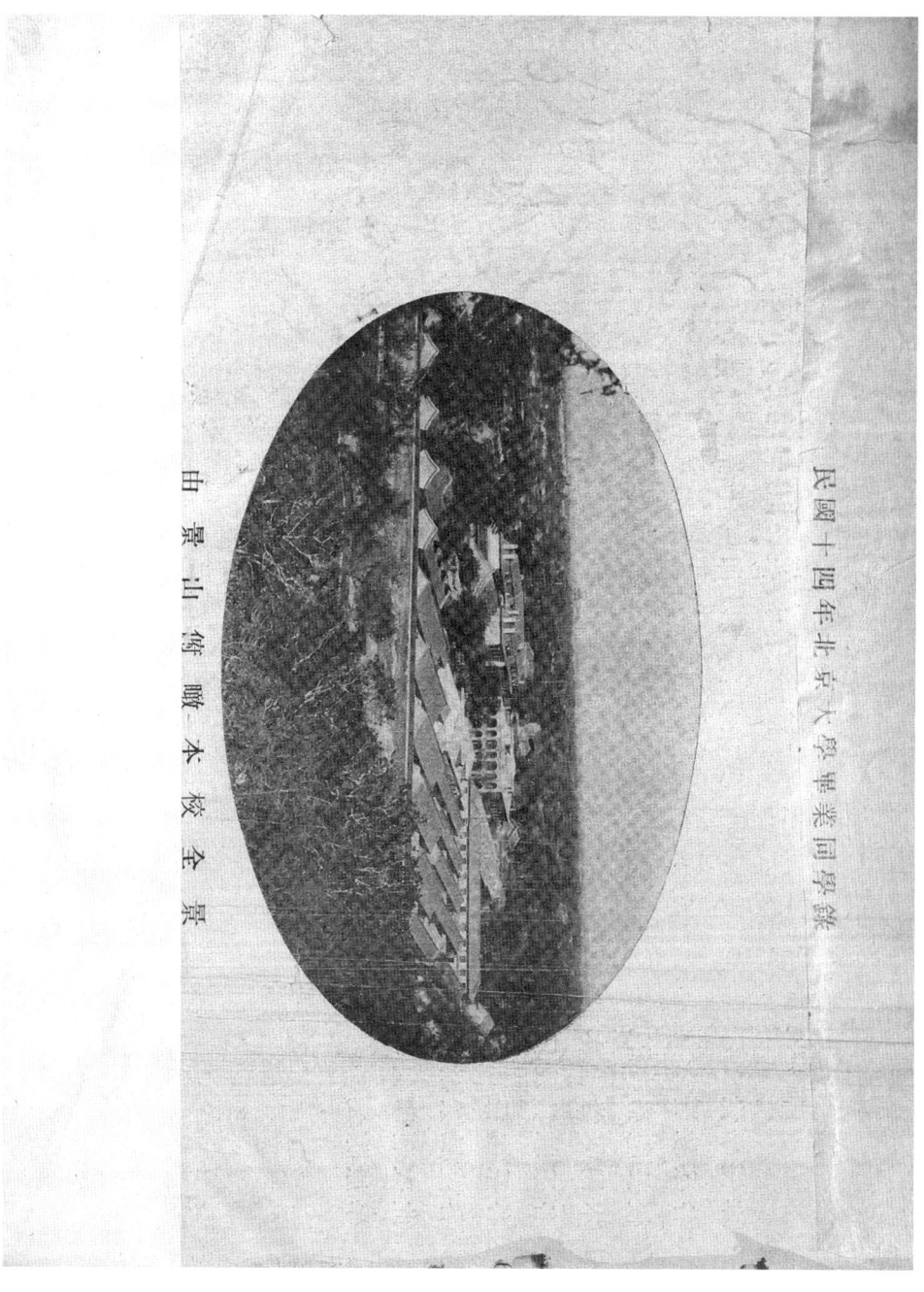

民國十四年北京大學畢業同學錄

目錄

1. 本校概略（本校略史 現行組織 圖書館 研究所國學門）
2. 校長臨別贈言
3. 教務長臨別贈言
4. 校旗
5. 各院大門
6. 校長
7. 總務長
8. 教務長
9. 各系主任
10. 本屆教員
11. 本屆畢業同學錄籌備員全體攝影
12. 數學系
13. 物理系

(1)

民國十四年北京大學畢業同學錄

14 化學系
15 地質系
16 哲學系
17 國文系
18 英文系
19 德文系
20 史學系
21 法律系
22 政治系
23 法律系
24 經濟系
25 校長總務長教務長各系主任暨各系教員通信錄
26 未交銅版之各系同學姓名通信錄

民國十四年北京大學畢業同學錄

本校概畧

本校原名京師大學堂，創辦於前清光緒二十四年，計成立至今適三十八載。茲畧述其歷史於下。

甲午中日之役，吾國戰敗，士夫憤於國恥，漸知重新學制，光緒二十二年，康有為以公車上書請變法興學。繼察昌言立大學於京師，創造王朝運亦碩量之。于是於本年五月得旨允行，但因樞臣之掣肘，遂濡遲而未果。後請茲逡巡不敢舉辦，迨於二十四年五月由軍機處及總理衙門提具章程八十餘條。當時僅將原設立京書局及新設譯書局併入，呈請開辦，孫家鼐派為管學大臣，京師大學遂亦成立。以泉山下馬神廟四公主府約為大學堂址。是年開辦師範及仕學兩院。

由總教習丁韙良聘外國教習分科教授，繼派總教習管其事，因備課程任官派留學、文學科、醫學科、但進行方法與前不同，廢棄盡矣。

本校因此停辦凡二年。至三十六年議和團釁變，即今之第二院也。三十年十二月辦學之議復與本校，改為仕學館。即師範館所裁之員，十七年十二月提股之分科大學之預備。當時擬設之分科有八：即經學科、法政科、文學科、醫學科、格致科、農科、工科、商科是也。並設速成科，分仕學、師範兩館。（一）進士館、師範館、譯學館。（二）譯學館仍舊其地址即今三院也。（三）醫學實業館。敎授中西醫學。是年張之詞等奉旨並頒行管理通則，後諸館學生或未願改入，或限於資格，遂於三十二年始議改進。潛陰有奏設政法學堂，即今之法政專門也。三十年仕學館改進宏通學館，學法宏統為、典施醫局合併。三十一年醫學實業館改宏通醫學館，即今之醫學專門也。三十三年三十四年師範畢業，師範科及此小學，預備科。三十三年九月本校附設博物實習科。開辦附屬高等小學堂一所。

遂均停辦。三十三年本校為師範生實習起見，開辦附屬高等小學堂一所，分畫注德本校型及圖書三顆。宣統二年此班畢業，師範科及此小學，逐亦停辦。宣統元年本校附設博物實習科預備班，分繫遺標本校型及圖畫三顆。

民國十四年北京大學畢業同學錄

委任總科、法科、文科、醫科、格致科、（民國成立後改稱理科）農科、工科、商科、八科大學監督，並開辦各該大學之豫備。又改預備科為京師高等學堂。大年三月舉行分科大學開學禮式，其中僅醫科大學尚未借開辦。民國成立，本校改稱北京大學，後又定以「國立」二字，遂有今稱。至學科方面，除經科倂入文科曾設經學一門外，其他各科大學及預科（即高等學完之改稱，仍照舊辦理。民國三年，分科改為學院，原八科大學辦法，均先更動。其後預科亦改訂，廢預科學長。五年十二月命令校長蔡公元培總核長；六年教育部改訂學制，文科增設史學門、理科增農科門學門。本校各科課程，逐漸議新改訂。七年各科各門研究所均成立。月增經費四千五百元。改訂學則，大學日刊出版。是年大學評議會成立，文理法工各預科辦事宜改歸校長辦理。月增經費三千元，是年文德文國文哲學教學物理化學法律政治經濟商業各教授會亦第次成立。先是民國五年借比國僕西公司二十萬元建築預科宿舍，以不合宿舍之用，改為文法科教室；即本部之第一院也。八年採用選科制，廢去文科法科理科之名目。設用分系法；置全校教務長一人，由各教授會主任推舉教務長一人掌之。五月四日北京學生為山東問題，發生五四運動；本校學生被逮者十餘人。蔡校長因政府對學界態度之表示，不分科亦不分系。民黨胸臆，全國洶洶。八年教授會與教授會評議會開聯席會議，組織演講委員會，維持大學；是時政府無確鎮之表示，不得已於同月九日辭校出京。於是學生留京辦校軍警照佔，幽困各校講學生千餘人。七月蔡校長回校，政府再三挽留，感允回校，並選於六月三日，於是新議會與教授會本校學生秘書職務，辦理招生事宜。九月蔡校長回校。改定薪俸表，民國銀屑。懸允回校，五選允矣之一。十一月第三屆評議會成立，為協助校長調查策畫大學內部組織事務起見，議決設立一組織委員會，事務部仍機關之總務處及各行政會議有成立。委許壽裳教授為總務長。十二月本校理手班繼並，編班繼教博士、程式、在第二院舉行授與典禮。九月註冊部成立。預科師範文班畢業，本科增設政文學系。十月蔡校長為籌集里昂大學經費赴法；呈

(2)

民國十四年北京大學畢業同學錄

蔡孑民蔣夢麟教授為代理校長。十年三月因政府積欠京師各校教育經費過多，國立八校教職員罷課請願，本校因而停頓。至秋後經費問題解決，始恢復原狀。蔡校長亦於此時回國。九月底到校。十月兩科委員會成立。自上年多議決改組研究所，歸併為四門，至是國學門成立。十一年三月設立學生畢業委員會。秋後開學，本校附設音樂傳習所成立。十二月設立體育部。十二月議決見行法采各組及教務會議之組織大綱，設立財務鄰及財務委員會，而預算審計兩委員會即行取消。十一年一月蔡校長以教育當局干涉司法獨立，痛心於政治清明之難望，憤而辭職。本校自蔡校長任事以來，組織日臻完善，各教授亦均熱心於擁護教育，故本校雖因而得維持不墜者年歲。旋經政府及本校教職員及學生迭次挽留，蔡校長允不辭職，惟仍請假遊歐，見校移由蔣議長照前例推舉繼續長蔣夢麟教授代理校長職務。十月本屆評議會決議撤消財務部，仍照舊例設會計課辦理出納事宜。

(3)

民國十四年北京大學畢業同學錄

現行組織

本校現行組織產生於民國八年十二月。本年年秋，各機關完全成立。近三年間又畧有增改，茲畧舉行述如下：

校長　校長總攬全校校務，爲一校之首領，由大總統任命之。校長設校長辦公室，聘中文英文秘書各一人，辦理校長之往來函件，及校長所囑辦各事，由教授兼任之。

各部　全校組織，現分四部：(一)評議會；(二)行政法；(三)全校教務會議教務處各組各學系教授會預科委員會，及硏究所，體育部等，司教務；(四)總務處，司事務。

(一)大學立教
(一)評議會

評議會　設本校立法機關，評議員由全體教授（講師助教及事務員不在內）互選之，約每五人選一名。本屆評議員爲十六人。校長爲評議長。須經評議會議決之事項如左：

(一)各學系之設立廢止及變更
(二)校內各機關之設立廢止及變更
(三)各種規則
(四)各行政委員會委員之委任
(五)本校預算及決算
(六)教育總長及校長諮詢事件

(4)

民國十四年北京大學畢業同學錄

(七) 授予學位

(八) 關於高等教育事件將提議於教育部者

(九) 關於校內其他重要事件

(三) 大學行政

二、行政會議

行政會議以各常議之行政委員會之委員長組織之，協助校長規畫推行全校事務。校長為議長，教務長為當然會員兼書記。

三、行政委員會

各行政委員會協助校長規畫推行各部事務。各委員會委員，由校長酌從教職員中指任，徵求評議會同意。每委員會人數自七人至十三人（但臨時委員會及有特別情形者，亦得酌量增加人數）。設委員長一人，由校長於委員中指任之，以教授為限。各委員會非入校長出席委員會時，校長為當然主席。

(甲) 常設委員會

(一) 組織委員會　協助校長調查及擬訂大學內部之組織

(二) 財務委員會　協助校長計畫及監督全校之財務。

(三) 聘任委員會　協助校長審查將聘任之職員之資格。（事務部職員以各術主任及校醫為限）委員以教授為限。本委員會非校長或其代表人列席不得開會。

(5)

民國十四年北京大學畢業同學錄

(四)圖書委員會　協助校長謀圖書館之擴張與進步。
(五)儀器委員會　協助校長謀儀器之擴張與進步。
(六)出版委員會　協助校長審查編訂之圖書。規畫推行出版事務。
(七)推廣委員會　協助校長謀推廣之推行與進步
圖書儀器出版推廣四組之主任為各該委員會當然會員。
(八)學生事業委員會　協助校長計畫整理學生團體關於學術及公益各事業。
(乙)臨時委員會　臨時委員會以辦任事務定其名稱，事畢即行撤銷。
(三)教務

四，全校教務會議

全校教務會議由各學系主任預科主任組織之，互選教務長一人，任期一年，得連任一次，總務長駐辦術主任及預科主任均當然列席。但無表決權。

五，教務處

教務處以教務長與各學系主任組織之，執行教務；置秘書一人。

六，各組教授會及分組會議

各組教授會　由各組全體教授組織之。於每學年開始時，各組圍全體教授會一次。每學期圍常會一次。

各組得議決方針，行使其職權。

民國十四年北京大學畢業同學錄

七、各學系教授會

預科各體教授協助校長規畫一切關於體育事件；體育主任及其餘委員由校長選派兼任之。教務長總務長體育教員為體育委員會之當然委員。體育主任並代表體育委員會出席教務會議。

八、預科委員會

預科各體教授協同組織之，互選本系主任一人，執行本系教授會議決事件，並代表本系教授會出席分組會議及教授會議。

中公選預科教授會主任一人。合之則爲預科委員會，計畫並執行關於預科功課之事件，預科主任並代表預科教授會出席教務會議。

九、體育委員會及體育部

預科各體教授協助校長規畫一切關於體育事件；體育主任及其餘委員由校長選派兼任之。教務長總務長體育教員爲體育委員會之當然委員。體育主任並代表體育委員會出席教務會議。

十、研究所

本校爲儲將來本大學院思見起見設立之研究所，爲畢業生及本科三年級以上之學生專攻一種學門句讀之所。設所長一人，爲委員會之當然委員長，由校長兼任。研究所分爲國學、外國文學、社會科學、自然科學四門，各門設主任一人，任期二年。現已成立者爲國學門，該門又設研究所國學門委員會以規畫該門之一切進行事項。

（四）事務

十一、總務處

總務處總管理全校之事務設總務長一人，秘書一人，總務委員若干人，總務長徵總務部主任，由校長於總務委員中委任之，以教授爲之。

民國十四年北京大學畢業同學錄

限(不得由教務長兼任)任期二年,但得續任。總務委員由校長委任。凡由教授兼任者,任期三年,但得續任。總務委員各一部或數部之事務,由校長指定之。審決部之總務委員,爲某部之主任,總務長及各總務委員,共商事務進行之程序。

總務處分總務、註冊、圖事、儀器、出版、推廣六部。茲分各款:總務部分文牘、會計、日列三課;註冊部分編誌、詢問、介紹四課;圖事儀器兩部各分登錄、典藏四課;出版部分印刷(本校自辦有印刷工廠一所(在第一院))發行、薦義三課;推廣部分總務、(本校現設男生寄宿舍四處、女生寄宿舍一處、(後察學生儲蓄室)收發四課。總務處隸以上六部外,另有校醫證,以校醫及助手組織之,直隸於總務長,辦理治療疾病事務,現有校醫四人。(本校法國醫院外,均有校醫士均發本校校醫)國醫院院長利醫士均發本校校醫)

(8)

民國十四年北京大學畢業同學錄

圖書館

前清光緒二十四年，大學初立，校內閱覽譯書處，乃設感舊樓，調取江浙鄂湘等省官書局，始行購辦中外書籍，但此不過編譯之用而已。光緒二十八年，正月，籌國大臣，奏辦譯書館，所選購甚多。三十年，四月，由外務部，領得圖書集成一部，七月，巴陵方氏捐贈所藏碧琳琅館藏書，計位張一變，二千一百九十餘冊，其中多有由日本德意志法英等國所購之珍本。本校圖書館所藏中之漢文書籍，方氏所捐定占一大部分。英國因譯館，捐佛學西文書，共一千三百二十五本。院合男爵捐東文書籍收還之多，共四百零七本，亞當士數授，遞交譯書，所指贈之書，一千零四十五本。英國士丹利教授所指贈之書，以地質學類為主。共二萬六千零八十一本，分設西文、日文部，共有二千四百八十本，雜誌，東西交及中文，共有一萬五千一百七十二本，地圖十四萬兩册，西文書，均屬特別藏庋，以作紀念。歷後歷年護增。經至民國十二年九月三十日，合本校圖書館自己名所捐之書，以及捐贈者，總計有十八萬四千零零八十本。設在第二院後院，民國七年八月，第一院編成，乃改來第一院。此下分述錄，編目，藏書，閱覽之情形。

中文。古物美術三部主任，（西文部主任從缺。）由名部主任兼任。編目，分為總類、叢書、叢書、圖書、典書、圖書主任外，分設西文、名。職員約三十八。社法注為基礎，擬松編製三部簡單目錄（1）以類別者（2）以著者姓氏字母順序別者（3）以書名字母順序別者。言語，文學，史地人類，今在進行中。俟簡片目錄編成，然後印成刊本。至中文書目，第一部，治用經、史、子、集，四大類之舊目。第二第三兩部，權以進行分編。此外各學系，雖以分類法的在討論中，第一圖覽室為編本，第二圖覽室，第三圖覽室，將來水提設行分編，今在編纂製東西文部，第四閱覽室書案西文報，均設有分類簿，可以隨時調取圖書館所之書籍，於一定則回存查筆。

閱覽室當各種日報，第四閱覽室第東西文館。

(9)

民國十四年北京大學畢業同學錄

供研究之用。雜誌：中文者，新舊共有三百七十餘種，西文者，新舊共有百七十餘種，日文者，新舊共有四十八種。中文者共有三十餘種，西文者亦有數種；日文者，有二種，每日團體閱時間：上午八時至十二時，下午一時至六時，晚則七時至九時。膳事程序：先由圖書委員會，向本校各系教授徵集應購之書單；再向圖書館檢查本館是否已有是書，如係未備之書籍，即由圖書部主任交由購書員購買。從前並未確定每年購書之欵項，到已在預算案上確定年三萬元，專供購書之費，不得移作他用。現在館批，亦歸交由購書員購買。

亦擬遷移之計：原來第一院之建築，意在充紮宿舍之用，今以用作圖書館，基不相宜。圖書館前日漸發展，房間已不敷用。現已決計在第一院大操場，建一宏圖之圖書館。或在第三院工字樓上一帶，改建臨時館址，唯一時籌欵維艱，建築之業，不能不有待於異日。

(10)

民國十四年北京大學畢業同學錄

研究所國學門

本學門自上學年（民國十一年）開辦以來所進行之各種事業及本學年擬定之進行計畫，茲畧述如下：

(甲)研究生　經本學門委員會審查合格之研究生共十六人，內已報告成績者五人，前成績六種：尹文子校釋（羅爾）公孫龍子注，假

(乙)編輯室　編輯室作業，分編、輯、譯三事，但因限於人力，迨以經濟，上學年（十一年）催春計圖，擬於本學年次第進行者，則有分類書目提要、學術紀年、諸子所用術學名詞索引三種。至國學季列為本校發行四即學做季列之出版。其主旨在於發表我國內外學者研究之中國學之結果，其內容雖以國學相關之科學，如東方之古言語學，此較言語學、印度宗教及哲學，亦莫以相當之地位。其編輯事宜，由國學門組織一國學季列編輯委員會擔任，但亦極願得各方面之贊助。又字即不拘語體、文言；但一律用新式標點符號，併用橫行寫例。現已發行兩則，第三期正在即刷中。

譯書業有三種：一、翻譯各國關於中國之名著；二、中國名著譯為各國文字 本學門未對於前者，雖畧有零星之成績，但歉經濟及人力所限制，尚未能廣極進行；據以後凡各國關於中國學術有出版物，擇要購買，從事翻譯。對於後者，亦擬設法逐漸進行。

(丙)考古學研究室　中國為有四千年文化之古國。古物之種藏于地中者極富，其要集之瓦實，與不兼案之互譽！本學門欲精古代人類之過物，以研究文化之過程，不能不破此惡習，一方面努力于古物之調查之蒐買；一方面成立古蹟古物調查會以為發掘保存及研究文化之預備。

(a)古蹟古物調查會於本年（十三年）五月二十四日成立。其調查之範圍，大致分為三類：(1)古蹟：如城市、宮室、關隘、祭壇

民國十四年北京大學畢業案同學錄

古美術品；填陵及其他一切之建築物，（2）古器物：如鹵器、樂器、兵器、錢幣、符印、簡冊、碑刻及其他一切所用之器物；（3）現狀況；（2）圖畫，（3）照像，（4）塑型。其調查之方法，大致分為五種：（1）記錄，以文字記錄所調查之材料及其所在地之歷史之要點。此調查所得之材料之形式；（5）摹拓，就所調查之材料作成拓片，以便查考。本會會派馮教授前任考查，報告本會入月間河南新鄭孟津諸縣發見代器物甚多，經作調於編譯。今年（十二年）已於暑假時，發通告請會員各就地調查團於故古學或歌謠，王於調查時之要點。地域不限其原地，而考查須期於精詳。今年（十二年）已於暑假時，發通告請會員各就地調查團於故古學或歌謠，王於調查時細報告。（另印行）此為本會作業之起點，以後當更繼續行之。

（丁）歌謠研究會　歌謠研究會自伴入與學門後，分關一歌謠研究室、北進行之事項有三：

一、徵集：已於去年（十一年）登報徵集，並列印簡章分各各數育廳，需其轉囑各臨學校，並委託私人朋友及各同鄉圖籍、代為收集，曾得有極好之成績，數月以來，每月平均收到歌謠五百以上。除東三省、新疆、熱河外，羅遠青、貴，亦均有熱心之同志陸續寄來。自去年（十一年）十二月至本年（十二年）六月收到歌謠總數已達三千八百四十五則。

二、整理：已將前所有之歌謠全行謄清，正為分省之整理，以備印行選錄。現擬出若四兩，作為本會「歌謠研究會叢書」之一部分。

（a）豫宛民眾歌謠叢錄　會員白啓明先生編輯，中有歌謠、謎語、諺語等干餘則。

（d）北京歌謠之一零　會員常惠先生編輯，分上下兩册，上册為民歌、兒歌；下册為謎語。全書約千首。

（c）盲藝歌集　本會收集盲藝歌謠二千餘首，較他省為多，擬先行出版。

（b）南省山歌　山歌為有省之特色，且材料較多，亦擬列印單行本。

民國十四年北京大學畢業同學錄

本會第三次大會議決：先將蒐苑民衆藝術叢鈔壹中「歌謠」一部分印行，「諺語」……諸部分以後續出；並公推沈大棻、徐世生、張競生、錢玄同、周作人、沈兼士諸先生擔任審查。現在審查完畢，條審查完畢，即行付印。

三、發表：本會於十一年十二月十七日本校二十五週年成立紀念日發行一種歌謠週刊，附在北京大學日刊發行，專為會員研究計論之機關，及引起民衆諸搜檢稿之興趣。

（戊）風俗調查會　本會自上學年成立後，即向各同學發表格，分由各同學於暑假中分頭調查。再關於風俗之實物徵集，歷來收由近及遠之辦法，先從北京兆圍調查刻前，以示模範。

（己）整理檔案會　自去年（十一年）羅叔言先生購得八千餘廉麻綾餅檔案之後，始至請教育部將內閣大庫檔案歸屬本校整理。檔案之少。擬照歌謠研究會之辦法，發行一種刊物，以引起多數調查者之興趣。

歸本校者，以羅氏為大宗。其餘件中發見之珍實亦料，亦頗不少，亦照不少。其整理方法：第一步分列朝代，排印單行；此外消耗木及殘舊卿抄之摘由，捷表，亦己將明季關於關東邊事及遼波之圖稿若干條件抄錄公布；其次排他年日先後復輯造，此層手續大致已完。第二步摘要事由，現已將明季關於關東邊事及遼波之圖稿若干條件整理。這件工作雖未嘗間斷，本校同學亦有利用假期都同整理，飛頻郎為大宗。

摘錄公布；現擬再行依年月先後復輯造，此層須着眾助於同人之力，非區區數人之力所辦到者。當分政治、經濟、法律、歷史、風俗……等項，由各專門學者分類研究，此層須着眾助於同人之力，非區區數人之力所辦到者。

之，國學門搜集或整理所得之各種材料，完全係公開的供獻於全世界的學者，隨意作各種之研究，總無吝嗇之限制，此匝人所當注意者也。

（13）

民國十四年北京大學畢業同學錄

附設音樂傳習所

本校提倡音樂頗早；民國五年秋，學生中已有音樂團之組織，旋即正式成立音樂會；分西樂國樂兩部，校中為之聘諸導師指導。七年秋，改稱樂理研究會。八年秋又改正音樂研究會，並添聘導師，招收校外會員，籌備發行音樂雜誌。九年正月，音樂雜誌出版。是年秋，本會公開音樂演奏會多次，頗獲社會知音者之鑒賞。然在九年以前，雖是說發學生課外作業之一種耳。九年秋，大學課程內添設和聲學及音樂史，聘請蕭友梅先生擔任。始有漸次化形成為大學內設音樂之傾向，而本校設置音樂傳習所之倡議，亦起於此時。惟視置器備，非旦夕間所能籌事，乃延先後。十一年八月前議會通過北大附設音樂傳習所組織大綱，並即於文本省選派學生十二月十三日本傳習所正式成立。本所以養成樂學專門人才為宗旨，一面傳習西洋音樂，一面整理中國音樂，設所長一人，由本校校長兼任。分設本科、師範科、選科三種。本科以養成樂學專門人才為目的。師範科以養成中小學音樂教員為目的。選科不限業餘，即可發給某科某級證書。本所所定學生成績，分天才勤情成績三種，又其中絕任在本所肄業者三十名者，即須畢業離位。本科見有諸師九人，學生共四十三名，內範科八名，選科三十五名；又其中絕任在本所肄習各科者十二名。六十分者，係大學本頂科生在本所選習各科者十二名。

(14)

民國十四年北京大學畢業同學錄

臨別贈言

蔡孑民

本屆畢業諸君，和我同年到北京大學來的。那時正在「五四」運動的一年，我代蔡先生來北京大學，辦理校中各事，那年內的人學試驗，是我代蔡先生主持的。所以諸君畢業離校的時候，引起了我無限的感情。在此六年中，我們可算是患難之交了。在此則肉於前四年中，學生罷學，教員罷教，鬧了沒一日安靜，諸君犧牲的光陰和學業眞是不少。到了後二年中，我們方得安隱度日，我的欣歸，是代表先生主持的，所以諸君畢業離校的時候，引起了我無限的感情。在此六年中，我們可算是患難之交了。在此則肉於前四年中，學生罷學，教員罷教，鬧了沒一日安靜，諸君犧牲的光陰和學業眞是不少。到了後二年中，政府欠發校欵，竟積至十二個月以上，物質上的痛苦，萬一言難盡。此後諸君畢業去了，我們留在學校的，還算過得去；但這兩年中，政府欠發校欵，竟積至十二個月以上，物質上的痛苦，萬一言難盡。此後諸君畢業去了，我們留在學校的，不知道還要受多少的苦痛。然而我們仍當本愛國的精神，向前進行，望諸位到社會裏頭，也本本校愛國的精神，向前進行！

民國十四年北京大學畢業同學錄

臨別贈言

顧孟餘

本年北京大學畢業同學有同學錄之編輯，行將付梓，屬余一言以為之序。余曰：諸君自幼至長，兀兀窮年，豈為一己之當煲利逹，夫亦了然於個人與社會之相輔助，今人與後人之相提携，故孜孜不息，精益求精，以求異日貢獻於社會當旦有益現代政治社會之問題，莫不以學理為基礎，而世事變化，無有已時，墨守成說尤定切戒。諸君如欲於事業有所成就者，觀夫現代政治谷迄今而止。盖事業求之學問之中，學問即存乎事業之內。吾校同學特於社會國家之熱誠與勇氣，余所深知，居常亦以此自慰；惟始終抱懷牲之精神，堅忍不拔，持之以久，不圖近功，不求速效，則天下可為也。嗚呼，國事亟矣，民族衰弱，挽救之責，捨吾黨其誰任？吾徒見數萬萬苦無告之同胞，渴望諸君出而解其倒懸也。諸君勉乎哉！

民國十四年五月五日

（16）

國立北京大學畢業同學紀念冊（一九二五）

第一院大門

第二院風景

第三院大門

第三院風景

民國十四年北京大學畢業同學錄

校長蔡元培先生

民國十四年北京大學畢業同學錄

總務長代理校長蔣夢麟先生
（2）

民國十四年北京大學畢業同學錄

教務長兼經濟系主任顧孟餘先生
(3)

民國十四年北京大學畢業同學錄

數學系主任
王仁輔先生

物理系主任
顏任光先生

化學系主任
王星拱先生

(4)

民國十四年北京大學畢業同學錄

地質系主任
秦之王烈先生

哲學系主任
旨年陳大齊先生

國文系主任
幼漁馬裕藻先生

民國十四年北京大學畢業同學錄

英文系主任
適之胡適先生

法文系主任
仲白楊芳先生

德文系主任
驌先朱家驊先生

民國十四年北京大學畢業同學錄

史學系主任 遊先朱希祖先生

法律系主任 專紙王世杰先生

政治系主任 鰒生周鯁生先生

民國十四年北京大學畢業同學錄

數學系教授
王尙濟先生

數學系教授
胡濬濟先生

數學系教授
馮祖荀先生

民國十四年北京大學畢業同學錄

數學系教授
羅惠僑先生

數學系講師
秦汾先生

數學系講師
靳鍾麟先生

民國十四年北京大學畢業同學錄

物理系教授
何育杰先生

物理系教授
李書華先生

化學系教授
丁緒賢先生

民國十四年北京大學畢業同學錄

化學系教授
李麟玉先生

化學系教授
胡壯猷先生

化學系講師
吳承洛先生

民國十四年北京大學畢業同學錄

化學系講師
李鳴龢先生

化學系講師
鄔世綰先生

化學系講師
張澤堯先生

民國十四年北京大學畢業同學錄

化學系講師
葉秉衡先生

化學系講師
鄭文彬先生

地質系教授
王紹瀛先生

民國十四年北京大學畢業同學錄

地質系教授
何杰先生

地質系講師
葉福祥先生

地質系講師
衞梓松先生

民國十四年北京大學畢業同學錄

哲學系教授
李石曾先生

哲學系教授
陶履恭先生

哲學系教授
徐炳昶先生

民國十四年北京大學畢業同學錄

哲學系教授
鄧以蟄先生

哲學系教授
樊際昌先生

哲學系教授
譚熙鴻先生

民國十四年北京大學畢業同學錄

哲學系講師
鋼和泰先生

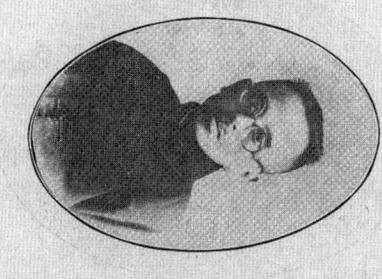
哲學系講師
鄧萊鈞先生

哲學系講師
劉廷芳先生

民國十四年北京大學畢業同學錄

國文系教授
沈尹默先生

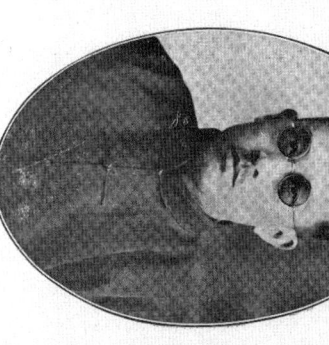

國文系教授
沈兼士先生

國文系教授
林損先生

民國十四年北京大學畢業同學錄

國文系教授
周作人先生

國文系教授
黃節先生

英文系教授
楊蔭慶先生

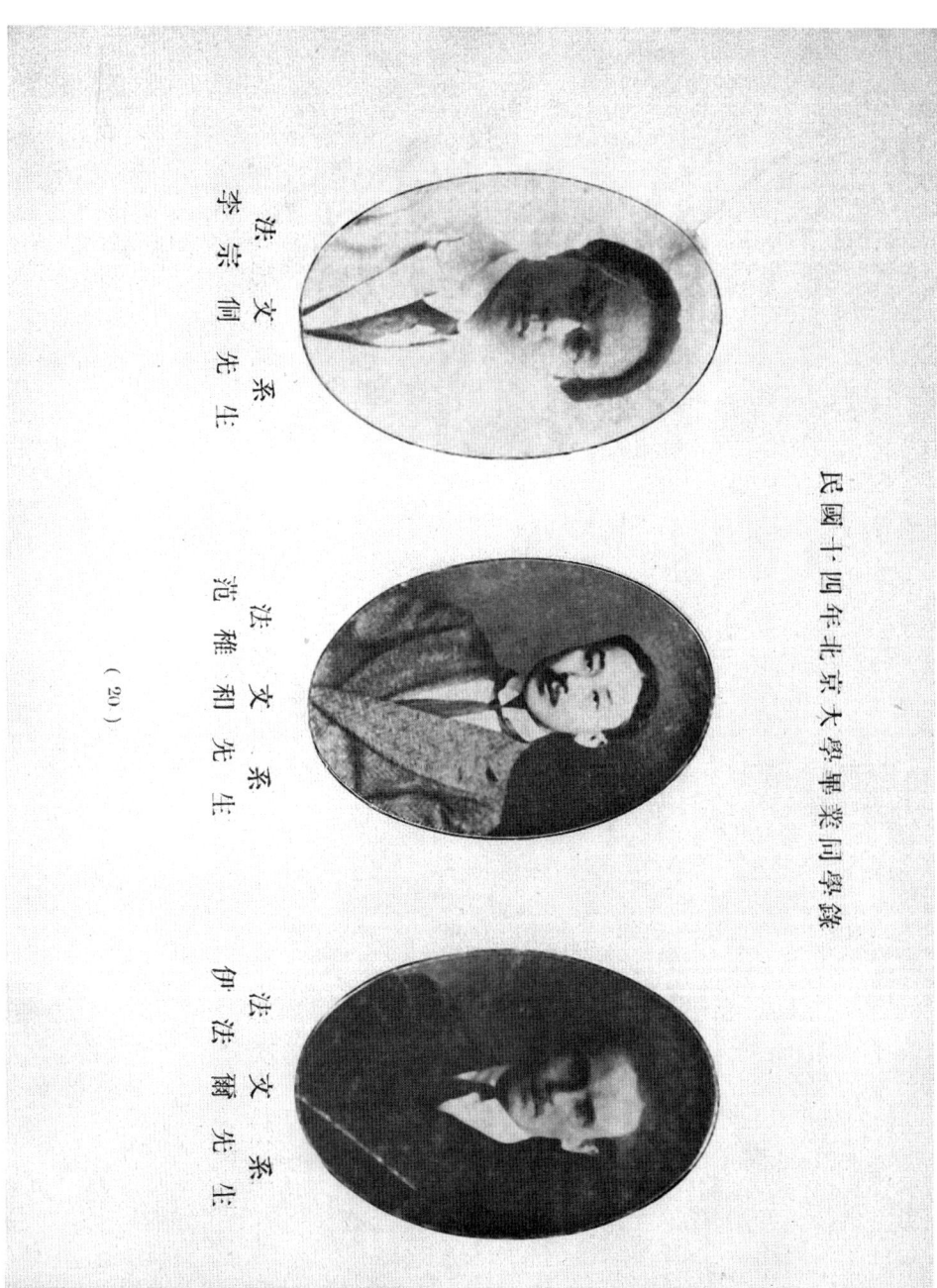

民國十四年北京大學畢業同學錄

法文系 李崇侗先生

法文系 范稚彬先生

法文系 伊法爾先生

民國十四年北京大學畢業同學錄

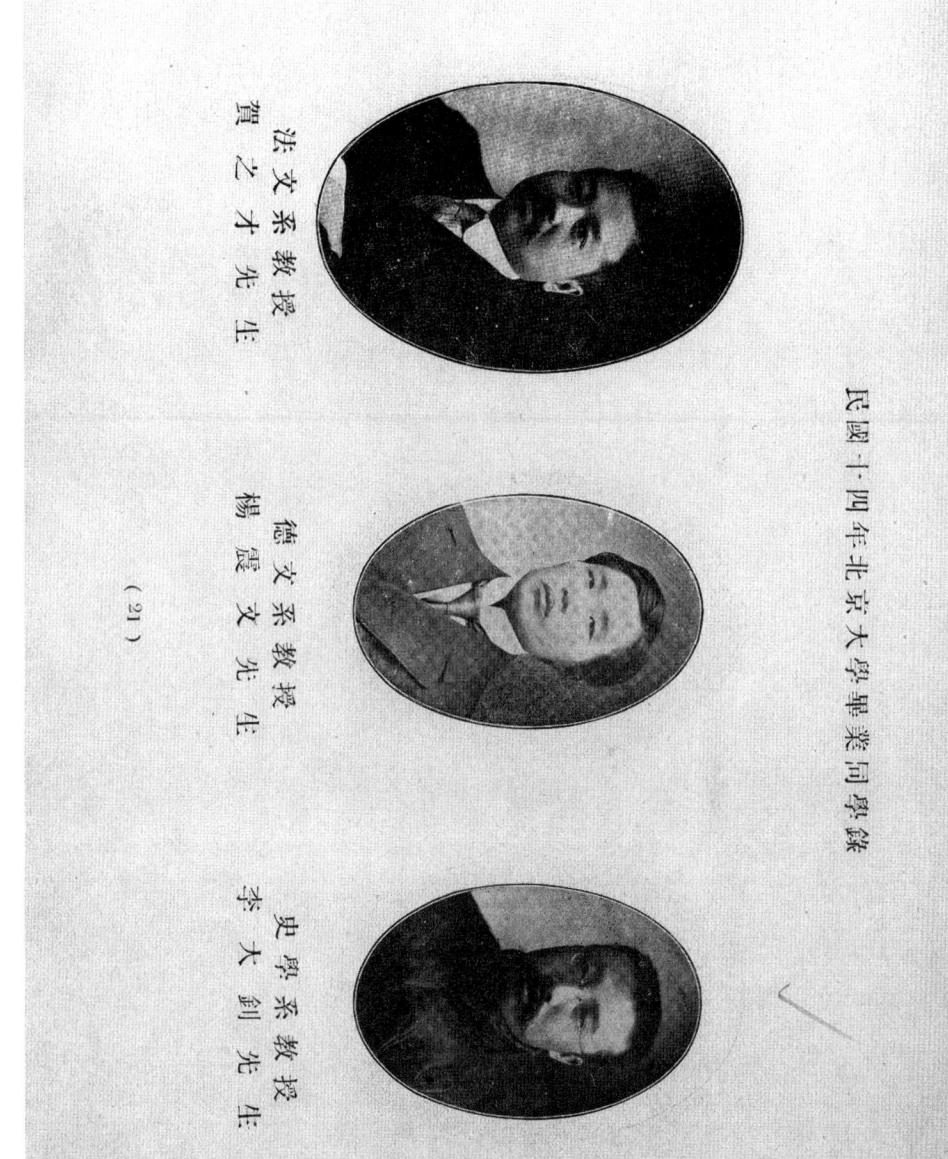

法文系教授
賈之才先生

德文系教授
楊震文先生

史學系教授
李大釗先生

民國十四年北京大學畢業同學錄

史學系教授
洪允祥先生

史學系教授
馬衡先生

史學系教授
陳翰笙先生

民國十四年北京大學畢業同學錄

史學系講師 戴錫璋先生

史學系講師 陳映璜先生

法律系教授 尤德敏先生

民國十四年北京大學畢業同學錄

法律系教授
何基鴻先生

法律系教授
李浦先生

法律系教授
張孝栘先生

民國十四年北京大學畢業同學錄

法律系教授
黃右昌先生

法律系教授
燕樹棠先生

法律系講師
李芳先生

民國十四年北京大學畢業同學錄

法律系講師
白鵬飛先生

法律系講師
陳瑾崑先生

法律系講師
周振禹先生

(26)

民國十四年北京大學畢業同學錄

法律系講師
夏勤先生

法律系講師
路毓祗先生

法律系教員
程樹德先生

民國十四年北京大學畢業同學錄

政治系教授
陳啟修先生

經濟系教授
王建祖先生

經濟系教授
皮宗石先生

(28)

民國十四年北京大學畢業同學錄

經濟系教授
朱錫齡先生

經濟系教授
余文燦先生

經濟系教授
馬寅初先生

民國十四年北京大學畢業同學錄

經濟系教授
徐寶璜先生

經濟系教授
衞爾德先生

民國十四年北京大學畢業同學錄

與數學系諸君臨別贈言

王仁輔

不佞與諸君相聚數年，濟濟一堂，願得數學相長之益。今各諸君將離校他去，使我發生兩種感想：其一，則諸君在校勤學數年，今得一結束，此後將本平日之所知所習，貢獻於社會，是於諸君前途有無涯之希望；其二，則不佞與諸君相處匪久，平時質疑問難，互受其益，一旦分手，不免生別離之感。當此人所謂離別之際，黯然銷魂者矣，有此兩種感想，故與諸君臨別之時，願擇數言以為諸君贈——

一）數學一科，門目繁多，原理深邃，決非短時期內所能畢業。諸君於數學，大抵已識門徑，然欲升堂入室，則尚待精研。離校以後，不特溫習之書，不可束諸高閣，即近來歐美新著及雜誌等，亦宜切隨時購閱，庶與見代數學之進展，不至隔閡。君等同學業者，交換書籍，即雖散處四方，亦得收切磋觀摩之益。且可免除因多購書籍而發生之經濟困難，此種組織，有裨於將來之學業者，匪淺鮮焉。

二）諸君所習既為數學，則將來諸君之職務，除著事以傳後學外，要不外乎教授數學；即不然，亦不出乎教育範圍以外。若以教育為負苦事業，薄此而不為，亟亟焉從事於政治活動，則既非諸君之本分，又罪學非所用之宣。自來習數學而游涉頭角於政治者，古今不乏其人；即如法之邦樂衛，費恩格雷等，實思格雷等，皆早年因營畫家於教育，造後學問道德，為社會所推崇，偶然涉足於政治而已。決非一出學校，即孜孜於政治，然使早年因營畫家於教育，為社會所推崇，偶然涉足於政治而已。以稱梯之數學家，而盡瘁於政治。然使早年因營畫家於教育，造後學問道德，為社會所推崇，偶然涉足於政治而已。決非一出學校，即孜孜於政治，而盡棄其所學。不佞以為諸君離校以後，宜以不時所習，指導後學，為勿浮見於政治而已。業縱模於蹊，遂至用非所學，學非所用，對於社會，對於一己，均無益而有損。

三）希望宜不過高，而當思忍不拔之志。吾人在求學時代，往往目負過高，及至出而任事，在在不能如願，則又遂生悲觀之思。

民國十四年北京大學畢業同學錄

不佞以為諸君既投身於教育事業,當具百折不回之志,即遇挫折,亦當奮起奮鬥圖,循序而進,移有待於攸負之一日。勿因初願未遂,遽減進取之心。

以上數端,鄙意以為與諸君將來之成功,有重要關係,故特揭出以相告。昔人詩云:「此別應須各努力,敬徵之以贈諸君」,稍作驪歌之唱可也。

學 生 軍 (其一)

(33)

數學系

民國十四年北京大學畢業同學錄

王 陸 楨
字公輔年二十六數學系
江蘇泰興人
通信處：江蘇泰興土山巷

李 光 彥
字觀博年二十四數學系
京兆宛平人
通信處：北京宣外北栁巷四十六號

李 循 惠
字幹年二十五數學系
湖北漢川人
通信處：湖北孝感縣郵匪江埠鴻禎龍口

民國十四年北京大學畢業同學錄

范　時　訓
字惠農年二十六歲學系
江西新建人
通信處：江西吳城德泰
昌號轉交

張　宗　和
字定伯年二十五歲學系
江西清鄉人
通信處：湖南醴陵轉西
林分校王國清號代收

張　桂　叢
字景淮年二十六歲學系
河南南陽人
通信處：河南南陽西關

民國十四年北京大學畢業同學錄

章 宗 振
字竹蓀年二十七數學系
浙江鄞縣人
通信處：浙江鄞縣東鄉
高橋鎮

萬 文 生
字頒陶年二十六數學系
江西南昌人
通信處：江西新建生米
鎮同興號

應 餘 慶
字蓉甫年二十五數學系
湖北黃陂人
通信處：黃陂大西門外
應恒豐

(36)

民國十四年北京大學畢業同學錄

臨　別　贈　言

顏任光

諸位，我希望你們把我在課堂裏所對你們講過的都忘記了，這是我對於你們的「臨別贈言」。

但是我所給你們講過的東西，一定覺得很希奇的；但若是你們再想一想，就要相應當講而且對於你們更是應當講的，勞的東西我不能判定這句話你們初聽見，一定覺得很希奇的；但若是你們再想一想，就要相應當講而且對於你們更是應當講的。

你這都知識麼？將來你們若是要參與政界，除了對於你們各個人自己的興味以外，是一點用處那沒有的。試看看我們見下那麼的環境，是用得着你們的畢業文憑？若是你們想做而有除了一勞的學校的畢業文憑已經夠了，何況你們最高學歷的畢業文憑？若是你們想做「文人」，你們只要認得幾千字，在紙上開出來，叫人家多看見你們的名字，多寫幾篇，人家不難，自己也不難，並且能夠做到文名家成文」，可是你們就自然而然的以文名于世了。若是你們想做「學者」，你們只要多記得幾個名詞—我講的是外國名詞沒有用處——看見太多不能記——你們就自然而然以文名為萬人之非」一若是記不得就自己混出幾個來，論大學的厚着面皮來「非人之非」，誰是仰拿一架子—架子擺好然後把為人那人之非！一多寫幾篇，人家不懂，自己也不懂，退生發疑問的時候，要能夠發現幾分鐘長的誤謬，促他們完以後完全忘記了他抄西抄，不然就抄西抄，你們名個人都能做到這樣千程度，那你們都成大教授了。你們看看，你們不論作甚麼，用的教科書帶上講臺去念，人家不懂，自己也不懂，退生發疑問的時候，要能夠發現幾分鐘長的誤謬，促他們完以後完全忘記了他都用不着你們在課堂上聽見過的什麼東西。那還有何用處？

你們若是要問我：既然沒有用處什麼？我就要叫你們去問問那街上買饅頭的他彎天在街上叫大體的阿！有甚用處。我想他一定回答你們說有人要買，我也是這樣的答你們——試試不來聽當看他—定有沒有人要買。至於你們讀他可讀不看。你們要聽我講要的我就講給你們聽——試試不來聽當看我講不講——至於你們有沒有用處我可管不着。我是專門家不是神聖的教育家。你們要聽我所講的我就講給你們聽，因為他們不懂得這種東西所以他們知道他的用處比我詳細，促他這種東西或者這種東西於你們有沒有用處你們去問辦教有的。因為他們不懂得這種東西所以他們知道他的用處比我詳細。我是街聽這種東西或者這種東西於你們有沒有用處你們去問辦教有的。

民國十四年北京大學畢業同學錄

上的賣饅頭的不是排着慈善招牌的。你們來買我就賣給你們。你們要買東西可以充實你們的慾念的老荷木太們，他們一定給你們合誌的東西。所以問題並不是我爲甚麼講是你們爲甚麼要聽。也許你們已先解決過這個問題然後來聽我講。若是這樣，我現誠懇的希望你們都達到你們所欲達到的目的。

中華民國十四年四月廿四號

學 生 軍 (其二)

(38)

物理系

民國十四年北京大學畢業同學錄

王 貫 珍
字呂青年二十八物理系
河南濟源人
通信處：河南濟源城內
如意同

邢 壽 椿
字辦瑩年二十五物理系
直隸深澤人
通信處：直隸深澤縣教
育局轉

汪 永 珍
字崧德年二十九物理系
四川成都人
通信處：四川成都少城
西馬棚街二十六號

民國十四年北京大學畢業同學錄

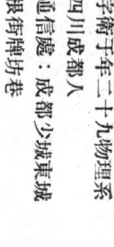

吳　安　仁
字季寬年二十六物理系
安徽合肥人
通信處：安徽巢縣城內
小棒坊吳宅

胡　祥　瑑
字衡子年二十九物理系
四川成都人
通信處：成都少城軍械
根街棒坊巷

胡　禮　強
字冕初年二十七物理系
廣東順德人
通信處：廣東順德柱洲
外村胡仰山堂

民國十四年北京大學畢業同學錄

敖　弘　德
字宜生年二十四物理系
浙江平湖人
通信處：浙江嘉興東門
外西街

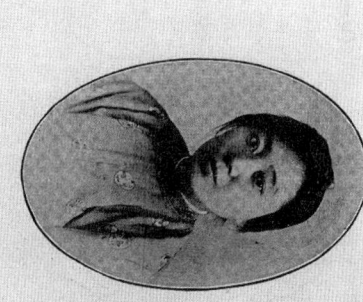

張　大　文
字伯英年三十物理系
奉天遼順人
通信處：奉天遼順女學校

許　錫　清
字潛臨年二十五物理系
廣東合浦人
通信處：廣東合浦縣南
康墟

民國十四年北京大學畢業同學錄

溫鳳韶
字翔廷年二十五物理系
直隸正定人
通信處：直隸正定東華
興號敉樹東兆通村

楊承渠
年二十四物理系
江蘇無錫人
通信處：北京東四二條
二十五號

楊榮久
字欣遠年二十八物理系
奉天法庫人
通信處：奉天法庫縣臨玉
店轉東二台子

民國十四年北京大學畢業同學錄

齊 焜 燁
字光沂年三十一物理系
河南內鄉人
通信處：河南內鄉赤眉
鎮小婆頁蔣居安堂

劉 淑 泰
字申如年二十八物理系
山東曹縣人
通信處：山東曹縣城內
城隍廟西

關 崇 寅
字欽律年二十七物理系
直隸臨榆人
通信處：山海關北街路西
字胡同

(48)

民國十四年北京大學畢業同學錄

第 一 院 教 室 全 面

化學系

民國十四年北京大學畢業同學錄

江 世 忻
年二十六化學系
安徽旌德人
通信處：安徽南陵縣北
門內江三立堂

朱 德 韞
字達峯年二十六化學系
山東單縣人
通信處：山東單縣黃岡
育東

伍 傳 薪
字析之年二十七化學系
江西安福人
通信處：江西安福縣牛
田祥號轉

民國十四年北京大學畢業同學錄

李 璜
字亞珍年二十七化學系
直隸深縣人
通信處：直隸深縣大李村

李 逵
字御難年二十六化學系
江西浮梁人
通信處：江西浮梁縣城內

辛 廣淵
字愷堂年二十八化學系
江西萍鄉人
通信處：江西萍鄉大橋
洪源生

民國十四年北京大學畢業同學錄

杜運樞
字叔航年二十六化學系
貴州遵義人
通信處：貴州遵義縣火
燒舟

周存棨
字伯甫年二十五化學系
湖南安鄉人
通信處：湖南安鄉東後
街本宅

周泰嶽
字魯瞻年二十三化學系
四川銅梁人
通信處：四川銅梁正街
廣益號

（47）

民國十四年北京大學畢業同學錄

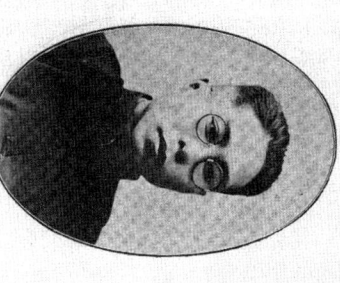

周　維　新
字昆運年二十八化學系
河南內黃人
通信處：河南內黃縣東莊
鎮德和店

孟　廣　淇
字竹溪年三十化學系
山東黃縣人
通信處：山東龍口公合昌

徐　崇　智
字念之年二十三化學系
安徽婺源人
通信處：北京宣武門外
大街二〇七號

民國十四年北京大學畢業同學錄

棚　克　植
字根石年二十五化學系
湖南長沙人
通信處：長沙瀏覽市振
與公司

郝　錫　齡
字愛九年二十六化學系
山西崞縣人
通信處：山西崞縣忿道
卿東社普賑永

厙　名　樑
字竃生年三十化學系
安徽和縣人
通信處：安徽和縣城內
俯門大街子堂巷

民國十四年北京大學畢業同學錄

唐　紹　宗
字子靜年二十九化學系
安徽合山人
通信處：安徽合山南門

張　琮　庭
字年二十五化學系
京兆順義人
通信處：北京安定門內
和順皮布店

許　熙　生
年二十七化學系
江蘇宜興人
通信處：江蘇宜興方橋

民國十四年北京大學畢業同學錄

黃　叔　寅
年二十五化學系
江蘇宜興人
通信處：江蘇無錫復泰橋

傅　邦　俊
年二十五化學系
直隸肅寧人
通信處：北京前門內大
　　　　阿眼井九號

楊　　　亮
字亮之年二十四化學系
江蘇興化人
通信處：江蘇興化東大街

(51)

民國十四年北京大學畢業同學錄

楊　守　珍
字鴻三年三十七化學系
奉天法庫人
通信處：奉天法庫賬大有店

鍾　嘉　耀
字仲熙年二十五化學系
廣東東莞人
通信處：廣州新堤郵局轉江南鄉

龔　理　哲
年二十七化學系
安徽合肥人
通信處：北京謝家胡同

（52）

地質系

民國十四年北京大學畢業同學錄

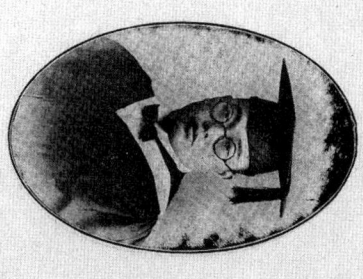

丁 同
年二十五 地質系
浙江紹興人
通信處：北京西城大覺
胡同七號

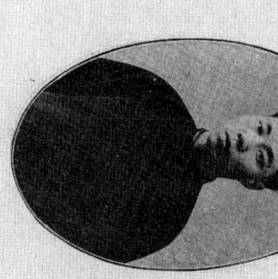

王 震
字曉青 年二十五 地質系
湖南湘鄉人
通信處：湖南湘鄉同昌
醬棧

王 佩 升
字潔秋 年二十五 地質系
直隸定縣人
通信處：直隸定縣城東
大辛莊元盛隆轉大酒

民國十四年北京大學畢業同學錄

方　　謙
字仲益年二十二地質系
山東嶧城人
通信處：山東濟南順河街九十一號

吳　耀　先
年二十七地質系
湖北黃岡人
通信處：湖北黃岡新洲鎮羅德生轉

李　家　彌
字紹康年三十地質系
湖北陽新人
通信處：湖北陽新縣十字街李渭盛

民國十四年北京大學畢業同學錄

余 新 都
字覺同年二十六地質系
湖北潘圻人
通信處：湖北潘圻縣城東華醫院轉

林 陳 麟
字重人年二十五地質系
福建莆田人
通信處：福建莆田小西湖

居 耀 松
年二十九地質系
江蘇武進人
通信處：江蘇武進戚墅堰盜劍巷

民國十四年北京大學畢業同學錄

郁 士 元
字維民年二十五地質系
江蘇鹽城人
通信處：江蘇鹽城秦南倉

孫 錫 琨
字季陵年二十六地質系
直隸寶坻人
通信處：直隸寶坻縣南
新集

徐 光 熙
年二十八地質系
浙江平湖人
通信處：浙江平湖城內
六角亭

民國十四年北京大學畢業同學錄

秦 萬 瑞
字芝圃年二十七地質系
直隸景縣人
通信處：直隸景縣城內

殷 振 聲
年二十五地質系
江蘇吳江人
通信處：蘇州吳江城內
六度橋

賁 子 湘
年二十九地質系
江蘇丹陽人
通信處：江蘇丹陽延陵

(57)

民國十四年北京大學畢業同學錄

鄧　　傑
字心吾年二十五地質系
安徽碭山人
通信處：安徽蕪湖鄧府巷
餘渡許素興

許　原　道
字博仁年二十五地質系
湖南臺鄉人
通信處：湖南湘潭道林
許世和堂

陳　　旭
字旦初年二十八地質系
浙江樂清人
通信處：浙江樂清柳市陳
項昌號轉鯉亞

民國十四年北京大學畢業同學錄

裘 燧 鏞
字子京年二十六地質系
浙江浦江人
通信處：浙江浦江白馬橋豪墅

裘 國 祚
字通圓年三十一地質系
江西鄱陽人
通信處：江西鄱陽張高盛布號

章 廣 田
字耘夫年二十六地質系
浙江鎮海人
通信處：浙江鎮海岐

民國十四年北京大學畢業同學錄

莫 迺 炎
年二十五地質系
廣西邕寧人
通信處：廣西南寧浦廟墟
那局柳寨上村莫五桂堂

葉 問 榘
年二十四地質系
福建思明人
通信處：福建員鬥柳府
十一號

葉 汝 幹
字驄農年二十六地質系
浙江黃巖人
通信處：浙江黃巖橫街
三板橋

民國十四年北京大學畢業同學錄

詹 發 仁
年二十五地質系
湖南衡山人
通信處：湖南衡山白果李茂春轉

詹 鴻 逵
字渡公年二十六地質系
江西宜春人
通信處：江西袁州金瑞商會

劉 鳳 岐
年二十七地質系
直隸獲鹿人
通信處：直隸石家莊德信

民國十四年北京大學畢業同學錄

蔡 化 民
字雁蹇年二十六地質系
湖北黃陂人
通信處：漢口土粜蔡元豐號

魏 嶧 峨
年二十六地質系
福建晉江人
通信處：福建泉州城內廣平倉

羅 繩 武
字幼梅年二十七地質系
貴州貴陽人
通信處：貴州貴陽田家巷

民國十四年北京大學畢業同學錄

哲學系

王　鼎　甲
字捷三年二十七哲學系
陝西韓城人
通信處：陝西韓城芝川
二高轉

辛　靈　西
年二十六哲學系
浙江黃岩人
通信處：浙江黃岩城內
四牌巷

李　德　鑑
字幼非年二十六哲學系
山東單縣人
通信處：山東單縣東關
春秋閣裴本宅

民國十四年北京大學畢業同學錄

周 梅 靈
年二十六歲學系
廣東開平人
通信處：廣東開平覲岡
同和號

胡 秉 乾
字健之年二十六歲學系
直隸淶城人
通信處：直隸淶城縣興
發村

張 世 戩
字繼唐年二十六歲學系
直隸那台人
通信處：直隸那台縣衙
昇東皮店

民國十四年北京大學畢業同學錄

張　永　善
字性原年二十五哲學系
山東泰安人
通信處：山東泰安遜家院徐家廟

張　炳　翼
字仲舲年三十哲學系
雲南賓川人
通信處：雲南大理泰群姚轉

張　德　耀
字炳如年二十九哲學系
山東定陶人
通信處：山東定陶教育局轉

民國十四年北京大學畢業同學錄

陳 覺 陸
字若曾年二十六春學系
江蘇如皋人
通信處：江蘇如皋東門
洪春和

馮 筠 奎
字慧壁年二十七春學系
廣東順德人
通信處：廣東順德龍山
鎮旺村轉王桐左側

程 銑
字克猷年二十八春學系
浙江永康人
通信處：浙江永康古山
胡正桁轉

民國十四年北京大學畢業同學錄

焦　士　亨
字元吉年二十七哲學系
山西罜城人
通信處：山西罜城黃華
街隆盛西布莊

楊　世　清
字一峯年二十七哲學系
河南新鄉人
通信處：河南新鄉城內
北街本宅

謝　星　朗
字朗華年二十六哲學系
四川梓潼人
通信處：四川梓潼俊興
鄉謝仁記

(67)

民國十四年北京大學畢業同學錄

北河沿風景

國文系

民國十四年北京大學畢業同學錄

王 樂 佳
字驤生年二十八國文系
廣東東莞人
通信處：廣東東莞莞城厚
街鄉大有米店

王 寶 鈺
字梅園年二十六國文系
京兆通縣人
通信處：北京東華門外
沼兒胡同

任 泰 池
字安波年二十九國文系
直隸清豐人
通信處：直隸清豐縣城
東庄府

民國十四年北京大學畢業同學錄

朱 炳 鑣
字競軒年二十七國文系
山東黃縣人
通信處：直隸東明五伯
尚和興煙店

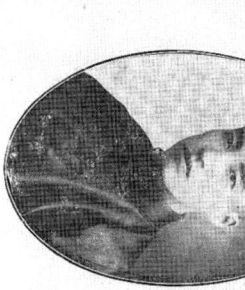

李　　維
年二十八國文系
河南武安人
通信處：天津西縣橘鎮

李　沁　鱧
字震亞年二十八國文系
河南內黃人
通信處：河南彰德楚旺
大昌號

(70)

民國十四年北京大學畢業同學錄

李　邦　翰
字藩民年三十國文系
河南太康人
通信處：河南太康城西
大新集局轉張莊

何　宗　寅
字夏至年二十七國文系
江蘇江浦人
通信處：江蘇江浦星旬
鎮何宅

吳　德　潆
字聰坡年二十六國文系
四川郫溪人
通信處：四川郫溪水池
街吳寓

(71)

民國十四年北京大學畢業同學錄

宋 祖 培
字叔陶年二十七國文系
山西榆次人
通信處：山西榆次縣大
張義鄉

紀 守 光
（原名守綱）
字毅凡年三十二國文系
山西陽高人
通信處：山西陽高縣儲
恆源號轉

馬 瑞 徵
字驥伯年二十九國文系
直隷鹽縣人
通信處：直隷鹽縣城內
相家胡馬宅

（72）

民國十四年北京大學畢業同學錄

陳　燉
字子敦年二十七國文系
山東曹縣人
通信處：山東曹縣文廟街陳宅

陳　世　勛
字立德年三十五國文系
浙江諸暨人
通信處：臨浦鎮店口

陳　忠　仁
字乙的年二十四國文系
穀溪縣人
通信處：穀溪紫桑商舖
集義與號

(73)

民國十四年北京大學畢業同學錄

陳　宏　濟

字濂甫年二十四國文系
浙江嘉善人
通信處：上海閘北江灣南
市或北京石虎胡同

孫　維　嶽

字東生年二十四國文系
山東城武人
通信處：山東城武縣萃
香齋轉

張　　　萃

字賓生年二十八國文系
直隸寧晉人
通信處：寧晉縣豐盛銀
號交北丁曹

民國十四年北京大學畢業同學錄

張　　轂
字弘遠年二十九國文系
河南南陽人
通信處：河南南陽縣黎寨胡
同朱宅轉

張　　鎬
字清瀾年二十六國文系
湖北波濟人
通信處：江西瑞昌縣張
永大轉

張元章
字乾一年二十九國文系
山東臨沂人
通信處：山東臨沂城裏
武訓學校轉

民國十四年北京大學畢業同學錄

張兆瑞
字雲年年三十一國文系
奉天新民人
通信處：奉天新民大民
屯興盛發

張在寬
字敏韶年二十六國文系
浙江杭縣人
通信處：杭州貫橋街三
十七號

張開第
字宰甫年二十九國文系
山東鉅野人
通信處：山東鉅野墨崗
新街布路街

民國十四年北京大學畢業同學錄

張應志
年三十三國文系
浙江浦江人
通信處：浙江浦江黃宅市轉張學官

許昱奎
字炳耀年二十八國文系
山東定陶人
通信處：山東定陶北門許宅

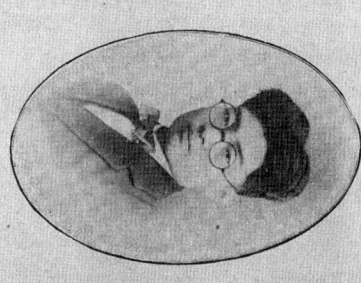

程衡
年二十五國文系
直隸庫山人
通信處：直隸庫山縣良村

(77)

民國十四年北京大學畢業同學錄

葉　　霆
字瀨中年二十六國文系
浙江永嘉人
通信處：浙江溫州朔打
䊹巷

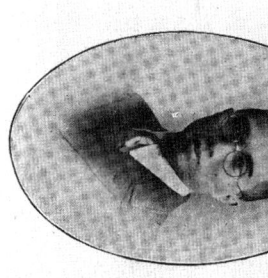

劉　運　韶
字瑞拳年三十國文系
廣西博白人
通信處：廣西博白東䊹
同安押

劉　　德　　成
字化民年二十九國文系
奉天盖平人
通信處：奉天盖平南關
象也驛日興棧

(78)

民國十四年北京大學畢業同學錄

劉　澤　達
字達九年二十八國文系
四川納谿人
通信處：四川納谿縣渠
壩驛

錢　聲　非
字南揚年二十七國文系
浙江嘉興人
通信處：浙江示湖西門外

鍾　萼　庚
字蕚亭年二十五國文系
廣東合浦人
通信處：廣東合浦南康
堡珠江學校內

民國十四年北京大學畢業同學錄

穆　廷　梁
字鎮藩年二十八國文系
江蘇常熟人
通信處：江蘇常熟會元坊

戴　寶　瑞
字耀五年二十八國文系
奉天興京人
通信處：奉天撫順東八
家鎭慶合長

魏　建　功
年二十五國文系
江蘇如皋人
通信處：江蘇如皋西城

民國十四年北京大學畢業同學錄

英文系

丁 重 三
字信欣年二十九英文系
前隸宣化人
通信處：前隸宣化縣柳
底街十六號

文 宗 賢
字賢俊年三十四英文系
四川安岳人
通信處：四川安岳縣勸
學所轉

王 哲 德
年二十五英文系
山東文登人
通信處：山東威海衛城
內清泉學校

民國十四年北京大學畢業同學錄

田修溪
字竹橋年二十四英文系
山東菏澤人
通信處：山東菏澤城南門街

安超
字卓亭年二十六英文系
河南禹縣人
通信處：河南禹縣城內仁義巷

李實英
字孟雄年二十八英文系
直隸懷安人
通信處：北京銀閘二十七號

(82)

民國十四年北京大學畢業同學錄

李 會 滴
字志寰年二十九英文系
江西會昌人
通信處：江西會昌珠蘭埠

余 椿
字壽彤年二十八英文系
浙江遂安人
通信處：浙江遂安方天泰盟洞游坂

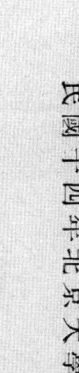

宋 我 眞
年二十六英文系
江蘇鹽城人
通信處：江蘇鹽城宋家莊

民國十四年北京大學畢業同學錄

周 俞 新
字明生年二十五爽文系
湖南益陽人
通信處：湖南益陽三橋
如未內周宅

唐 賢 駃
年二十三爽文系
四川江北人
通信處：四川江北飛陽
觀陣宅

秦 嶼 士
字青聲年二十七爽文系
四川豐都人
通信處：四川豐都縣高
家鎮秦宅

(84)

民國十四年北京大學畢業同學錄

張　餘　汾
字伯闓年二十七英文系
湖南醴陵人
通信處：湖南醴陵東鄉
普口市郵局轉

許　式　己
字敬廬年二十六英文系
江蘇江浦人
通信處：江蘇江浦縣城
內北門許宅

單　榮　淮
字維凡年二十四英文系
安徽合肥人
通信處：安徽合肥縣城
內縣橋北單宅

民國十四年北京大學畢業同學錄

湯 埴 眞
字仲林年二十五英文系
湖南湘潭人
通信處：湖南湘潭瓦子
坪郵局

買 建 功
字格忱年二十五英文系
山西右玉人
通信處：山西右玉縣教
虎口新鎮

潘 敘 倫
年二十六英文系
江蘇丹陽人
通信處：江蘇丹陽大南門

民國十四年北京大學畢業同學錄

劉　綱
字趨常年二十九英文系
江西零都人
通信處：江西零都龍船坊

劉　愷
字鶴人年二十八英文系
江西零都人
通信處：江西零都榮慶號

法文系　民國十四年北京大學畢業同學錄

臨別贈言

楊芳

諸君快要畢業了。自見在思，諸君將於畢業學校求學的生涯，分道揚鑣，各擇性情所近的，以爲立身的基礎；各據諸君平日愛國的熱忱，鄙人敢爲諸君預賀！逆料諸君此後，或盡身致界，或從事實業，必爲中國人致當諸君所以改造中國的方法，不過中國的病源，並不在政治紊亂，實業幼稚，而在一般民衆缺乏高尚的精神，豐富的道德，要改良中國，根本須從革新文化，洗滌思想着手。世界各國多偏重於物質文明，只能作中國現時治國區時的磐石。若法國人富於研究的與趣，及更新的精神，他的文學藝術，均有獨到的地位，推爲世界的先導，說使中國人對於法國文化能或究到很深造的步，必能更換思想，輔助心志，一改吾學界的習慣；且中國人性情與法國人性情相近之點頗多，對於法國文化，亦必最容格外親切。諸君在本校研究法文有年，此後們必能介紹法國學藝於吾國，促吾國思想界開一緩曙光，則爲益甚大。鄙人更進一步說，一切關於法文有關，很多沒有完善。最近一兩年來，雖然臨力廣充；但是，還有許多缺點。盼望諸君將來無論正身社會，要永久不忘母校；對於中法教育的發展，力謀扶助。本諸君的學識，誘披後進，務使本系人才，蒸蒸日上：這就是鄙人對於諸君的最大的希望！

中華民國十四年五月二號

法文系

民國十四年北京大學畢業同學錄

王　海　鏡
字水鑑年二十五法文系
河南沘源人
通信處：河南唐河縣郝義鎮交

王　滿　廷
字似生年二十法文系
雲南鄯人
通信處：雲南鄯縣雲南驛

周　志　豫
年二十五法文系
江蘇丹徒人
通信處：國子胡同入十號

民國十四年北京大學畢業同學錄

陳　　同
年二十二法文系
湖北挂牌縣人
通信處：西鐵匠胡同八號

章　　駿
字健伯年二十四法文系
江西玉山人
通信處：江西玉山城內大街章宅

史學系

民國十四年北京大學畢業同學錄

王作賓
字迹人年二十八史學系
河南羅山人
通信處：河南羅山苓蔴店

王祇慶
字多三年二十八史學系
河南汜水人
通信處：河南汜水木樓鎮

王師曾
年二十八史學系
湖北黃岡人
通信處：湖北黃岡城內
綠柳巷王宅

民國十四年北京大學畢業同學錄

安 世 徽
字微蒼年三十一史學系
甘肅渭源人
通信處：甘肅渭源縣
同恒號轉

李 丕 謨
字澤民年二十六史學系
直隸獲鹿人
通信處：直隸石家莊方
村信昌信棧

吳 鶴 雲
年二十八史學系
四川遂寧人
通信處：四川遂寧縣妥
居鎮

(92)

民國十四年北京大學畢業同學錄

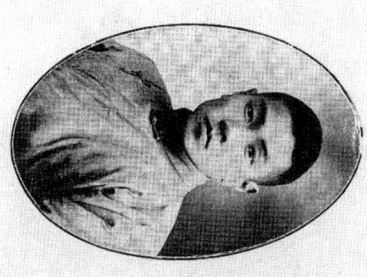

孫 惟 全
字本初年三十一史學系
河南武陟人
通信處：河南武陟小董

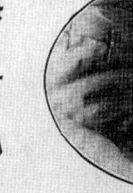

秦 志 工
字文林年三十一史學系
浙江臨海人
通信處：浙江臨海南鄉小溪

許 治
字文圃年二十九史學系
河南南陽人
通信處：河南南陽三十里屯郵局轉交大黃台

民國十四年北京大學畢業同學錄

常　守　信
字殿五年二十五史學系
直隸獲鹿人
通信處：直隸石家莊迤
盛枝胡

黃　金　銘
字鞠三年二十八史學系
河南許昌人
通信處：河南許昌城內
新街

楊　豐　沛
字任之年二十九史學系
陝西富平人
通信處：陝西富平縣署
第三科

民國十四年北京大學畢業同學錄

盧 政 鑑
年二十七 史學系
廣東南海人
通信處：廣州河南永安街五十號

魏　　江　楓
字鴻丹 年二十六 史學系
陝西咸陽人
通信處：咸陽縣城內器仁堂轉

法律系

民國十四年北京大學畢業同學錄

兩句話

王世杰

北京大學的改造，只是最近六七年間的事。在這樣的一個短時間內，要造一個固因空疏的大學，弄成一個現代大學，無論如何，都不見得很容易。何況政治環境異常黑暗，學校款項異常支絀，在在增加學校改造的困難。所以學校圖書與儀器的情形，課程與教課的狀況，以及學校出版物的質量，近年雖然繼續增進，至今仍不敢說是具備了一個現代大學最小限度的條件；這是學校應對你們行將離校諸君抱歉的；諸君也許感着學有不足面不名目歉的。

可是學問是終身的工作，學校儘管有所謂畢業，學問是永遠不會畢業的。無論諸君在學校寬待了句諸離校以後，都還得繼續奮學的。我熟望諸君離校後能做到以下兩句話：不論將來你們從事於什麼工作，每天都能摶飾一點時間繼續為學；不論將來你們着一個什麼境遇，每天都能摶飾一點生活費踏學。

如果你們諸位打算這樣做，學校便用不着歎惜，你們諸位也用不着自歉了。

中華民國十四年四月十五日

法律系

民國十四年北京大學畢業同學錄

王 鵬
字超麟年二十九法律系
奉天潘陽人
通信處：奉天省城大西
關朱大坑西胡同

王 昌 隆
年二十六法律系
奉天昌圖人
通信處：奉天昌圖公興
昌轉

王 紹 陵
字翆卿年二十六法律系
湖北鴻縣人
通信處：湖北鴻縣王家
塔信豐源

民國十四年北京大學畢業同學錄

毛 紹 儒
字文甫年二十七法律系
湖北雲夢人
通信處：湖北雲夢蔡謨子溝

申 振 先
字宗源年二十九法律系
奉天法庫人
通信處：奉天法庫屯南大
孤家子公濟當

田 鴻 賓
字寅谷年二十七法律系
奉天西豐人
通信處：奉天南滿路四
平街驛鵝增興

民國十四年北京大學畢業同學錄

司 生 麟
字慶軒年二十五法律系
河南武安人
通信處：河南武安北關本宅

江 輔 勤
年二十六法律系
浙江奉化人
通信處：浙江奉化蕭王廟

蘇 天 爵
字惟之年二十五法律系
山西陽城人
通信處：山西陽城縣城內

民國十四年北京大學畢業同學錄

伍耀歡
字漢魏年二十五法律系
直隸正定人
通信處：直隸正定隍廟大
街本宅

朱永利
字榮久年二十八法律系
直隸灤縣人
通信處：直隸灤縣光里鎮

朱廣信
字立民年三十法律系
江蘇銅山人
通信處：徐州戶部山巷
七十一號

民國十四年北京大學畢業同學錄

任 朝 欽
字贊九年三十法律系
奉天瀋陽人
通信處：奉天省城南大
嘉家保信義車

李 卓
字卓然年二十七法律系
浙江青田人
通信處：浙江麗水县湖
沈廣泰號

李 卜 五
字蓬生年二十六法律系
山東即墨人
通信處：山東即墨長宿
河北

民國十四年北京大學畢業同學錄

李 拯 中
字繼華年二十七法律系
山東陵縣人
通信處：山東陵縣李五
瑞莊

李 祖 勳
字冠凡年二十九法律系
廣西北流人
通信處：廣西北流縣新
墟四里圍局

李 居 端
字倪山年二十七法律系
廣東新會人
通信處：新會河塘鄉轉

民國十四年北京大學畢業同學錄

李富春
字仁傑年二十五法律系
湖南長沙人
通信處：長沙下坡子街
裕湘廣貨莊轉

李錦銘
字頌勳年二十八法律系
廣東台山人
通信處：廣東台山公益
埠義和號

李樹燦
字副變年二十七法律系
河南孟津
通信處：河南孟津叩馬

民國十四年北京大學畢業同學錄

吳 振 鐸
字化宣年三十法律系
奉天台安人
通信處：奉天台安西佛牛
索聚興緣

汪 紹 功
字懋公年二十七法律系
浙江富陽人
通信處：浙江富陽東梓
關復大昌轉老山塢

何 鈫
字逡青年二十五法律系
直隸正定人
通信處：直隸正定永茂棠

(104)

民國十四年北京大學畢業同學錄

何 郇 第
字敬昆年二十六法律系
湖南益陽人
通信處：湖南益陽三堂
街郵局送大栗老

何 紹 周
年二十七法律系
廣東興寧人
通信處：汕頭興寧金帶
街廣益成

沈 兆 銘
字新吾年二十六法律系
江蘇鹽城人
通信處：江蘇鹽城西五莊

民國十四年北京大學畢業同學錄

辛 崇 業
年二十六法律系
山西河曲人
通信處：山西河曲崇信和

余 瑞 瑜
字致群年二十八法律系
江西宜黃人
通信處：江西宜黃崇二都

見 零
字遇文年二十三法律系
京兆良鄉人
通信處：京兆良鄉縣城內斜街

民國十四年北京大學畢業同學錄

金　　式
字式之年二十七法律系
浙江東陽人
通信處：浙江東陽西鄉
金宅村

邱　福　郷
字勵少年三十法律系
廣東鬱南人
通信處：廣東鬱南連灘
和成當

邱　錦　棠
字牧常年二十八法律系
廣東鬱南人
通信處：廣東鬱南連灘
和成當

民國十四年北京大學畢業同學錄

胡 寶 槼
字佐浩年二十七法律系
廣東順德人
通信處：廣東順德聯桂
洲外村胡萊堂

范 春 生
字新疆年二十八法律系
京兆寶坻人
通信處：京兆寶坻縣大
白莊南高莊寨

洪 巘 昌
字志巘年二十七法律系
浙江瑞安人
通信處：浙江溫州瑞安
南門市心街

民國十四年北京大學畢業同學錄

祝 存 照
字亞光年二十七法律系
湖北孝感人
通信處：漢口杭子街假
茂祥正頭號

祝 華 封
字松苍年二十八法律系
奉天鐵嶺人
通信處：奉天鐵嶺北山
頭鎮信局

馬 培 楊
字幼鑑年二十九法律系
河南睢縣人
通信處：河南睢縣伯樂集

民國十四年北京大學畢業同學錄

唐 棻 芳
字南薰年二十八法律系
四川奉節人
通信處：四川奉節吳泰
昌恆號轉

陶 紹 光
字正叔年二十六法律系
湖南岳陽人
通信處：湖北武昌曇華
林十一號

孫 文 炳
字郁周年二十八法律系
直隸完縣人
通信處：直隸完縣北街
義興號轉

民國十四年北京大學畢業同學錄

孫　明　禮
字儀山年二十六法律系
奉天鐵嶺人
通信處：奉天北鎮台于
站義順達

孫　景　雲
字卯山年二十七法律系
吉林雙安人
通信處：東省鐵路銀錢社
丹江車站福增和號

夏　守　堅
字助青年二十七法律系
江蘇鹽城人
通信處：江蘇鹽城樓夏莊

民國十四年北京大學畢業同學錄

奚 裕 廣
字博彥年二十五法律系
江蘇南匯人
通信處：上海鬧油台樓
鏡泰器磁堂

袁 剛 毅
字毅仁年二十五法律系
江西宜黃人
通信處：江西省宜黃城内

郭 佐 唐
字漱石年二十五法律系
浙江金華人
通信處：浙江金華道署
前街正泰號

民國十四年北京大學畢業同學錄

張　日　榕
字輸遜年二十七法律系
京兆武清人
通信處：直隸王慶坨存
善堂

張　天　傑
字卓民年二十六法律系
直隸中山人
通信處：直隸中山縣梁
源號

張　功　癸
字翼根年二十七法律系
湖南劉陽人
通信處：湖南劉陽文
市郵局轉交

民國十四年北京大學畢業同學錄

張 惠 民
字克毅年二十五法律系
江西上饒人
通信處：江西上饒相府弄觀察第

張 維 東
字志漢年二十七法律系
直隸遵化人
通信處：直隸遵化城內南十字張家胡同

張 鳳 朱
年二十五法律系
山西新絳人
通信處：山西新絳劉咬鉸

民國十四年北京大學畢業同學錄

馮 吉 楊
字李華年二十九法律系
貴州鎮遠人
通信處：貴州鎮遠街城
上北門

陳 紹 庚
字蔭庭年二十九法律系
奉天錦縣人
通信處：奉天錦縣北街
雙盛發轉城北范村

許 進 賢
字康閣年二十七法律系
奉天鐵嶺人
通信處：奉天鐵嶺東關
福興德

民國十四年北京大學畢業同學錄

章 維 理
字和軒年二十六法律系
安徽合肥人
通信處：合肥西鄉官亭
鎮黃葉村

黃 沖
字亞波年二十九法律系
廣東台山人
通信處：廣東台城縣前
街益源

黃 亮
字兆普年二十六法律系
廣東南海人
通信處：天津法界大安
里二十八號

民國十四年北京大學畢業同學錄

黃應麟
字鑒伯年二十七法律系
廣東香山人
通信處：廣東香山斗門虎山

陸啓詔
字魯西年二十七法律系
廣西桂縣人
通信處：廣西桂縣臨永合益號

楊汝梁
字雨田年二十七法律系
吉林詩林人
通信處：吉林城三官會胡同本宅

民國十四年北京大學畢業同學錄

楊 毅 民
年二十九法律系
熱河赤峯人
通信處：熱河赤峯縣三
道街

郄 桂 五
年二十七法律系
黑龍江綏東人
通信處：黑龍江綏東公
眾欄

趙 鳳 皆
字鳴岐年二十九法律系
安徽和縣人
通信處：安徽和縣漂石集

(118)

民國十四年北京大學畢業同學錄

赫 貴 侗
字月如年二十九法律系
奉天鳳城人
通信處：安東路鎚鈳冠
山驛林鳳公司

劉 訊
字功臣年二十七法律系
河南武安人
通信處：河南武安西關

劉 清 晨
字旭初年二十八法律系
直隸新樂人
通信處：京漢路車長辛
車站天成煤磚支同常店

（119）

民國十四年北京大學畢業同學錄

劉 重 慶
字紹英年二十一法律系
直隸涿縣人
通信處：直隸涿縣王寺
鎮集北頭莊

黎 翼 堃
字仲丹年三十法律系
廣東增城人
通信處：廣東增城沿沙夏
街鄉楓蔭堂

鄭 焌
字季曜年二十七法律系
吉林言林人
通信處：吉林省城騾馬
堆子前伊將軍胡同

(120)

民國十四年北京大學畢業同學錄

潘 得 業
年二十六法律系
江蘇溧陽人
通信處：開封傅橋街

潘 麟 蔴
字子嘉年二十六法律系
直隸正定人
通信處：直隸正定東權城

蔣 宇 宗
字競波年二十七法律系
江蘇江陰人
通信處：江蘇江陰城內
西大街

民國十四年北京大學畢業同學錄

蔡本章
字煥文年二十四法律系
黑龍江大賚人
通信處：黑龍江大賚東
街本宅

鍾鳴
字澄香年二十六法律系
浙江嵩縣人
通信處：餘杭閒林埠李
和堂轉

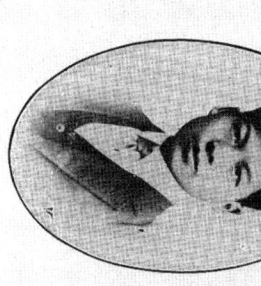

鍾之瑛
字士瑜年二十六法律系
陝西南鄭人
通信處：陝西南鄭縣城內
賈家巷本宅（同遞中會館）

(122)

民國十四年北京大學畢業同學錄

鍾　顯　椿
字之森年二十九法律系
廣東合浦人
通信處：廣東合浦南康
常珍號北京粉房琉璃街
三十一號

覃　　坤
字貞甫年二十三法律系
廣東新會人
通信處：香港上環寶興泰
廣東安南海防順泰

民國十四年北京大學畢業同學錄

由景山俯瞰本校全景一

(124)

民國十四年北京大學畢業同學錄

政治系

于慶均
字仲平年二十六政治系
山東萊陽人
通信處：北京西城絨線
胡同三十一號

王來科
字瀚廷年三十二政治系
山西臨晉人
通信處：山西臨晉敬順
昌棧

王道彬
字定一年二十九政治系
安徽合肥人
通信處：安徽合肥東門
內王鞠記

民國十四年北京大學畢業同學錄

王 鳳 桐
年二十八 政治系
浙江嵊縣人
通信處：浙江嵊縣三界
樹陸家溪

伍 齊 焱
字季裕 年三十一 政治系
廣東台山人
通信處：廣東台山公益
埠正道公司

延 瑞 琪
字圓符 年三十六 政治系
山東廣饒人
通信處：山東廣饒延家集

民國十四年北京大學畢業同學錄

車 興 晉
字靜垔年二十九政治系
四川犍為人
通信處：四川犍為清溪
場永聚榮

邵 家 玨
年二十六政治系
江蘇溧水人
通信處：江蘇溧陽縣王家巷

李 天 惠
字子剛年二十九政治系
河南信陽人
通信處：信陽縣城內茶
葉胡同十一號

(127)

民國十四年北京大學畢業同學錄

李　雲　章
字仲文年三十二政治系
安徽霍邱人
通信處：安徽正陽關三
㳺李泰和

余　　　旭
字曉岫年二十七政治系
四川鄰水人
通信處：鄰水勸學所轉

余　明　貸
字自牧年二十六政治系
湖南攸陵人
通信處：湖南株州石亭
郵局轉小桃源

民國十四年北京大學畢業同學錄

周國隆
字孟如年二十八政治系
江西宜黃人
通信處：江西宜黃城東

林振聲
字陽民年二十七政治系
湖北漢川人
通信處：武昌曇華林一號

金賽時
字復任年二十三政治系
浙江東陽人
通信處：浙江東陽塘頭金宅

民國十四年北京大學畢業同學錄

信 綱
字法乾年二十八政治系
奉天法庫人
通信處：法庫萊麥古水德泉

范 鎔 用
字見三年二十六政治系
江蘇如皋人
通信處：如皋立豐橋

陳 長
年三十三政治系
廣西縣蒙人
通信處：梧州北山脚一百十一號古藤陳寓

民國十四年北京大學畢業同學錄

陳 飯 仁
字復興年三十政治系
奉天復縣人
通信處：復縣慶順德

陳 勉 雲
年三十七政治系
廣東新會人
通信處：香港上環朕樂
道西均昌棧號

陳 贊 業
字壽如年三十一政治系
廣東梅縣人
通信處：汕頭亦縣（馬
石下）西門外張嘉鴻轉

(131)

民國十四年北京大學畢業同學錄

徐 政勤
字仲禹年二十八政治系
山東泰安人
通信處：泰安城南徐家
自略徐宅

徐 燦 生
達行一字天民年二十五
政治系
江蘇武進人
通信處：江蘇武進北門
外焦瓷鏡前街

高 逢 泰
字漱生年二十六政治系
奉天瀋陽人
通信處：奉天城北財鈴署

(132)

民國十四年北京大學畢業同學錄

馬昌民
年二十八政治系
湖南衡山人
通信處：衡山吳集市馬
宇公祠

袁世斌
字冠新年二十八政治系
貴州貴陽人
通信處：貴陽府後街下段

秦仗鋼
字金擎年二十七政治系
直隸行唐人
通信處：行唐縣口頭鎮
義信佰

民國十四年北京大學畢業同學錄

姜 秉 剛
字希直年二十四政治系
山西新絳人
通信處：新絳姜茂公

侯 慕 秦
年二十五政治系
廣東梅縣人
通信處：廣東梅縣腸石
下凳豐當

崔 王 成
字卓如年二十九政治系
江蘇鹽城人
通信處：鹽城胡垛樹大
崔莊

(134)

民國十四年北京大學畢業同學錄

梁 焴 暐
字耀南年二十五政治系
山東滕縣人
通信處：滕縣梁盛蘇敬店

梁 朝 桑
年二十七政治系
廣西藤縣人
通信處：藤縣四羹舖

張 阜 源
年二十五政治系
奉天瀋陽人
通信處：奉天南關呻湖
前胡同本宅

民國十四年北京大學畢業同學錄

張　翼　謨
字翮民年二十六政治系
河南澠池縣人
通信處：本京前門關泰
金店代收轉

賀　慶
年二十九政治系
山西崞縣人
通信處：崞縣復元永轉

賀　延　珊
字霞如年二十四政治系
直隸晉音人
通信處：晉音縣醴泉商莊

（136）

民國十四年北京大學畢業同學錄

喬 國 章
字耀漢年二十八政治系
江蘇鹽城人
通信處：鹽城湖垛鎮天泰醬轉

楊 兆 甲
字丁江年二十八政治系
江蘇秦興人
通信處：鎮江口岸大泗莊

楊 辰 雲
字鵬飛年二十五政治系
山東武城人
通信處：武城高等小學校轉

民國十四年北京大學畢業同學錄

楊 道 基
號香雪一字澂之年二十七
政治系
廣東梅縣人
通信處：汕頭內村梅蒲合號

葛 之 楚
年二十四政治系
江蘇溧陽人
通信處：溧陽西門

趙 玉 法
字鳴峯年二十五政治系
浙江諸暨人
通信處：諸暨草塔

民國十四年北京大學畢業同學錄

趙 元 愷
字波卿年二十六政治系
陝西咸陽人
通信處：咸陽碥茂太記轉

翟 景 卓
字一峯年二十七政治系
河南宜陽人
通信處：宜陽水確鎮

鄧 利 灃
字博明年二十七政治系
廣東三水人
通信處：營口南洋烟草公司

民國十四年北京大學畢業同學錄

夏廷鍔
年二十七政治系
廣東興寧人
通信處：興寧華興街春號

賞翔
字靄湖年二十五政治系
湖南衡山人
通信處：衡山沙泉市轉世上冲

劉恆
字敬常年二十六政治系
貴州郎岱人
通信處：郎岱東街

民國十四年北京大學畢業同學錄

劉占元
年二十六政治系
山東曹縣人
通信處：曹縣北關

謝先庚
字吉之年二十八政治系
江西零都人
通信處：零都水頭壩謝
森隆號

覃樹櫟
字星閣年二十六政治系
貴州桐梓人
通信處：桐梓北街

民國十四年北京大學畢業同學錄

閻 暈紳
字顯丞年二十九政治系
山東濮縣人
通信處：濮縣王朝雁鳥等小學校

戴 鄒
字青莘一字般若年二十四
政治系 江蘇丹徒人
通信處：江蘇南門下大街

戴 朝鼟
字電原年二十五政治系
湖南瀏陽人
通信處：長沙太平街原當仁號

民國十四年北京大學畢業同學錄

李　世　璋
年二十六　政治系
江西臨川人
通信處：北京藏匠胡同
十八號李宅

蘇　陸　榮
字甫田　年二十七　政治系
甘肅皐蘭人
通信處：皐蘭縣城隔壁陸
陸號轉

龔　玉　仁
字少居　年二十七　政治系
四川江津人
通信處：本京德內務養
廠六十八號

民國十四年北京大學畢業同學錄

景 山 風 景

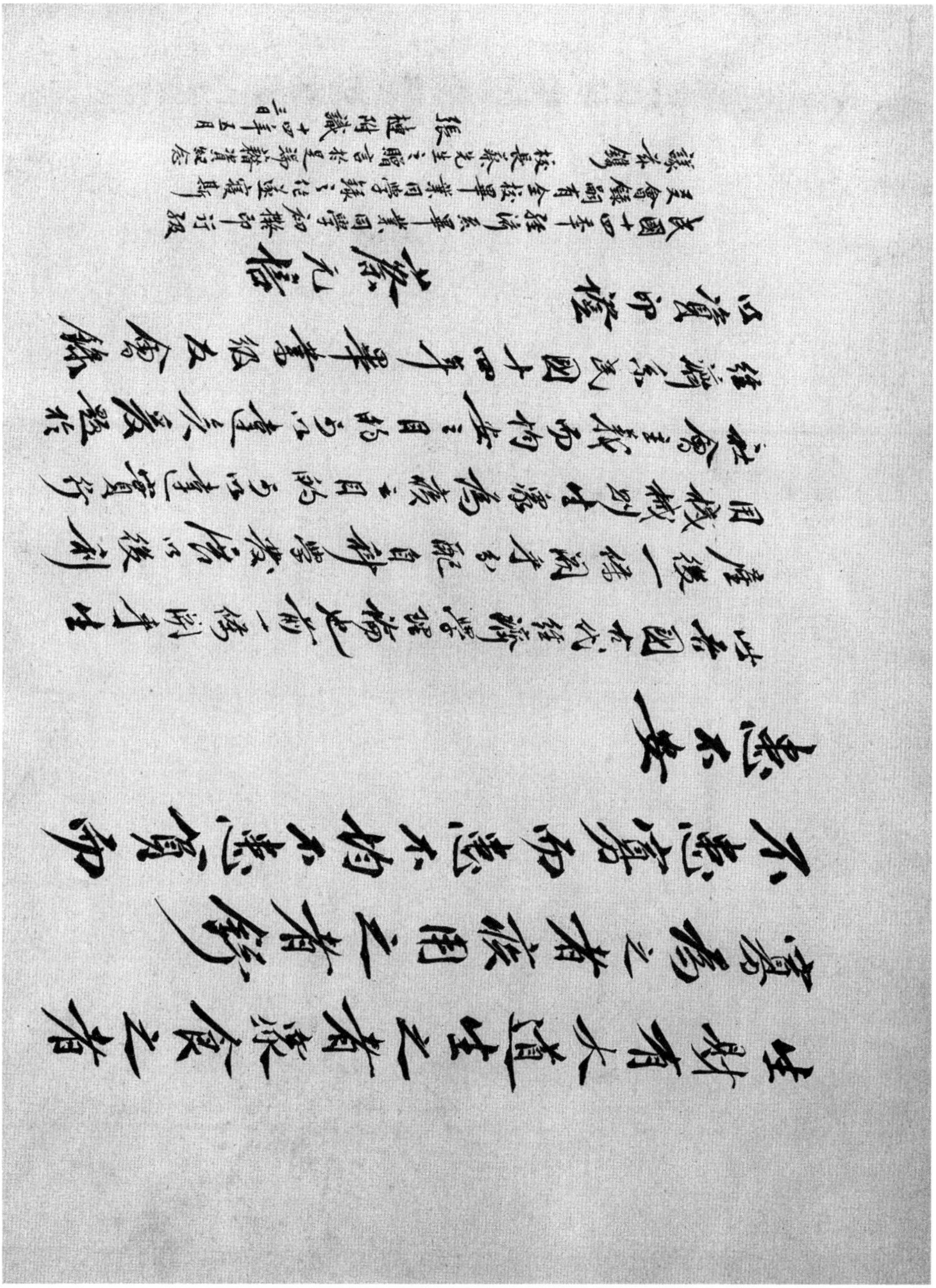

敬啟者同學錄事全體同學均有關係
茲經九月十六日開會議決修改一次並推
張廷鸝君任全稿李晉誠君任雜錄與編輯
事務學科編輯員由李君邀請刻已一律起
草希望各同學於本月三十一日以前將個
人一切履歷交與李君以便彙齊付印為要
三月五日經募集股本一事亦經議决轉行
政治部辦理如有捐款者請送北河沿政治
本部經募會徐鴻寶君處是荷

民國十四年北京大學畢業同學錄

經濟系

丁　鴻　順
字式城年二十六經濟系
奉天蓋平人
通信處：蓋平集昇號

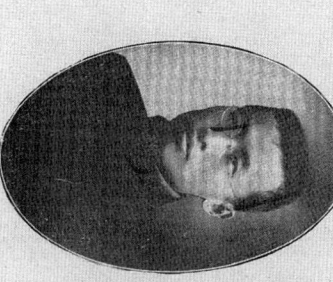

于　岡　桐
字少浦年二十九經濟系
直隸寧津人
通信處：寧津大柳鎮于
家小葦莊

于　德　音
字勤伯年二十六經濟系
江蘇南通人
通信處：南通騎岸鄉

(145)

民國十四年北京大學畢業同學錄

王 宜
字毅老年二十九經濟系
奉天鐵嶺人
通信處：鐵嶺大八里莊
惠民當

王 昉
字孟昭年二十七經濟系
山西猗氏人
通信處：猗氏縣城內協
成銀飯鋪

王 梓
字鳳劉年二十八經濟系
浙江遂昌人
通信處：遂昌林鼎泰布
莊轉

民國十四年北京大學畢業同學錄

王　士　澤
字覺民年二十三經濟系
安徽合肥人
通信處：合肥衞前大街
松鶴堂

王　世　鈇
字潛明年二十七經濟系
福建海澄人
通信處：福建廈門鼓浪
嶼鹿礁井K四十三號

王　永　新
字展照年二十五經濟系
浙江嵊縣人
通信處：嵊縣北森鈒溪
生堂輔過村

民國十四年北京大學畢業同學錄

王 培 鈞
字乞然年二十七經濟系
河南息縣人
通信處：息縣城內

王 開 寬
字滌莊年二十四經濟系
安徽和縣人
通信處：和縣城內牀德
會館間壁

王 貽 望
字持盈年二十四經濟系
直隸文安人
通信處：京南勝芳鎮北
井留耕堂

(148)

民國十四年北京大學畢業同學錄

王　聯　佩
年二十六歲經濟系
京兆大興人
通信處：前門外南岡子

王　鴻　鈞
字子衡年二十六歲經濟系
直隸昌黎人
通信處：京奉路安山站
轉王古泊東頭

王　雙　鳳
字文樓年二十五歲經濟系
直隸淶水縣人
通信處：前門外打磨廠
長裕三俠華綢號

(149)

民國十四年北京大學畢業同學錄

王　耀　宗
字君史年二十七經濟系
江蘇常熟人
通信處：常熟沙洲合興街

王　競　寶
字頁甫年二十九經濟系
直隸豐潤人
通信處：京奉路庫山站
西頭陀莊

方　聲　乃
字是吳年二十九經濟系
江蘇如皋人
通信處：江蘇靖江西冬鎮

民國十四年北京大學畢業同學錄

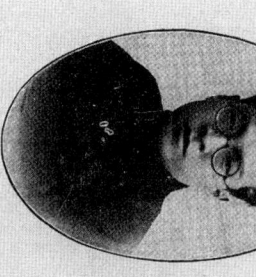
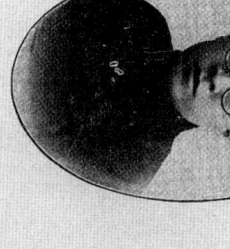

孔 慶 宗
年二十六 經濟系
四川長壽人
通信處：長壽縣雙龍場
郵局轉

卞 廷 泉
字澗如 年二十六 經濟系
湖北江陵人
通信處：湖北沙市爛陀寺

申 伯 純
字伯純 年三十一 經濟系
京兆宛平人
通信處：長辛店李莊

(151)

民國十四年北京大學畢業同學錄

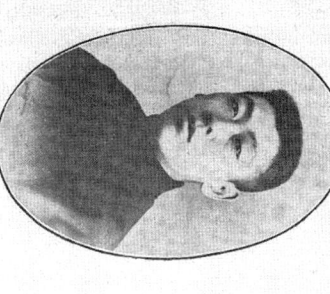

安　永　瑞
字亥然年二十五經濟系
奉天開原人
通信處：開原驛塘盒昌號

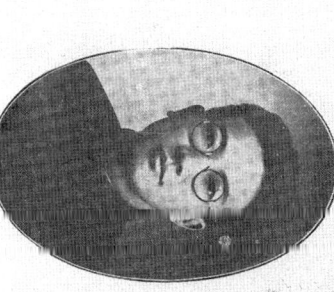

成　應　犨
字小泉年二十八經濟系
江蘇興化人
通信處：興化縣

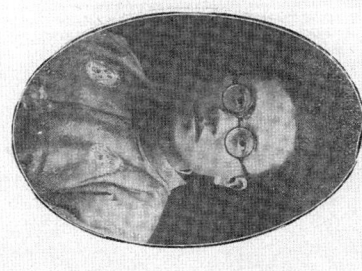

朱　明　良
字天鏡年二十七經濟系
江蘇金山人
通信處：金山朱涇鎮

(152)

民國十四年北京大學畢業同學錄

朱 務 善
字悟甫年二十七經濟系
湖南澧縣人
通信處：湖南津市保衛
團轉

任 戊
年二十六經濟系
四川成都人
通信處：成都南門江家
拐二十號

李 泳
字漢民年二十六經濟系
山東臨沂人
通信處：山東臨沂卿厅巷

民國十四年北京大學畢業同學錄

李 國 瑩
字渡堪年二十七經濟系
湖北武昌人
通信處：武昌糧道街一五一號

李 敬 儒
字渡民年二十五經濟系
河南汲縣人
通信處：汲縣下街馬胡同

李 滋 大
字礪年二十九經濟系
廣東電白人
通信處：電白譚垯墟

民國十四年北京大學畢業同學錄

李慶成
字兆一年二十五經濟系
福建閩侯人
通信處：本京東北城馬
大人胡同二十七號

李樹爵
字景蓉年二十六經濟系
山東黃縣人
通信處：黃縣城裏育生號

吳文津
字仲蕃年二十六經濟系
江西宜黃人
通信處：北河沿五十五號

民國十四年北京大學畢業同學錄

吳　王　恭
字觀伯年二十五經濟系
湖北蒲圻人
通信處：蒲圻羊樓司九眼

吳　克　譜
字用周年二十九經濟系
四川鄲縣人
通信處：成都四道作六十九號

吳　時　中
字誠懋年二十八經濟系
安徽合肥人
通信處：巢縣兩門吳尚志堂倉轉交

(156)

民國十四年北京大學畢業同學錄

吳　毓　江
年二十六經濟系
四川秀山人
通信處：貴州桃縣商豐
裕轉

何　仲　粘
字潮風年二十六經濟系
廣東番禺人
通信處：番禺沙灣市東
折詞林巷

何　增　壽
字薪傳年二十九經濟系
浙江江山人
通信處：浙江江山乾匯區街

(157)

民國十四年北京大學畢業同學錄

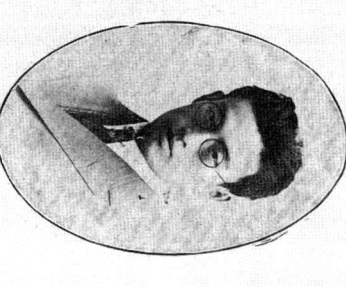

汪 叔 年
字和生年二十七經濟系
江蘇吳縣人
通信處：上海白克路祥
康里一五九號黃清馨轉

沈 良 佐
字紹爭年二十八經濟系
廣東市遠人
通信處：汕頭入尺

沈 業 勤
字子韶年二十八經濟系
浙江紹興人
通信處：江西南昌

(158)

民國十四年北京大學畢業同學錄

沈 惟 楨
字昆吾年二十六經濟系
江蘇嘉定人
通信處：嘉定日暉橋東首

軍 誠 吾
字寶民年二十四經濟系
湖北浠川人
通信處：浠川繫馬口傳
南河渡

邵 鈍 熙
字昇年二十八經濟系
浙江餘姚人
通信處：餘姚南城

民國十四年北京大學畢業同學錄

孟自成
字鑒百年三十經濟系
甘肅循化人
通信處：循化縣城內孟
如海號轉

周 靴
字石蘭年二十八經濟系
湖南長沙人
通信處：長沙青石街碓
嚳穀號轉

周 澤
字潤生年二十七經濟系
四川簡陽人
通信處：簡陽縣三星鎮

（160）

民國十四年北京大學畢業同學錄

周　承　麟
字鑑亞年二十九經濟系
浙江吳興人
通信處：湖州東門招賢巷

周　敬　仲
字君武年二十七經濟系
湖北迷陽人
通信處：迷陽西門內周公館

金　　　鐸
字震東年二十五經濟系
京兆宛平人
通信處：北京西四牌
車胡同三號

民國十四年北京大學畢業同學錄

金 國 珍
字止顒年二十七經濟系
湖北咸寧人
通信處：武昌城內輯貲
大巷十六號

尚 建 楓
字庭三年二十八經濟系
河南滑縣人
通信處：滑縣蒿平集

林 海 澄
字靖波年三十經濟系
山東濼縣人
通信處：濼縣董口集永
盛號

民國十四年北京大學畢業同學錄

胡　澤
字孚光年二十八經濟系
四川合川人
通信處：合川久長街盜園

俞汝良
字朗挺年二十七經濟系
浙江紹興人
通信處：南京四象橋五馬街丁巷七號

姚大朋
字伯鑾年二十七經濟系
安徽桐城人
通信處：桐城雲嶺

(163)

民國十四年北京大學畢業同學錄

徐 文 鑑
字孝如年二十六經濟系
浙江紹興人
通信處：崇外興隆街三十二號

徐 先 登
字東山年二十八經濟系
安徽當塗人
通信處：當塗上河南

徐 煦 藩
字士坊年二十六經濟系
浙江永康人
通信處：永康城南

民國十四年北京大學畢業同學錄

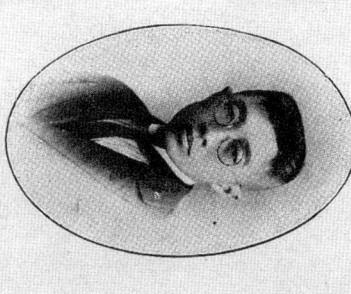

陳文清
字仲廉年二十七經濟系
江蘇南通人
通信處：南通騎岸鎮畢
道生號轉

陳友琴
年二十七經濟系
廣東三水人
通信處：廣東寨港坊均安號；
越南河內排行航亞鴻泰行

陳汝棠
字劭甫年三十經濟系
廣東台山人
通信處：香港蘇杭街恒
安和號

民國十四年北京大學畢業同學錄

陳　咨　棻
字屏伯年三十七經濟系
江蘇如皋人
通信處：如皋鄒家圈

陳　寶　麟
字冠靈一字少湖年二十七
經濟系
直隸東光人
通信處：南京俊成倉場
瀋海茶詩巷一號

陳　慶　餘
年三十七經濟系
福建金門人
通信處：新加坡小坡共
芝律新成發號

(166)

民國十四年北京大學畢業同學錄

高懋勳
字一之年二十三靈滿系
江蘇江陰人
通信處：江陰夏港

馬春猷
字劭亭年二十八籮滿系
直隸建雙人
通信處：北戴河楊園大
劉莊

梁景琪
字東生年二十七經濟系
廣東順德人
通信處：廣州西關寶華
東街五號

民國十四年北京大學畢業同學錄

梁 綸 才
字良樞年二十七經濟系
湖南安化人
通信處：安化儂茂鋪

郭 衍 盈
字仲波年二十七經濟系
山東蓬萊人
通信處：蓬萊城內南街
永來鋪

班 繼 良
字仲自年二十五經濟系
安徽和縣人
通信處：和縣喬家街

民國十四年北京大學畢業同學錄

席　啟　駿
字六勿年二十九經濟系
湖南東安人
通信處：東安伍家橋端
范慶堂

侯　鴻　業
字立齋年二十六經濟系
山西榆次人
通信處：榆次城內南寺街

張　　梃
字穉忠年二十七經濟系
浙江黃岩人
通信處：黃岩土嶼

(169)

民國十四年北京大學畢業同學錄

張 之 森
字甲三年二十七經濟系
直隸慶雲人
通信處：慶雲至柳樹村

張 文 颷
字介山年二十六經濟系
直隸高陽人
通信處：高陽大團丁鎮
傅間歸還村

張 兆 甲
字濬巢年二十七經濟系
奉天開原人
通信處：奉天鐵嶺城東
馬家寨

民國十四年北京大學畢業同學錄

張克瑾
字懿石年二十六經濟系
安徽當塗人
通信處：當塗四十字街十號

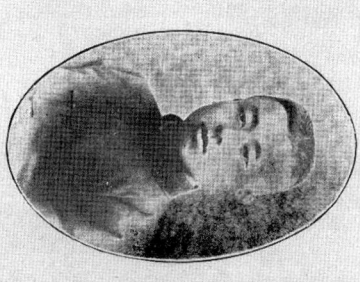

張其昌
字穎仁年二十八經濟系
貴州鎮遠人
通信處：貴陽府前街百十二號

張偉陵
字倚山年二十八經濟系
江西信豐人
通信處：江西信豐商會轉

(171)

民國十四年北京大學畢業同學錄

張 泰 會
字覃際年二十七經濟系
江西泰和人
通信處：泰和玩德盛阜

張 鈺 準
字選人年二十四經濟系
浙江平湖人
通信處：平湖新倉

張 振 聲
字心言年二十六經濟系
山東黃縣人
通信處：黃縣城內文裕盛轉

民國十四年北京大學畢業同學錄

張 國 正
字邦寶年二十八經濟系
山西平遙人
通信處：平遙沙巷六十三號

張 寶 珂
字佩之年二十六經濟系
直隸武邑人
通信處：天津小洋貨街聞泰祥轉

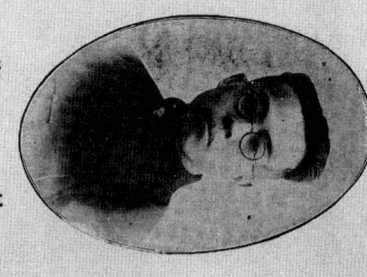

許 綸
字赫如年二十七經濟系
浙江桐廬人
通信處：浙江桐廬

民國十四年北京大學畢業同學錄

許 炳 漢
字靈洲年二十八經濟系
浙江黃岩人
通信處：黃岩城內周泰
䰞號收轉

許 楮 鑪
字鏡明年二十四經濟系
浙江天台人
通信處：天台溪南庄

曹 國 則
字偉民年二十六經濟系
奉天鐵嶺人
通信處：鐵嶺增記號

民國十四年北京大學畢業同學錄

黃　文　燦
字國鏞年二十六經濟系
廣東順德人
通信處：廣州市洪壽里
十號

黃　玉　潤
字質明年二十六經濟系
江蘇泰縣人
通信處：泰縣姜堰錦聲
齋轉

黃　燮　中
字懷五年二十九經濟系
浙江黃岩人
通信處：浙江海門鎮路
橋鎮

(175)

民國十四年北京大學畢業同學錄

黃 㞧 敬
字熙亮年二十九經濟系
四川䑓為人
通信處：䑓為么姑坡郵
便轉燒場

賈 觏 年
字克勤年二十五經濟系
江西萍鄉人
通信處：萍鄉安源賈家坑

馮 永 寬
字毅五年三十一經濟系
直隷宣化人
通信處：宣化城內西写
衚衕民泰鉤

(176)

民國十四年北京大學畢業同學錄

楊　方震
字靖甫年二十八經濟系
江蘇丹徒人
通信處：鎮江械兒巷

楊　興漢
字傑三年二十八經濟系
山西汶水人
通信處：汾陽縣澳村鎮
義厚長轉

邵　烈
字競南年二十九經濟系
浙江樂清人
通信處：溫州樂清柳市
郵局轉胡漢

民國十四年北京大學畢業同學錄

趙　文　華
字楝如年二十五經濟系
直隸昌黎人
通信處：昌黎忠厚店

趙　欣　佩
字伯恕年二十六經濟系
貴州貴陽人
通信處：貴陽府前街

葉　汰　煦
字仲光年二十七經濟系
浙江永嘉人
通信處：溫州朔門打鑼
巷二號

(178)

民國十四年北京大學畢業同學錄

廖 維 藩
字華蓀年二十九籍濟系
湖南衡山人
通信處：湘潭白果茂扁磚

鄧 飛 黃
字于航年二十六籍濟系
湖南桂東人
通信處：桂東流源鄧派議堂

鄭 年
字盡言年二十七籍濟系
江西廣豐人
通信處：廣豐城內潘元利號轉

民國十四年北京大學畢業同學錄

黎 汝 琥
字錫珠年三十經濟系
廣東東莞人
通信處：東莞演郵總
局交北瑞村新三

劉 焜
字亦祖年二十六經濟系
直隸安新人
通信處：安新同口鎮郵
局交北瑞村昭三

劉 尙 賢
字希乙年二十六經濟系
直隸饒陽人
通信處：饒陽城內隆盛店

(180)

民國十四年北京大學畢業同學錄

劉 冠 明
字麗甫年二十六經濟系
江蘇南通人
通信處：南通東門北街四十號

劉 憲 朋
字錫百年二十七經濟系
廣東信宜人
通信處：信宜縣鉄城利和號

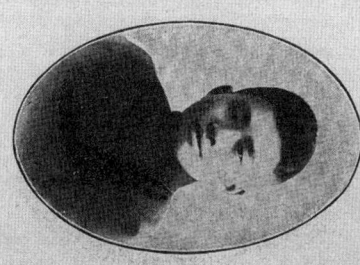

蔣 元 新
字作民年二十六經濟系
浙江蕭山人
通信處：臨浦轉逕游

民國十四年北京大學畢業同學錄

蔣 睦 修
字豐九年二十九經濟系
江西泰和人
通信處：泰和早市裕
茂盛號

周 瑭
字鑑亭年三十經濟系
直隸豫鹿人
通信處：豫鹿桃花堤東
順長

鮑 靜 庵
字季良年二十四經濟系
京兆大興人
通信處：礓礤門大街羊
房胡同二十五號

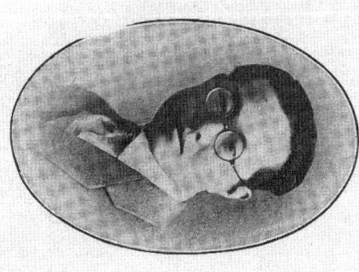

(182)

民國十四年北京大學畢業同學錄

蔡　　仁
字心存年二十八經濟系
浙江慈谿人
通信處：餘姚成飾莊

謝　樹　榮
年二十七經濟系
廣東開平人
通信處：開平潭邊園圩
象睦里

謝　雲　鵬
字一鳴年二十六經濟系
江蘇松江人
通信處：松江新橋鎮

(183)

民國十四年北京大學畢業同學錄

蕭 永 凱
字惠風年二十六籍濟系
奉天遼陽人
通信處：遼陽西北沈旦
堡隈春茂

蕭 貞 昌
字鈡民年二十七經濟系
湖北黃陂人
通信處：武昌老牙釐局
街三十七號

羅 從 琛
字少雛年二十五經濟系
江蘇江浦人
通信處：江浦城內中街

民國十四年北京大學畢業同學錄

韓 醇
字醫華年二十七經濟系
河南沁陽人
通信處：修武焦作照料所

覃 琨 鑣
字伯揚年二十七經濟系
廣東東莞人
通信處：香港蘇杭街成記號轉鄧敬如轉

民國十四年北京大學畢業同學錄

蘇　芬
字泰同年二十五經濟系
江西貴溪人
通信處：貴溪城內

蘇　馭臺
字宗武年二十四經濟系
江蘇興化人
通信處：泰縣大白米

民國十四年北京大學畢業同學錄

教員姓名錄

姓名	別號	籍貫	任務
蔡元培	子民	浙江紹興	校長
蔣夢麟	夢麟	浙江餘姚	總務長兼代理校長
顧孟餘	孟餘	宛平	教務長兼經濟系主任
王仁輔	士樞	江蘇崑山	數學系主任
顏任光		廣東崖縣	物理學系主任
王烈	霖之	安徽	地質學系主任
王琎	百年	浙江蕭山	化學系主任
陳大齊	幼漁	浙江海鹽	哲學系主任
馬裕藻	幼漁	浙江鄞縣	國文系主任
胡適	適之	安徽績溪	英文系主任兼哲學系
楊芳	仲白	四川成都	法文系主任兼地質系
朱家驊	騮先	浙江吳興	德文系兼地質系教授

(1)

民國十四年北京大學畢業同學錄

朱希祖	逖先	浙江海鹽	史學系 主任
王世杰	雪艇	湖北崇陽	法律學系 主任
梁仁傑	雲山	江西臨川	法律學系 講師
石志泉	友儒	湖北孝感	政治學系 講師
周覽	鯁生	湖南	政治學系 講師
王尚濟	弼剛	河南	數學系 講師
吳文懋	海帆	江西宜黃	數學系 講師
胡濬濟	沈束	浙江慈谿	數學系 教授
施仁培	孔成	江蘇崇明	數學系 講師
秦汾	景陽	江蘇嘉定	數學系 講師
高魯	曙青	福建	數學系 講師
趙貽冠	伯平		數學系 講師
張貽惠	少涵		數學系 講師
馮祖荀	漢叔	浙江杭縣	數學系 教授

(2)

民國十四年北京大學畢業同學錄

靳鍾麟	靈一	直隸藁縣		數學系	講師
羅憲僑	東里	浙江鄞縣		數學系	教授
丁燮林	巽甫	江蘇泰興		理理系	教授
何育杰	吟苢	浙江慈谿		物理系	教授
李書華	潤章			物理系	教授
丁緒賢	熊照	安徽阜城		化學系	教授
溫毓慶		廣東台山		化學系	教師
李文華				化學系	講師
吳承洛	澗東	福建浦城		化學系	講師
李麟玉	聖章	直隸天津		化學系	講師
胡鳴盛	竹苢	江蘇江寧		化學系	教授
陳壯猷	愚者	江蘇無錫		化學系	教授
郭世綰	絡侯	安徽亳縣		化學系	教師

(3)

民國十四年北京大學畢業同學錄

沈澤堯	貽侗		化學	系講師
張貼侗	小涵	安徽全椒	化學	系教授
葉乘衡	漢丞	江蘇南滙	化學	系講師
趙仁鑄	子敬	江蘇武進	化學	系講師
鄺文彬			學	系講師
王紹瀛	叔海	廣東南海	質學	系教授
何杰	仲琦	廣東番禺	質學	系教授
呂冤南	孟騂	湖北黃岡	質學	系師
李四光	仲揆	江蘇宜興	質學	系師
翁文灝	詠霓	浙江鄞縣	質學	系師
黃福祥	廣甫	廣東台山	質學	系授
溫宗禹	善甫	廣東	質學	系師
溫文光			質學	系講師
葛拉包		德國	質學	系教授

民國十四年北京大學畢業同學錄

袁復禮			地質系	講師
蕭祥松	俊赤	廣東台山	地質系	教師
李煜瀛	石曾	廣東高陽	哲學系	教授
高賢壽	仁山	江蘇江陰	哲學系	教授
陶履恭	孟和	直隸天津	哲學系	教授
袁同禮		直隸	哲學系	教授
徐炳昶	旭生	河南汕源	哲學系	教授
張競生		四川	哲學系	教授
張頤	眞如	廣東	哲學系	教授
梅卓生		江蘇武進	哲學系	教授
屠孝寔	正叔	安徽	哲學系	教師
鄧以蟄		浙江蕭山	哲學系	教授
單 丕	不广	湖南長寧	哲學系	教授
鄧秉釣			哲學系	講師

民國十四年北京大學畢業同學錄

樊際昌	逢鵠	浙江杭州	哲學	系教授
劉廷芳	廷芳	浙江永嘉	哲學	系教師
戴 夏	夷乘	浙江	哲學	系教授
譚熙鴻	仲逵	江蘇吳江	哲學	系教授
沈尹默		浙江吳興	國文學	系教授
吳 虞	又陵	四川成都	國文學	系教師
周秉材	樹人	浙江紹興	國文學	系教授
周作人		浙江紹興	國文學	系教授
林 損	公鐸	浙江瑞安	國文學	系教授
黃 節	晦聞	廣東順德	國文學	系教授
張鳳舉		江西南昌	國文學	系教授
許之衡	守白	廣東番禺	國文學	系教師
鄭 奠	介石	浙江諸暨	國文學	系教師

民國十四年北京大學畢業同學錄

姓名	字	籍貫	國	系	職
劉毓盤	子庚	浙江江山	國	文	教授
劉文典	叔雅	安徽合肥	國	文	教授
錢玄同	疑古	浙江吳興	國	文	教師
蕭友梅		廣東香山	國	文	教授
林玉堂		福建	英	文	教師
郁達夫			英	文	教師
陳源	通伯	江蘇	英	文	教授
徐志摩		浙江	英	文	講師
張欣海			英	文	講師
溫源寧		廣東	英	文	講師
楊蔭慶	子餘	京兆武清	英	文	教師
潘家洵	介泉	江蘇吳縣	英	文	教師
歐本鵬			英	文	教師
嚴毅	士弘	江蘇武進	英	文	講師

民國十四年北京大學畢業同學錄

文 鈞		英國人	英文	系 講師
柯樂文		美國人	英文	系 教授
柯樂文夫人		美國人	英文	系 講師
裴思義		美國人	英文	系 講師
伊法爾		英國人	英文	系 授
李宗侗	玄伯	俄國	法文	系 師
宋春舫		直隸高陽	法文	系 教授
范稚和		浙江吳興	法文	系 教授
賀之才	靜生	江蘇	法文	系 講師
許念曾	培之	湖北蒲圻	法文	系 師
蔡 元			法國	系 師
賀 來			法國	系 師
鐸爾孟			法國	系 師

(8)

民國十四年北京大學畢業同學錄

姓名	字	籍貫	系	職
海理威 Otto Hellwig		德國	文	講師
楊震文	丙辰	河南南陽	文	教授
劉文顯	根亭	山東	文	講師
魯雅文 Erwin Rousell		德國	文	師
李大釗	守常	直隸樂亭	史	教授
洪允祥	樵舲	浙江慈谿	史	教授
馬衡	叔平	浙江鄞縣	史	教授
陳翰笙	伯莜	江蘇無錫	史	教授
陳映璜	仲驤	湖北黃陂	史	師
張孝年	藤庭	浙江吳興	史	講師
熊遂	和軒	江西南昌	史	講師
劉崇鋐			史	師
劉言楓			學	講師

(9)

民國十四年北京大學畢業同學錄

戴錫璋	海珊	四川開縣	史學	講師
左德敏	子挺	湖北應城	法律	教授
石志泉			法律	教師
白鵬飛	經天	廣西桂林	法律	教授
李 浦	靜波	直隸磁縣	法律	教師
李 芳	亦卿	江蘇南通	法律	教師
余棨昌	戟門	浙江紹興	法律	教授
林 彬	佛性	浙江	法律	教授
林志鈞	宰平	福建	法律	教授
陳瑾昆	克生	湖南常德	法律	教授
周振禹	雲山	江西臨川	法律	教師
梁仁傑	毅民	江蘇泰縣	法律	教師
夏 勤			法律	教師
張孝栘	逖普	湖北鄂城	法律	教授

民國十四年北京大學畢業同學錄

姓名	籍貫	系	
黃右昌	湖南臨澧	法律系	教授
張志讓	江蘇武進	法律系	教授
程樹德	福建閩侯	法律系	教師
馮承鈞	湖北夏口	法律系	講師
路毓祉	京兆宛平	法律系	講師
鄭天錫	廣東香山	法律系	講師
燕樹棠	直隸定縣	法律系	教授
李 儼	湖南湘潭	政治系	講師
陳啟修	四川中江	政治系	教授
高一涵	安徽六安	政治系	教授
張祖訓	江蘇溧陽	政治系	講師
鄔宗孟	浙江諸暨	經濟系	講師
于樹德		經濟系	教授
王建祖	廣東	經濟系	教師

(11)

民國十四年北京大學畢業同學錄

皮宗石	皓白	湖南長沙	經濟	教授
朱錫齡	繼巷	江寧	經濟	教授
余文燦	菁三	廣東台山	經濟	教授
陳兆焜	希克	廣東香縣	經濟	教師
徐寶璜	伯軒	江西九江	經濟	教授
馬寅初		浙江嵊縣	經濟	教授
黎世蘅	耀徵	安徽當塗	經濟	教師
劉光一	叔和	江蘇南通	經濟	教師
羅鼎	軍民	湖南攸縣	體	導師
白雄遠	錦韜	京兆	體	王任
徐文	奇峰	湖南瀏陽	育	教師
黃郛	膺白	浙江	軍制學	講師
蔣方震	百里	浙江	軍事學	講師
孫國璋		江蘇	世界語	講師

(12)

民國十四年北京大學畢業同學錄

未交銅版畢業同學姓名錄

姓名	別號	年齡	籍貫	系別	通信處
鉾仙樁	李飛	三十一	四川灰江	數學	四川
史學俠	焦公	三十八	山西洪洞	物理	山西洪洞天增堡轉
邱鳳桐	伯修	三十七	奉天遼陽	物理	奉天遼陽鎮福轉
李禮耕		三十七	河南寛縣	物理	河南寛縣同昇元
原景德		三十六	奉天寬甸	物理	奉天寬甸教育公所
羅春華	梅生	三十三	浙江建德	物理	浙江建德
王治烜	介眉	三十六	湖北黃陂	化學	北京琉璃廠西門外東椿樹胡同二號黃陂王寶廠
劉道壽		三十八	安徽巢縣	地質	安徽巢縣西多豐十一轉
吳遐明	時淨	三十九	安徽定遠	哲學	北京東四南柴南關
徐其明	如晦	三十七	吉林寧安	哲學	吉林寧安東門外柴樓福源街
楊廉	四穆	三十七	四川樂至	哲學	成都東門福源赤和號
趙憑鐸	振之	三十六	江蘇銅山	哲學	江蘇銅山教生壆轉交

(1)

民國十四年北京大學畢業同學錄

姓名	字	年齡	籍貫	學系	通信處
饒爾璵	子健	三十六	山東臨清	哲學	山東臨清大街同泰茶店
維恂淡	藹青	三十六	廣東興寧	哲學	廣東汕頭興寧大衚魁昌號
王昭鐸	臨孔	三十六	直隸裴強	國文	直隸裴強縣北大井吉里
周佩姓	鋆崎	三十八	山東滕縣	國文	山東鄒城縣南孫莊村
楊衍臨		三十七	湖北棖江	國文	湖北棖江
李瑀	鑫	三十三	河南鎮平	國文	鎮平縣秦興武集南董
白雯栄	邑峯	三十三	山西渾源	英文	山西渾源縣恆轉潘西
田鍇秀		三十八	山西稷山	英文	山西稷山縣公
李 駿	一鴻	三十八	湖北應城	英文	湖北
苑念吾		三十六	直隸清苑	英文	保定唐家鄉元
范鴻勣		三十九	湖北鄂城	英文	湖北漢口轉葛
徐雄熙	健希	三十九	江蘇如皋	英文	江蘇如皋昌店
梁冠球		三十一	廣東香山	英文	廣東香山唐家鄉木錦
梁耀瑩		三十二	廣東香山	英文	廣東香山谿英公錦櫸

(2)

民國十四年北京大學畢業同學錄

姓名	字	年齡	籍貫	科系	通訊處
梁鏡堯	景岸	三十七	廣東順德	英文	天津日租界旭街德慶公司
郭肇崑	俊峰	二十九	山東鉅野	英文	山東鉅野小隅首西街道北郭宅
張席祚	庠年	三十	直隸定縣	英文	直隸定縣城西養源灣北張宅
黃紹谷	第公	三十	湖北保康	英文	湖北保康欸馬河傅交
傅榮海	子青	三十七	吉林雙城	英文	吉林雙城德聚店
趙玉崑		三十六	直隸淶城	英文	直隸淶城新集
劉仁靜		三十四	湖北應城	英文	湖北應城
龍業鼎	渭珍	三十六	廣西賀縣	英文	廣州豪賢街九十二號
王文俊	巽宸	三十一	湖北黃陂	英文	湖北黃陂長軒嶺轉
王治孚		三十六	湖北濟	德文	
周光遂		二十九	湖北蘄春	德文	
童光俊		二十六	江西臨川	德文	江西臨川
饒鉄鳴		二十九	黑龍江安達	德文	黑龍江安達沽順德樓
傅汝霖		三十一			

(3)

民國十四年北京大學畢業同學錄

姓名	字	年齡	籍貫	科系	住址
吳遂昭	燭宇	三十四	安徽定遠	法律	安徽鳳陽城內樓西街
吳景林	慕文	三十八	直隸武邑	法律	北京姐姐房五號
何家麟	摹玉	三十六	江蘇江陰	法律	江蘇江陰城內南街
邵文鈖		三十六	奉天撫順	法律	奉天省城內大南關之公館
洪錦芬	吉詩	三十七	直隸深縣	法律	奉天千金寨堡陳家口莊
徐鴻賓	蘭坡	三十七	直隸武邑	法律	直隸深縣城北二道崗子村
馬鳳林	翔岡	三十八	江蘇武進	法律	江蘇武進縣城西大橫街
張由繹	異憂	三十四	廣東開化縣	法律	廣州城上西關吉祥坊二十一號
張遂昌	哲言	三十七	奉天開源	法律	奉天開源西米寺屯
傅綸元	揆乙	三十七	山東歷城	法律	濟南西覺
裘幼石		三十九	江蘇靖江	法律	江蘇靖江
謝漢榴	燦如	三十五	奉天遼陽	法律	奉天煙台郵局轉石橋村
關迪沈		三十七	直隸天津	政治	天津河北東興里
田樹勳	瑩常	三十六			

(4)

民國十四年北京大學畢業同學錄

姓名	年齡	籍貫	科系	住址
周傑人	二十八	江蘇鹽城	政治	江蘇寶應 孟家莊
林德昭	二十八	廣東澄海	政治	河南鞏縣
夏慶祚	二十四	河南鞏縣	政治	河南鞏縣 石關
流興武	三十	山東濟寧	政治	濟寧 口子
梁澤懋	二十九	浙江樂清	政治	溫州甯衞港 黃婆
黃有志	二十六	江西石城	政治	石城 黃聚 陶腦
賈斯森	二十八	山東黃縣	政治	黃縣內 聚高等學校
劉國增	二十八	奉天昌圖	政治	昌圖鷙鷹樹
樊進階	二十八	四川江津	政治	江津省會 大街
謝雜椿	二十九	吉林吉林	政治	吉林省 農歷街
韓樹弘	二十七	甘肅貴德	政治	貴德城内中營
羅敷海	二十四	湖南長沙	政治	長沙西校
蒲桂德	二十五	江蘇銅山	政治	銅山錦什坊街玉帶胡同五號
朱樹基	三十五	浙江紹興	經濟	本京西城

(5)

民國十四年北京大學畢業同學錄

姓名	年齡	籍貫	科系	住址
徐志鵠	二十六	安徽宣城	經濟	
高 棠 符卿	二十八	河南嵩縣	經濟	嵩縣
高賢澤 亞輔	二十八	安徽霍邱	經濟	六安
陸岱良	二十九	江蘇吳縣	經濟	蘇州鳳凰街七十三號
馮其昀 斗南	二十八	浙江紹興	經濟	南池子緞庫後胡同七號

國立北京大學畢業同學紀念冊(一九二五)